播音主持艺术技巧丛书

诗歌
朗诵技巧

【修订版】 李洪岩◎著

POEMS
LANGUAGE
RECITATION
SKILLS

中国广播影视出版社

图书在版编目(CIP)数据

诗歌朗诵技巧/李洪岩著.—修订本.—北京:中国广播影视出版社,2012.6(2022.10 重印)
(播音主持艺术技巧丛书)
ISBN 978-7-5043-6644-3

Ⅰ.①诗… Ⅱ.①李… Ⅲ.①诗歌—朗诵—方法 Ⅳ.①H019

中国版本图书馆 CIP 数据核字(2012)第 077950 号

诗歌朗诵技巧(修订版)
李洪岩 著

责任编辑 高子如
封面设计 亚里斯
责任校对 谭 霞

出版发行 中国广播影视出版社
电　　话 010-86093580 010-86093583
社　　址 北京市西城区真武庙二条 9 号
邮　　编 100045
网　　址 www.crtp.com.cn
电子信箱 crtp8@sina.com

经　　销 全国各地新华书店
印　　刷 河北鑫兆源印刷有限公司

开　　本 787 毫米×1092 毫米 1/16
字　　数 360(千)字
印　　张 21.5
版　　次 2012 年 6 月第 1 版 2022 年 10 月第 4 次印刷
印　　数 9001—11000 册

书　　号 ISBN 978-7-5043-6644-3
定　　价 42.00 元

再版修订说明

《诗歌朗诵技巧》一书出版于2002年1月，再版之际，修改和增订情况说明如下：

一是对朗诵概说、朗诵准备以及朗诵创作方法部分的阐释进行了完善，并将近年来朗诵创作活动发展情况作了简要的补充介绍。

二是在一些作品朗诵解读部分中增加了一些诗人诗作的背景介绍，意在为读者提供分析理解作品的途径，使朗诵者能够了解更多的创作依据。

三是从朗诵创作的角度提供了一些方便操作的技巧方法，意在通过形态打磨来促进作品内容情感的传达。

四是补充了部分诗歌作品并对其进行了朗诵解读，包括部分中国文学史上优秀的古典作品和近现代作品，特别是较多地补充了近现代外国诗歌作品，扩大自由体诗歌朗诵创作的选材范围。

考虑到本书拟提供实用朗诵参考的写作初衷，再版修订工作依然保持了第一版的思路和结构，表述上也依然注重其应用性和可读性，重点在内容上进行了修改和补充，篇幅有所增加。

作者

2011年6月

目　录 CONTENTS

第一章
诗歌朗诵概说

一、什么是朗诵

朗诵是把富于感情的文字作品转化为有声语言的创作活动。一般情况下，此类文字大多集中于文学类的作品，如诗歌、散文等，此外，其他类型的文字也可以经过改编成为朗诵作品，如纪实类的文字等。

在这个从文字到声音转化的过程中，朗诵者要选定适合自己的文字作品，深入理解原作的思想内容，设计好朗诵的形式，结合朗诵语境（如舞台、灯光、观众构成）及其他元素（如音视频），准确清晰、感情丰富、富于艺术变化地把文字作品转化为有声语言。

朗诵是一种创作活动。它不是简单地念字出声，而是要赋予文字所应该承载的信息和情感。我们知道，文字是记录人类有声语言的工具，但文字有其局限性，它很难甚至不能把人们在说话时丰富多变的语气表现出来，不能把人们说话的情态完全体现出来，也未必能够把一句话的真实含义揭示出来。因此，朗诵者在把文字转化为有声语言的过程中，要深入理解作品的思想内涵，把握文字创作者真实的意图，调动自己的情感，使其运动起来；接下来，还要运用停连、重音、语气、节奏等有声语言的表达技巧把作品的思想内涵阐释出来，把自己运动起来的情感抒发出来。理解、感受、表达等各个环节都要求朗诵者创造性地开展工作，所以说，朗诵不是简单地念字，而是一种复杂的创作活动。

朗诵是一个复杂的系统性工程。朗诵不仅仅是口耳艺术，它还综合了其他门类艺术的特点。绝大多数的朗诵活动都是面对广大受众开展的，这就决定了朗诵不能自言自语，不能自我欣赏，不能无限制地宣泄，朗诵者要懂得与广大受众进行交流，进行语言的、眼神的、肢体的、心灵的交流。我们经常说有的朗诵者很有观众缘，只要他们在台上一站，就能立刻赢得观众的关注和喜爱，这与其肢体语言的运用、心理状态的调解、现场气氛的营造密切相关。朗诵者往往是要当众进行艺术创作的，特别是要站在舞台上进行朗诵，这与朗诵者的站位、灯光舞美的设计运用紧密联系，任何一个环节出现疏漏，都会影响整个朗诵作品的艺术水准，影响朗诵的效果。配乐诗朗诵的大量出现，使音乐在朗诵的创作中占有了重要的地位。好的配乐，有助于营造意境、调动情感、推动进程、引发共鸣。营造意境，能使朗诵者和受众在不知不觉中迅速进入规定情境；调动情感，有助于使听说双方的情感运动起来；推动进程，有助于使诗歌借助音乐作品的乐章结构起承转合，作品的层次和结构更加清晰和完整；引发共鸣，有助于使语言作品的高潮部分和音乐作品的高潮部分相契合，共同弹动听说双方心灵中最细腻、最易感的部分，达到水乳交融、身心俱动的境界。

朗诵是朗诵者自身修养的综合体现。古语说得好，“腹有诗书气自华。”朗诵者在受众面前进行朗诵时，其气质、风度、自身修为都会不同程度地体现出来，可以推断，说着自己不能理解的词句，抒发着自己没有真切体会的情感，与受众进行虚假沟通，这样的朗诵当然不会有好的效果。由此可以说，朗诵的过程是进行自身修养的过程，在这个过程中，朗诵者的文学修养、心智修为日益深厚，心灵变得易感，有声语言表达技巧日益精进，精神状态和生活状态也会更加积极乐观。

由此我们可以看出，朗诵是一门艺术，是一项创造性的活动，是人类文化现象中的重要一环。在我国，朗诵具有几千年的历史，“《孟子》中的‘诵其诗，读其书’就明显地反映了先秦以至更早时期朗诵的盛况”①。其后，汉赋、唐诗、宋词中的许多作品都易于上口，广为传诵，至今依然是人们朗诵的佳品。1981 年 3 月，北京朗诵艺术团成立，该团组织了多种形式的朗诵活动，在广大听众特别是青少年中产生了强烈的反响②。20 世纪末，唐宋诗词朗诵之风蔚然兴起，朗诵艺术的魅力伴随着中华文化的传播而再次闪耀出夺目的光辉，其文学性、艺术性和大众性等特点日益突出。2008 年，由教育部、国家语委、中央文明办等共同启动的“中华诵——雅言传承文明，经典浸润人生”系列活动，重点在传统节日晚会、经典诵读大赛、中小学生朗诵夏令营等方面开展活动，将朗诵活动与文化传承紧密结合，造就了文化领域中值得关注的景象。

---

① 谢伦浩编著：《青少年朗诵手册》，中国社会出版社 2000 年 1 月版，第 2 页。
② 参见陈爱仪、雷抒雁编：《朗诵艺术谈》，中国青年出版社 1986 年版，第 5 页。

二、诗歌朗诵的特点

朗诵的体裁多种多样，诗歌、散文、寓言、故事、小说、戏剧，都可以纳入朗诵的视野中。在众多体裁中，尤以诗歌被用于朗诵的最多，诗歌具有感情浓烈、富有韵律、文学性强、流传广泛、影响深远等特点，这些特点都特别适于进行有声语言艺术创作。

诗歌朗诵的艺术感染力因其特点而产生。了解其特点有利于加深对朗诵特别是诗歌朗诵的认识。

（一）音声性

诗歌朗诵最重要的特点之一就是其音声性，这也是一切朗诵艺术的重要特点之一。

朗诵是把文字作品转化为有声语言的艺术创作。在这个过程中，不论朗诵者对文字作品思想内涵的理解如何深刻，不论他自身的文学素养和艺术修养如何高，也不论他对诗歌创作的整体设计如何精妙，最终都要体现在朗诵者的有声语言表达上，其语音之纯正、音色之动听、语气之丰富、节奏之变化等，都是诗歌朗诵艺术的魅力所在。听众通过朗诵者的有声语言表达来接受文字作品的思想内涵、了解朗诵者的艺术修养、欣赏诗歌作品的艺术魅力，有声语言几乎成了诗歌艺术唯一的载体。因此，只要思想深刻、情感浓烈就能成功地进行诗歌朗诵创作的说法是不成立的，音声化的创作能力是评判朗诵艺术最重要的指标。

音声从狭义角度讲是指朗诵诗歌的声音。优秀的朗诵艺术家总要不断地进行声音的训练，我们甚至有这样的经验，朗诵者如珠玉般的吐字刚一出口，听众立刻就被其富于魅力、悦耳动听的声音吸引住了。声音虽然不是诗歌朗诵的全部，但是它有其独立存在的意义，是增强诗歌朗诵艺术魅力的重要因素。

因此，在进行诗歌朗诵的训练过程中，练声既是基础性的工作——它是进行诗歌朗诵的必备条件，也是贯穿始终的工作——它深远影响着诗歌朗诵艺术的呈现和朗诵者的艺术生命。

（二）规范性

规范性主要表现在朗诵所选择的文字作品和所使用的语言上。一般来说，朗诵时选择的文字作品都是规范的，其思想内容和语言形式大都经过作者的精心思考，另一方面，要求朗诵诗歌要使用普通话。

到目前为止，大家所听到的诗歌朗诵绝大多数都是使用普通话的，其标准的语音、规范的词汇、通用的语法为大多数听众所熟悉，能为大众所理解和接受；同时从现代汉语角度来说，这种规范的语音也体现出了诗歌抑扬顿挫、平仄相间、富于韵律的特点，最能表现出诗歌朗诵的艺术魅力。

需要说明的是，不少古典诗词在创作过程中符合当时历史条件下的语音特点，用现代汉语读来往往不能完全体现其原有的平仄、韵律。除特殊要求外，我们诵读时一般是不必还原其古音的。

（三）文学性

朗诵不同于日常的说话，这一点主要体现在其文学性上。人们在日常说话时，涉及的话题多种多样，说话的状态也非常轻松，思绪可以是连续的，也可以是跳跃的，可以是完整的，也可以是片段式的，只要能达到交流思想的目的就可以了。

而朗诵则不同，一般来说，其文字作品的主题相对集中，有一定的思想意义，富于情感，文字洗练精美；在朗诵时，要深刻理解文字作品，充分调动思想感情，用富于表现力和感染力的有声语言进行表达。无论是文字作品还是朗诵创作，都带有非常鲜明的文学性。

我们看到，人们在选择朗诵的文字作品时都是非常严格和认真的，对其主题、思想、遣词造句的要求非常高。事实也证明，文字作品艺术水准的高低在很大程度上影响着朗诵艺术魅力的呈现。

（四）艺术性

朗诵不同于单纯传播信息的语言表达，如不同于新闻播音、天气预报。人们在传播信息时，主要是为了把事情说清楚，因此，往往用最朴实的语言样态来转化文字语言，音高、音长、音强、音色、语气、节奏的变化都限制在一定的幅度之内，以朴实、真实为基本特点，风格上更趋近于生活语言。

朗诵则不同。因其当众朗诵的现场要求，朗诵时声音运用有其特殊的要求；因其感情浓烈，朗诵时语气、节奏的变化幅度相对较大；因其集中于音声创作形式，要求朗诵者要通过训练增强其语言的表现力和感染力，等等。所有这些要求，都体现出诗歌朗诵的艺术性特点。

（五）综合性

朗诵艺术是一项综合性的艺术，它不仅要求朗诵所依据的文字作品要有较高的艺术水准，要求朗诵者对文字作品的理解力、感受力以及有声语言的表现力和感染力要强，有时还要求配乐、灯光、舞美等多种因素的完美配合。这不仅要求朗诵中各组合元素自身力臻完美，还要有机配合，彼此映衬，互相促进，既不能明显地显出此强彼弱，也不能互相抢戏，否则，语言与配乐的力度对比反差过大、内容与环境的格调背离等都会影响到朗诵作品整体的艺术效果。

此外，朗诵者还应掌握一些心理学和传播学的知识，能够在现场有效地控制自己的身心状态，消除紧张心理，了解受众接受心理，与受众进行积极有效的情感交流，使自己传达的思想、抒发的感情能够真正到达受众的心中，引发共鸣。

所以说，朗诵艺术效果的实现对朗诵者的综合素质提出了非常高的要求。

（六）依赖性

一般来说，朗诵都要依据一定的文字作品来进行创作。无论是理解稿件、引发情感，还是运用技巧、形之于声，都是在文字作品的规定之下进行的。作品基调的确定、情感的浓淡、具体表达技巧的运用都受到文字作品的制约，抛开文字作品而任意发挥是得不偿失的，那样，朗诵者将有可能置于无主题状态而不知所终，听众也会听得一头雾水。

这一点对于创作者来说有两重意义，其一是朗诵者不应在朗诵任何作品时都使用一种套路，以不变应万变的表达方式是创作的大忌，其二是朗诵者在选材时也要考虑自身的喜好和表达特点，与自身风格定位迥异的作品并不适宜选择。朗诵作品与朗诵者之间如能做到风格统一，彼此相应，则会产生事半功倍的鱼水效应。

（七）创作性

创作性是针对依赖性而言的。朗诵虽然要依据一定的文字作品来进行，但绝不是照本宣科、见字出声，而是要对文字作品进行理解、消化，并进行独特的音声转化。文字语言是不可能把作者的全部想法都表露清楚的，“言不尽意”即为此意，朗诵者要在深入理解作品的基础上将那些隐藏在文字之外的意思补充出来；同时，文字作品不可能把一句话恰切的语气体现出来，这也要靠朗诵者运用表达技巧将声音和情感结合起来；另外，朗诵者有声语言表达本身就是一种创作，动听的声音，高超的表达技巧都在一定程度上为文字作品增色，加之配乐、灯光、舞美的设计等等，都使得朗诵成为一项创造性的活动。

事实也证明了这一观点，一部看似平常的文字作品经过朗诵者精心的准备和倾情的展现之后，不仅会被发掘出深藏的含义，甚至会被赋予更丰富的意蕴，因而也更具艺术感染力。

（八）欣赏性

诗歌朗诵并非曲高和寡的艺术形式。由于作品本身具有较高的艺术性，朗诵者在创作的过程中又融入了自己的理解和感受，加之朗诵者对诗歌朗诵进行了精心的设计和排练，并可以辅以音像等多种艺术形式，因此，诗歌朗诵无论是在大型的文艺晚会中，还是在专场的诗歌朗诵会上，都能以其易于理解、富于变化、长于抒情等特点而为大家所喜爱。如今，众多的艺术团体还将朗诵与音乐、朗诵与歌唱、朗诵与表演相结合，创造出了诗歌朗诵音乐会、诗歌演诵会等形式，加强了诗歌朗诵的可看性，其欣赏性的特点更加突出了。

当然，就诗歌朗诵艺术而言，即便没有其他艺术元素的辅助配合，其内容的文学性和形式的音声性本身也足够为听众提供欣赏空间。

（九）大众性

诗歌朗诵艺术性的特点并不影响其大众性特点的存在。除却朗诵无止境的艺术追求以外，大家还是比较容易了解这种艺术形式的，并且都可以在某种程度上掌握它。朗诵是一种操作简单、适应性强、老少皆宜的艺术形式，无论是在戏院剧场、礼堂教室，还是在露天广场、厂矿车间；无论是个人出演，还是集体配合；无论是专业表演团体，还是业余朗诵爱好者，都可以随时随地地进行朗诵创作。我们甚至经常会看到或老或少、或专业或业余爱好者、或艺术家或初学者等各类朗诵创作者同台演出的情景。

另外，朗诵这种艺术形式易于被大家接受也是其大众性特点的表现，无论是文学韵味浓厚的古典作品，还是明白晓畅的白话作品，都很容易找到深谙其味的知音。

（十）号召性

诗歌朗诵常常能够传达出强烈的情感，有着广泛的受众群，它特别适合于在大众中间进行；另外，朗诵诗歌的选材也往往具有行动性和鼓动性，最易引起群众的共鸣，有利于帮助人们思考人生、陶冶情操，其在思想上的净化作用、情感上的激发作用、艺术上的美育作用都是非常显著的。人们经常在欣赏了一场精彩的朗诵会后变得激情澎湃、热血沸腾，经常观摩和参与诗歌朗诵创作对人精神境界的提升有着非常明显的作用。

三、诗歌朗诵的功能

人们熟悉并且喜欢欣赏诗歌朗诵艺术，也经常会在多种场合亲自朗诵一些诗歌。

诗歌朗诵在人们的社会文化生活中产生了广泛的影响，其功能从语言层面、心理层面到文化层面都有所体现，概言之，其功能是多层面多样化的。

（一）规范语言

诗歌朗诵有规范语言的功能。这里所说的规范语言可以从广义的角度进行理解，它既包括语音、词汇、语法的标准规范，也包括一个人言谈举止的社会行为规范。

绝大多数的诗歌朗诵都是使用普通话来进行创作的，有些方言区还通过举办朗诵会的方式推广和普及普通话。普通话声韵和谐，调式明晰，很能体现诗歌平仄相间、韵律优美的特点。人们朗诵诗歌，往往要反复训练，纠正不对不准的字音、字调，这个过程有助于朗诵者提高自己的普通话水平。同时，听众在欣赏诗歌朗诵的时候，也潜移默化地受朗诵者语音状况的影响，其规范化程度自然也会得到提高。

朗诵所选的文字作品都是经过作者精心构思而写就的，文字往往也经过作者精心锤炼，语句优美，节奏鲜明。朗诵者诵读这样的作品，天长日久，自会对遣词造句、用语表达产生深切体会，语文素养也会潜移默化地得以提高。

（二）交流思想

如今，随着信息化技术的发展，世界日益变得像一个地球村，人们的交往似乎变得更加便捷了。但实际上，这种交往更多的是人机的，而不是人际的，是公务的，而不是私人的，是表面的，而不是心灵的；即便是网上聊天这种看似是人与人的思想交流，但由于参与者身份的不确定性和网络连接的相对松散，很多人并不能进行真正的思想交流。在城市化发展的进程中，人们生活在钢筋混凝土的“森林”里，行动和思想都变得封闭起来了，交流思想几乎成为一件很奢侈的事。

而人们在进行朗诵创作和朗诵欣赏的时候，心扉自然而然被叩开，情绪被激荡起来，思想的火花在每一个人的心中点亮，人们有倾诉的愿望，也有倾听的愿望，无形中，人与人心灵的桥梁被构建起来，交流思想的愿望得以实现。艺术本身就具有心灵构建的功能，而朗诵创作将思想性和艺术性相结合，这种功能就更易得到发挥。

（三）净化心灵

审美无功利。人们朗诵创作和朗诵欣赏的过程就是创造美和审美的过程。在这个过程中，作品的文学性、朗诵的艺术性、音声的审美性有助于帮助人们驱走功利心，显露纯净心灵。同时，诗歌中所蕴涵的高尚情操、高雅格调都对朗诵者和欣赏者进行着思想的启迪和艺术的涤荡，浓烈的情感也会不断地冲击着现代人不易开启的心扉。人们在参加了一次朗诵会以后，其心情往往久久不能平静，诗歌朗诵在净化人们心灵方面发挥着重要的作用。

（四）教育娱乐

朗诵诗歌是一种很好的寓教于乐的艺术形式。一般来说，诵读的文字作品往往具有较强的思想性和艺术性，主题鲜明，格调高雅，感情丰富，文学性强。这样的文字作品本身对于增长知识、开阔眼界极有好处；加之朗诵这种艺术形式不是刻板、枯燥的文字有声化转化，经过朗诵者精心的艺术加工和创作，诗歌朗诵具有鲜明的可听性、可看性和欣赏性，有着强大的表现力和感染力，人们在朗诵和欣赏的过程中往往会产生极大的审美愉悦。

（五）提高修养

通过朗诵，创作者可以加深对文字作品的深入体味，可以切身感受丰富情感在心灵中的撞击，可以加强语言表达的感染力，可以带动更多的人去提高自身修养，体会人生况味。在这个过程中，朗诵者进行的是深度阅读、深度感受、深度创作，创作者的理解力、感受力、创作力、感染力、气质风度、内在涵养、人生态度等方面都会发生积极的变化。同时，欣赏者的文学理解、艺术感知、态度观念也会相应地发生积极转变，可以说，朗诵艺术对于创作者和欣赏者双方具有双重的提升素养的作用。

（六）传播文化

语言是交流思想的工具，是传播文化的载体，同时它本身的音声性特点也赋予了有声语言艺术以文化的属性。

从选材的角度来说，诵读的文字作品涉及面广泛。古典诗歌的文化积淀，现代诗歌的自由探索，中国诗歌的民族特色，外国诗歌的异域风情，等等，人类的聪明智慧和文化艺术结晶集中彰显于各类作品中，以此作为朗诵的蓝本，不啻于引领人民进行着艺术的巡礼。

从朗诵创作角度来说，这种文化传承和发扬的作用也体现得非常明显。诗歌朗诵活动特别适合在公众场合进行，特别适合在大众中开展。受众面的广泛性和传播方式的大众化拓宽了文化传播的途径，拉近了高雅文化与受众心理之间的距离，推进了文化传播的进程。

四、朗诵诗的分类

并非所有的诗歌都可以用于朗诵或者说都很适合朗诵，朗诵诗有其自身的特性。

人们选择的朗诵诗题材广泛，内容丰富，下面从内容和形式两方面做一个大致的分类。

（一）从内容角度分

从内容角度分，朗诵诗可以分为抒情诗、叙事诗、讽刺诗、寓言诗等。

抒情诗，主要是用于抒发作者和朗诵者情感的诗歌。实际上，几乎所有的诗歌都是抒情的，只不过在抒情诗中以抒情的文字为主，作品大都言志澄怀，直抒胸臆，情感或浓烈或淡雅，或昂扬或沉郁，给朗诵者和欣赏者以直接的情感体验和心灵震荡。代表作如《春江花月夜》《再别康桥》《我骄傲，我是中国人》等。

叙事诗，是以叙事的方式抒发情感的诗歌。这类诗歌往往不是单纯地叙事，而是把丰富的情感蕴含于叙事的过程中，诗歌或是边叙事边抒情，或是以叙事的方式来抒情，让听众在了解事件的过程中引发情感的运动，接受心灵的洗礼，不少作品叙事平缓，用语朴实，但在看似不经意之间常能令听者为之动容、感慨。代表作如《孔雀东南飞》《石壕吏》等。

讽刺诗，是用比喻、夸张等手法对人或事进行揭露、批评或嘲笑的诗歌。由于内容的影响，朗诵的语气可适度地夸张，但要力戒浮躁，不要为讽刺而讽刺，其火候和分寸的把握至关重要。代表作如马雅可夫斯基的《拍马家》、布莱希特的《恶的面具》等。

寓言诗，是用假托的故事或自然物的拟人手法来说明某个道理或教训的诗歌。表现这类诗歌的寓意是重点所在，因此在朗诵时可以形象化、夸张化，以凸显特色，突出主题。代表作如《渔夫和金鱼的故事》、德拉梅尔的《田间的草人》等。

（二）从形式角度分

同样的题材，可以采取不同的诗歌形式来表现，加之自古至今诗歌形式的发展变化以及诗人的积极探索，更加丰富了诗歌的体裁。从形式角度来分，诗歌有格律诗、古体诗、词、现代自由体诗、散文诗等。

格律诗，主要指中国古典诗歌中的绝句和律诗，它包括五言绝句、五律、七言绝句、七律。格律诗每行字数一致，讲究押韵，言简意赅，意象丰富，跳跃性强。同时，格律诗的选材极为广泛，加之经历了很长的历史发展，因此有大量的优秀作品为大家所传诵。代表作如王之涣的《登鹳雀楼》、李白的《望庐山瀑布》、杜甫的《春望》等。

古体诗，篇幅长短不拘，句式灵活多变，选材丰富，用韵宽松。诗风或古朴，或绮丽，既适于叙事，又适于抒情，朗诵者有很宽松的创作空间。代表作如曹操的《短歌行》、南北朝时期的《木兰诗》等。

词，有严格的词牌、韵律和平仄等要求，写作时要兼顾诸多制约因素，因此词的创作经常被称为“填词”。但唯其如此，词在古代都是能够入歌演唱的，到了今天，许多优秀的词作依然具有易于上口、便于吟诵的特点，因此才能够大量进入朗诵者的创作选材范围。代表作如苏轼的《水调歌头》、柳永的《雨霖铃》等。

现代自由体诗歌，篇幅长短不限，句式、用韵也没有严格的限制，行文更接近口语化，题材广泛。这类诗歌在中国主要起始于“五四”前后的白话文运动，外国诗歌及其中文译介中更是大量存在。如今舞台上大量存在着现代自由体诗歌的朗诵创作。代表作如徐志摩的《再别康桥》、舒婷的《致橡树》、裴多菲的《我愿是激流》等。

散文诗，是介于诗歌和散文之间的一种文学体裁，其归属到底是属于诗歌还是散文也一直存在着争议，不过，这类体裁大量存在并为大家所喜爱却也是不争的事实。散文诗中存在着大量适合于朗诵的作品，一般来说，这类作品长短适中，语言洗练，情感丰富，寓意深刻，特别是其口语化的特点非常适合有声语言创作，因此经常被选作朗诵作品。代表作如朱自清的《匆匆》等。

第二章 诗歌朗诵的准备

诗歌朗诵的创作过程比较长，它的核心部分当然集中在理解感受、形之于声、互动共鸣等常见环节，但在此之前的准备工作则是必要前提和重要基础，选定适合朗诵者进行创作的合适的作品是准备阶段的重要目标，具体而言准备阶段包括选定作品、量身创作、确定形式、调整心态等重要步骤。

一、选定作品

参加过朗诵的朋友们普遍有这样的感觉，在进行舞台朗诵的时候当然要付出不少辛苦，但更令朗诵者劳神的是在诗歌朗诵的准备过程中对作品的选择，有的朗诵者往往花费数倍于揣摩训练的时间来选择作品，而且即便如此，也未必能够找到最适合自己朗诵的作品。同时人们也会感觉到，好的朗诵作品能够使朗诵者在进行朗诵时达到事半功倍的效果。因此，选定作品成为诗歌朗诵准备过程中极为重要的一环。

许多朗诵艺术家都认为，朗诵技巧要具有行动性、形象性、音乐性等特点，而其前提是诗歌文字作品应该能够提供这样的创作空间，能够激发朗诵者进行创作的愿望，并且适合于转化为有声语言。为此，在选定作品时有以下几点参考要素：

（一）主题引人

主题引人是选定朗诵诗的首要工作。

简单来说，主题引人就是要让朗诵者一看到诗歌就觉得有进行创作的必要，有一种创作的冲动。它能吸引朗诵者满怀着创作的愿望分析理解文字作品、激发内心情感、确定朗诵形式、揣摩朗诵技巧，总之，引人的主题将引领朗诵者在满怀激情的状态下完成进行诗歌朗诵的全过程。

主题引人要做到诗歌主题自身有价值。在卷帙浩繁的诗歌典籍中，有大量的应制应景之作，有主题不大鲜明的随意之作，也有虽然几经推敲但缺乏灵气的平庸之作。即便是成名的诗人也不能保证自己的每一首诗歌都能为大家所喜爱，这样的诗歌当然不能选作朗诵作品。而有的诗歌从题目上就非常引人，加之主题明确，令朗诵者见之就有进行创作的愿望。

主题引人要做到诗歌与朗诵场合相符合。许多优秀的诗歌并不是在任何场合都适合进行朗诵的，选择诗歌时要注意朗诵场合的实际情况，包括会场的规模、观众的人数、年龄职业等。比如，《再别康桥》是一首优美的现代自由体抒情诗，为许多诗歌朗诵爱好者所喜爱，但是如果在一个喜悦欢快的气氛里就不是很适合于当众朗诵。再如，爱情诗是诗歌中很重要的组成部分，但是在中小学校组织的朗诵会上就不便选择。因此，我们在日常生活中就应该储备适合不同场合进行朗诵的诗歌，以便在相应的场合下选择合适的作品。

主题引人要做到朗诵诗歌与时代背景相适应。这里所说的时代背景既包括诗歌创作的背景，也包括朗诵诗歌时所处的时代背景，两者要兼顾。这里要注意以下一些问题：首先，朗诵诗歌与时代背景同步，并不是说只能选择新创作出来的作品，有些诗歌具有永恒的主题，比如歌颂正义、爱情、生命、宇宙等的诗歌，无论其是古体诗还是现代自由体诗歌都可以选择。其次，有些具有鲜明时代特征的诗歌也可以选择，但在进行朗诵创作时要尽可能赋予其新时代的意义，比如歌颂历史上的英雄的诗歌，在今天进行朗诵时就应鼓舞大家学习其英雄的精神而不是只强调学习其具体的事迹。其三，在可能的情况下，尽可能选择能反映当下时代精神和社会风貌的诗歌，这使得朗诵者更易于体会诗歌的含义，把握观众的心态，能更好地控制朗诵的现场。

（二）内容充实

几乎各类诗歌都有抒情的文字，但要看这情是怎样抒发的，空洞的、标语口号式的语言是贫乏无力的，选择朗诵诗要注意其内容充实与否。

抒情诗，要看其情感是否有感而发，无论是对祖国的大情感，还是对亲友爱人的小情感，都在此列。比如，同样是歌颂对祖国的爱的诗歌，苏格兰诗人彭斯的《我的心呀在高原》抒发了自己要离别祖国时的情感，诗中说：

我的心呀在高原，这儿没有我的心，
我的心呀在高原，追赶着鹿群，
追赶着野鹿，跟踪着小鹿，
我的心呀在高原，别处没有我的心！

而舒婷歌颂祖国的诗歌《祖国呵，我亲爱的祖国》，则抒发了作者对多灾多难的祖国的深挚之爱，这种爱伴随着一种“痛”在心底澎湃，比如诗的开头是这样写的：

我是你河边上破旧的老水车，
数百年来纺着疲惫的歌；
我是你额上熏黑的矿灯，
照你在历史的隧洞里蜗行摸索；
我是干瘪的稻穗，是失修的路基，
是淤滩上的驳船，
把纤绳深深
勒进你的肩膊；
——祖国呵！

通过对比，我们可以看出，同样的主题，其诗作的内容却可以多种多样，不尽相同，朗诵者在抒发情感时应根据不同的内容进行酝酿，深入体会作者的心境及其赋予诗歌的不同感情色彩。

叙事诗的内容更是多种多样，能够进入诗歌创作题材的大都有其自身的特点，朗诵者应能辨别不同诗歌的不同特点，选择具有典型性和独特性的诗作。

内容充实并非篇幅很长。一般来说，朗诵诗歌是要有一定的长度，太短的诗歌往往不能将朗诵者的情感充分地表达出来，听众的情绪也不能够充分地调动起来。我们应该注意这样两种情况：其一，诗歌不宜太长太复杂。应该说，长篇抒情诗和长篇叙事诗都不乏优秀的诗作，我们在阅读的时候也的确很过瘾，但用于朗诵时一般却不宜选择，因为听众能够集中注意力的时间是有限的，太长的诗歌容易让大家感觉到疲倦；而且对于朗诵者来说，朗诵起来的难度自然也会加大，特别是对于独诵者来说更是如此，万一选择了此类长篇诗作，一般都采取群诵、诗组合等方式予以处理。其二，诗歌也不宜太短。太短的诗歌往往容量较小，朗诵者上下舞台的时间比朗诵诗歌的时间还长，朗诵者和听众都不能尽兴。当然，这只是一般的情况，有些诗歌言简意赅，意蕴深厚，能够绕梁三日，令听众回味良久，比如一些只有四句或八句的古诗就是如此。现代诗歌中也有这样的诗作，比如顾城的诗作《一代人》，全诗只有两句话，但高度浓缩的诗句却蕴涵着无尽的深意和感人的力量：

黑夜给了我黑色的眼睛
我却用它寻找光明

用两句话来概括一代人很难，但是这首诗实现了这种功能，它让我们看到了特定年代的特定人群及其精神追求，推而广之，这首诗所描写的一代人又具有跨越时空的更广泛的概括性，历史上不少有着人文追求的探索者都有着类似的行为特征和精神追求。因此可以说这首诗歌的深层含义远在这首诗的文字之外。

（三）形象性强

形象性强是对朗诵诗的又一个重要要求。

这里所说的形象性，是指朗诵诗所描绘的人物、景物、事件等能给人以强烈具体的画面感和故事性，容易令人可知可感。

这一要求是基于有声语言线性传播的特点而提出的。我们在阅读文字的时候，如果有难懂的地方，可以返回来再看，而且可以反复多遍，细细揣摩，玩味其中深意。可是在正式朗诵过程中，有声语言的艺术创作只有一遍，如果诗歌的内容抽象枯燥，则会使听众接受起来很费力，听众的注意力很快便会分散，最终影响了朗诵的效果。

形象的人物，既指诗歌中涉及的主人公，也指朗诵者自身。比如诗歌《舰长的传说》中描绘舰长的胡子时，没有说舰长的胡子又粗又硬，而且漂亮，而是说：

传说舰长诞生在海底一条大峡谷
所以至今腮边还生长松针状的水草
并且是水草中最具魅力的一种

这种描绘式的用语方式就很形象，它比单纯说明或抽象描写要生动形象得多，也更利于听众接受。

朗诵者自身也是形象化人物的一部分。比如在以第一人称进行抒情的诗歌里面，朗诵者和作者的身份在一定程度上是重合的，听众领略诗歌魅力的过程实际就是领略朗诵者风采的过程，朗诵者的倾情投入是人物能否具有形象性的关键。食指（郭路生）的诗歌《这是四点零八分的北京》就抒发了作者这样的情感：

这是四点零八分的北京
我再次向北京挥动手臂
想一把抓住她的衣领
然后对她亲热地叫喊：
永远记着我，妈妈啊北京

作者的形象就是诗歌主人公的形象，朗诵者的形象也在朗诵创作的瞬间与诗歌主人公的形象相契合，朗诵者要体会作者的感受，并运用自己的有声语言和体态语言把这种感受体现出来。

事件的叙述也应有形象性。诗歌《舰长的传说》中想说舰长喜欢海，并深入地研究海，在叙述和介绍时却用了大量形象性的语言，比如“动物喷泉”“海浪书页”“海风的语言”“海洋骑士”“海的女儿”等文字的运用，让我们清晰地看到了发生在舰长与大海之间的故事，体现出了舰长对大海浓厚的兴趣和深深的情感。请看这段文字：

传说他喜欢骑在鲸鱼背上做游戏
在动物喷泉的沐浴下堆垒礁石积木
他随意翻阅海浪书页
学会了各种海风的语言
常常跟许多爬上膝盖的小海兽攀谈
直到培养出潇洒的海洋骑士风度
他便去结识海的女儿
开始和她进行漫长的恋爱

以上所述，说明了诗歌的写作和诗歌的朗诵都是一种形象化的艺术，前者是一种典型的文学形式，后者是与文学紧密联系的典型的语言艺术创作活动，两者的共通点，就是深刻的思想、浓烈的情感、曲折的故事都在其形象化的语言中得以凝聚。

（四）语意浅近

优秀的诗歌不一定非得用华丽的辞藻，特别是被选作朗诵创作的作品更是如此。我们经常有这样的经验，一首看似平常普通的诗歌，经过朗诵者的加工处理，却产生了巨大的震撼力和感染力；而有些看似优美的诗歌，朗诵起来却未必容易让人理解，甚至也未必优美。不论怎样，总的说来，最好选择那些语意浅近的诗歌，这对于朗诵者是上佳之选，同时也为听众的接受提供了便利。

比如徐志摩创作的《再别康桥》是中国现代文学中的优秀作品，为广大文学爱好者所称道，同时也经常被诗歌朗诵者选作朗诵作品，没有人会怀疑这首诗的优美，但这首诗的文字无疑是非常浅近的：

轻轻的我走了，
正如我轻轻的来；
我轻轻的招手，
作别西天的云彩。

那种怅惘的情绪和浓浓的情感融在看似轻盈的节奏中，优美的景色和宁谧的意境产生于浅近的文字中，文字已经不给听众任何思维和想象的羁绊，听众“得鱼”而“忘筌”——透过浅近的语句体味到深厚的情感，尽情徜徉在自己情感的家园和想象的空间中。也就是说，优秀的诗歌并不只是表现在个别用词的华美上，而是表现在诗歌内容的丰满、结构的完整、情感的抒发、意境的营造上；遣词造句当然重要，但一定要注意它与其他因素互相配合的整体协调关系。因此，朗诵者一定要拿捏好文字与有声语言之间的分寸，拿捏好字面语义与深层含义之间的分寸。

（五）易于上口

易于上口是为适应朗诵这一有声语言艺术创作的要求而提出来的。也就是说，我们要注意诗歌的朗诵效果，诗作的文字要适合用有声语言进行表达。有不少诗歌在默默品读时是很美、很有内涵的，但朗诵出来却未必好听，有的比较拗口，没有韵味，缺乏乐感，有的比较隐晦，用词生涩，不易理解，这既不利于表达，也不利于大家听懂并产生共鸣。

在中国古典诗歌中，大量优秀的诗作都是非常适宜于开口吟诵的。无论是绝句、律诗，还是古风、宋词，大都讲究押韵和平仄，因为押韵，所以富于节奏，因为平仄相间，所以富于乐感，加之许多古诗都有着纯朴的诗风，因此在群众中间广为流传，成为诗坛中的经典和朗诵中的上佳之选。

现代自由体诗歌中也有许多经典之作，如《再别康桥》《雨巷》《大堰河——我的保姆》《祖国呵，我亲爱的祖国》等。这些诗歌也许并不是很讲究押韵，但用词浅近，语意清晰，行文流畅，真挚感人，也是很好的朗诵诗。

当代的一些诗作很有探索性，但在探索的过程中却有意无意地忽略了中国诗歌中最为宝贵的传统，没有了和谐的音韵，没有了流畅的语言表达，没有了纯朴的诗风，因此不少诗歌理解起来颇让人费解，朗诵起来也无美感与和谐可言。这在本书所选诗作中可见一斑：优秀的古诗俯拾皆是，但因篇幅所限而不得不忍痛割爱；现代自由体诗歌则因适宜于朗诵的不多，所以选择起来颇费工夫。

国外诗歌也有着优秀的传统，多样化的风格、独特的笔触，经常会给我们以心灵的触动和性情的陶冶。不过，这对翻译家来说就提出了更高的要求，其他体裁的作品能真正做到“信”“达”“雅”就已经很难了，更不要说诗歌这种高度浓缩、富于韵味和乐感的体裁，其翻译的难度可想而知。对于朗诵者来说，选择外国诗更应注意其是否易于理解，易于上口。

（六）适合自己

选择适合自己的作品，有利于发挥朗诵者的优势，使创作者和作品融为一体。

首先，选择适合自己的作品，应尽可能选择适合自己音域范围的诗歌，朗诵者的嗓音状况要能适合作品高低起伏、抑扬顿挫、收放控纵的需要。比如说，有的朗诵者音域比较窄，声音也比较纤细，朗诵豪放派的诗歌就不合适，那样极容易出现声嘶力竭的状况，即使勉强达到了声音的要求，却也因为过分分散注意力而影响了诗歌内容的表达和情感的抒发。解决这一问题的途径就是要加强语言表达能力的训练，特别是声音弹性的训练，朗诵场合的广泛性、诗歌内容的丰富性、诗歌风格的多样性，都要求朗诵者要有较强的语言功力。

其次，要选择适合自己年龄身份的诗歌，因为诗歌的内容是非常广泛的，有爱情诗、送别诗、政治抒情诗，等等。如果朗诵者选择了不适合自己年龄身份的诗歌，一方面会由于自己缺乏对诗歌内容的理解而不能很好地驾驭诗歌，如年龄小、阅历少的朗诵者朗诵去国怀乡之类的诗歌就很难深入地体会作者的情感；另一方面也会使自己的身份与诗歌的内容彼此不协调，最终影响了朗诵的效果。解决这一问题的主要途径就是要加强自身的修养，平时注意观察生活，积累知识，体味人生，这种广义的准备很大程度上决定着一个朗诵者所能达到的艺术高度，影响着朗诵者艺术风格的塑造。

总的说来，这种适合是双向的：一方面，朗诵者要选择适合自己能力的诗歌进行朗诵创作；另一方面，朗诵者要加强自身的理解力、感受力和表达力，以便使自己能够有更大的选择空间和创造能力。

二、量身创作

量身创作，指的是朗诵者自己创作朗诵诗或请人为朗诵者创作朗诵诗。创作出来的诗歌，既具有朗诵诗所应有的主题引人、内容充实、形象感强、语意浅近、易于上口等特点，同时又能够在最大限度上适合朗诵者本人进行朗诵。

如果您没能选择出适合自己的诗歌，那么不妨采取这种量身创作的方法。

（一）量身创作的优越性

量身创作诗歌，在进行诗歌朗诵的过程中因其内容的贴合性和朗诵者更强的适应性而体现出更多的优势。

其一，量身创作的诗歌最能符合朗诵的特点和要求。按理说，诗歌的创作应该适宜于人们出口朗诵或吟诵，中国古典诗歌尤其能够体现出这一点。但实际上，在既有的诗作中，也有不少平庸之作，尤为可惜的是有大量很有内涵的诗歌只适合阅读，而不适合朗诵，因为它们或艰涩隐晦，或生涩拗口，这给朗诵者选择诗歌作品带来了诸多不便。而为朗诵创作的诗歌就有可能照顾到有声语言表达的要求，音韵和谐，富于乐感，朗诵起来朗朗上口，听起来也颇富美感。

其二，量身创作的诗歌最能符合朗诵场合的要求。“到什么山，唱什么歌”，这已经成为大家的共识，其实，这基本上就是我们经常谈到的语境问题。在不同的场合或语境里，有不同的朗诵主题、不同的听众、不同的氛围。要想照顾到不同的主题、听众和氛围，挑选朗诵作品便成了一件非常难的事情，经常有朗诵者花了大量的时间和精力也没有找到特别适合这种场合的作品。因此我们看到，在许多朗诵会上皆会有量身创作的作品上演，特别是在专题晚会或主题晚会上更为常见。

其三，量身创作的诗歌最能符合朗诵者自身的要求。朗诵者有自己的爱好兴趣、气质类型、年龄身份、声音条件等特定影响因素，满足这些因素的诗作同样不多。量身创作的诗歌则有可能在最大限度上照顾到这些因素，从而能使朗诵者发挥出自己的最大潜能，使朗诵者与作品深度融合。

实际上对于朗诵者来说，量身创作最明显的优越性就体现在准备朗诵作品时目的更明确、针对性更强，创作出来的作品更能适应朗诵的要求。

（二）量身创作的原则

量身创作朗诵诗应尽可能遵循以下原则：

其一，音声性——也就是要使朗诵作品符合有声语言艺术创作的特点。简单说，朗诵出来的作品要好听。一方面，诗歌的文字变成有声语言后应具有形象性和音乐感，在声音形式上能给人以美的享受；另一方面，诗歌文字应朗朗上口，便于朗诵者在舞台上进行音声化的艺术创作。

其二，适应性——也就是要使朗诵的作品适合朗诵的场合、朗诵者的身份和听众的心理期待。在一次成功的朗诵创作过程中，场合的适应性提供了必要的朗诵语境，朗诵者身份的适应性提供了创作者与作品的高度融合度，听众心理期待的适应性提供了朗诵欣赏主体的共鸣空间，这些从传播过程角度讲都是必备环节。

其三，艺术性——这也就是朗诵艺术之所以称其为艺术的根本所在。诗歌应具有感情浓烈、想象丰富、富于文采、精于变化等特点，要有文学性和艺术性，缺少了这些，朗诵艺术也就同现场动员、大会报告等实用性文体的表达没有了本质区别。

其四，创造性——要使朗诵作品有新意、有探索性。新意是一部作品得以生存的重要指标之一，要努力实现情理之中，意料之外的效果，内容上要敢于出新，形式上要善于探索，使作品一朝在舞台上亮相就能给人以耳目一新之感，从而吸引听众，达到源于生活又高于生活的艺术效果。

（三）量身创作的方法

量身创作的方法大致可以分为从酝酿、写作到修改这样几步，只不过每一步都有与其他文学创作不尽相同的特点。我们可以从以下几步着手来进行诗歌创作。

其一，深入了解。

这主要包括：了解主题，了解听众，了解朗诵者。

了解主题——内容上的量身创作。了解朗诵会的主题是诗歌创作的第一步，它就等于是诗歌的魂，没有它，一切都将成为行尸走肉。只有了解了主题，整首诗歌的内容才能有所依附。

了解听众——效果上的量身创作。一首诗的朗诵效果除了受朗诵者艺术功力的制约外，还与听众的认知度与接受度有关，没有了观众的接受与认知，也就没有了诗歌创作与朗诵的必要。具体来说，要了解听众的构成、年龄、层次、爱好等影响要素。如果是大规模的演出，无法对具体观众进行详尽了解，则可以从演出的主题来推测听众的构成和特点。总之，了解听众是诗歌朗诵过程中极具指向特点的重要一环。

了解朗诵者——创作区域上的量身创作。朗诵者的兴趣爱好、知识阅历、年龄层次、音色特征、表达能力影响着他对不同作品的选择取向，也就是说，一个人并不一定适合朗诵所有类型的诗歌，这也是量身创作诗歌最重要的原因所在。了解朗诵者可以分为两种：为其他朗诵者创作诗歌时，要对朗诵者的相关情况进行了解；如果是朗诵者自己创作诗歌，则要对自身进行自测自评，有了对自身情况的准确把握，诗歌创作才有可能更具适应性和独特性。

其二，比较分析。

这主要是对已有的诗作、与会的朗诵者所进行的比较与选择，通过这一环节的工作，使作品的思路初步形成。

历史比较——抓住时代感。同样主题的诗歌在不同时代里会有不同的表现形式，我们要通过比较分析特别是对当前时代主题的把握，使创作的诗歌具有时代感，或者是使旧有诗歌焕发出新意。比如，张天民创作于20世纪60年代的《爱情的故事》和舒婷创作于70年代的《致橡树》，两首诗同样选择了爱情主题，但内容迥异，前者没有描绘恋人间常见的浪漫故事，而是在男主人公思绪的引领下将诗篇带入了一个庄严而富有激情的历史环境中，书写了一对革命烈士的爱情，他们的情话是“同志，坚持”，他们的誓言是“不屈，胜利”。而后一首诗则“否定了那种依附性的爱情观：如凌霄花之于高枝，痴情鸟之于绿荫；也否定了那种奉献性的爱情观：如源泉送出慰藉，险峰衬托威仪。这两种爱情观都以牺牲一方作为爱的前提，这些爱情观都反映出漫长的封建社会在我们民族心理中的历史积淀。她所追求的爱，是双方的彼此平等……这个平等的基础，是彼此的人格独立。……这是作者所理解和追求的‘伟大的爱情’，也是这首诗所以引起无数读者对价值观重新思考的原因”①。同是写爱情，内容却如此不同，这中间体现着时代主题的制约作用，抓住时代感，把握历史，实则把握了诗歌的历史背景。

现实比较——知己知彼。诗作是否有特色是在比较中体现出来的，如果在一次朗诵会上出现较多内容雷同、风格雷同、朗诵技巧雷同的诗歌，则一方面没有办法使诗歌朗诵凸显特色，另一方面也影响了整个朗诵会的整体效果和晚会节奏。对于朗诵者来说，要想使其艺术创作体现出独特的“这一个”特色，则首先要比较自己与其他朗诵者风格特点的异同，并在诗歌的文本创作上做文章，这既包括主题的鲜明性，也包括内容的丰富性，甚至包括形式的多样性。具体来说，要回避同一主题诗歌选材的平庸化和大众化，形式的选择上要灵活多变，勇于创新。

分析选择——明确思路。通过纵向和横向的比较分析后，创作者头脑中可以形成一个模糊的框架，这时所要做的工作就是把这种框架和思路进一步明确化，包括诗歌的主题思想、内容设定、形式安排、风格特色等，如，诗歌是由一个人独诵，还是由多个人合诵，是独白式的抒发，还是再现式的展示，这时都会有一个设想。当然，这还只是一个宏观的筹划，进一步的工作要在以下几步中逐步完成。

其三，口头创作。

关于诗歌创作有一种常见的说法，即，诗歌不是写出来的，而是朗诵出来的。这也就是我们前文所说的，诗歌一定要适合有声语言表达的要求，其实，这也在一定程度上说明诗歌口头创作的特点；老舍先生在创作剧本时曾经是出着声写出来的，这对我们来说也是一种启示：我们在进行朗诵诗创作时，可以一边思考，一边吟诵，

① 公木主编：《新诗鉴赏辞典》，上海辞书出版社1991年11月版，第928页。

一边记录，当你吟诵出来的诗句比较符合自己的想法时，就将其记录下来，并遵循事先理清的思路继续下去，直到完成初稿。这时你会发现，创作诗歌的过程是一个深度思考和抒发情感同步结合的过程，同时也是一个充满艺术创造的过程。在这个过程中，我们要注意抒情语体色彩的要求和是否具有乐感节奏的音声要求。

语体色彩——努力符合有声语言表达的特点。在边思考、边吟诵、边写作的过程中，要注意口语语体的色彩要求。是否有文采不在于诗句是书面化还是口语化，关键看是否能做到“我手写我心”，是否能够把原来设定的一些想法变成文字，因此不要为“书面化等于有文采”这样的模糊观念所束缚，要记住，这首诗是供朗诵用的，是供大家听的。

增强乐感——努力体现有声语言艺术的美感。口语化不是粗俗化，它要在浅近的文字中体现深刻的思想内涵，抒发强烈的情感，并体现出有声语言艺术的美感，这就要求诗歌在听觉上应具有乐感，富于乐感的声音才能给人以美感。增强乐感要学习中国古典诗歌平仄相间的写作手法，汉语拼音的阴平（即四声中的一声）和阳平（即四声中的二声）为平，上声（即四声中的三声）和去声（即四声中的第四声）为仄，平仄相间有助于使朗诵出来的诗句高低起伏、抑扬顿挫，富于音乐旋律般的乐感。

其四，修改润色。

诗歌创作最好一气呵成，不要断断续续，那种在创作初期就采取“吟安一个字，拈断数茎须”的方法，往往会阻塞写作的思路，使其显出较明显的人工雕琢的痕迹，影响了诗歌的流畅程度和天然之美。不过一口气写完的一首诗难免会有用词不当和考虑不周之处；同时，即便是出着声写出来的诗歌作品，也难免有书面化色彩过浓的现象出现，这是不利于朗诵创作和听众接受的，因此，修改润色是最终完成作品时不可或缺的一步。这一过程包括调整思路与结构，增删内容，去掉生僻字词，尽可能把单音节的词变成双音节的词，等等。总之，修改润色是要使诗歌的主题更加集中，结构更加完整新颖，语言生动富于乐感，更加适合朗诵的要求。

三、确定形式

（一）朗诵形式分类

诗歌朗诵形式众多，大体可以分为独诵、对诵、集体朗诵、诗组合等几种形式。

独诵，是由一位朗诵者进行的有声语言艺术创作。独诵的适应面比较广，在朗诵会、诗歌比赛、联谊会等许多场合都可以进行，而且简单易行，适合与听众进行互动交流，深为广大朗诵爱好者所喜爱。独诵的选材范围也非常广泛，无论是从体裁上划分的古典诗词、现代自由体诗歌，还是从内容上划分的抒情诗、叙事诗，都可以采取独诵的方式进行创作。

对诵，是由两位朗诵者进行的有声语言艺术创作。对诵有男女声搭配或同性搭配两种。在对诵中，两种艺术风格相同相近或完全迥异的朗诵创作结合进行，或相辅相成，或相反相成，风格既鲜明又统一，给人以耳目一新之感。同时，由于有两个人参与朗诵，站位、搭配也有更多的选择余地，更容易在朗诵者之间和朗诵者与听众之间加强交流，因此感染力也相应得以加强。

集体朗诵，是由三个或三个以上的朗诵者进行的有声语言艺术创作。这种形式经常在大型的朗诵会、晚会上采用，其主题一般都比较重大，内容大都比较丰富，容量大，篇幅长，气势相对恢宏。在朗诵时，有个人的领诵，有两个人的对诵，也有多个人的合诵，变化丰富，对比强烈，往往能给人以强烈的震撼，在大型的朗诵会和晚会上起到突出主题、加重分量的作用。

诗组合，顾名思义，是由多种朗诵形式组合在一起进行的有声语言艺术创作。组合的形式众多，有独诵组合、对诵组合、集体朗诵组合，也有混合型组合，也就是说，在一个诗组合的朗诵中，多种朗诵形式可以同时出现，当然也可以只是一种形式的组合，比如，自始至终都是独诵的组合。诗组合往往具有深刻的主题和宏大的结构，但表现在形式上则是灵活多变的，各个组成部分可以是连贯的，也可以是系列式的单元，这就好比是散文中常说的“形散而神不散”。作品形式一般都比较新颖，能够引起大家的兴趣。

比如，曾经有一个学生们自己创作的诗组合《雕塑家和四组雕像》，诗中的四组雕像讲了四个故事，第一个故事幻想孔子与屈原在天堂的对话，表现了他们人生的苦闷；第二个讲述了年迈的天使坠入人间后被失去良知的人欺负的故事，反映了作者对人性的呼唤；第三个故事讲述了狐狸为吃到铁栅栏里的葡萄而不惜把自己饿瘦以便能够顺利通过铁栅栏的阻挡，但为从铁栅栏里跑出来又不得不在吃饱后再把自己饿瘦，结果吃完葡萄的狐狸与没吃之前还是一样的，故事中蕴含深刻的寓意；第四个故事讲述了一位母亲不惜牺牲自己，用自己的血液给孩子止渴以使孩子能够活着走出沙漠，歌颂了母爱，寄托了人类的希望。四个故事看似互不相干，但由一位雕塑家将其贯穿起来，通过神、鬼、兽、人的一系列组合，赋予全诗以一个“希望”的主题，于是全诗的结构便显得完整起来，构思也显得愈加巧妙，同时由于四个组成部分各具特色，因此，诗歌的容量虽然很大，但听众接受起来丝毫没有冗长沉闷之感，朗诵效果非常好。

（二）确定朗诵形式的原则

朗诵形式众多，但不能为形式而形式，所有的形式都是为了更好地朗诵作品而加以确定的。确定朗诵形式可以遵循相加、相减、和谐等原则。

其一，相加原则。

该原则是使朗诵构成的各个部分的优势和特色结合起来，发挥各个构成要素的优势，形成合力，共同为成功完成诗歌朗诵创作而出力。比如，一个重大而复杂的主题单靠独诵无法完成或者特别浓烈的情感靠一个人独诵无法抒发时，就可以采取集体朗诵的方式，加大分量和容量。再如，一个深刻的主题靠一个单元无法表现时，就不宜采取独诵或集体朗诵的形式，而是可以选择诗组合的朗诵形式，将各个单元的要素结合在一起，深化主题，增加分量。

其二，相减原则。

相减原则不能简单理解为减轻诗歌的分量，而是减掉那些不能表现主题甚至于影响诗歌朗诵效果的因素，使最能突出作品特点的部分显现出来。比如，一部情感起伏大、内容对比强烈的作品，靠一个人独诵可能会暴露许多缺点，这时，就不如采取对诵的形式，一个人负责深沉含蓄文字的朗诵，另一个人负责高昂奔放文字的朗诵。这里减掉的是个人的缺点或不足，同时也就增强了两个人共同朗诵的适应性和艺术性。可以说，相减原则体现的是另一种形式的“增加”——减掉劣势，突出优势。

其三，和谐原则。

和谐原则是为了使构成诗歌的各个组成部分彼此融合、互相映衬、互相促进，使诗歌朗诵的整体艺术效果达到最佳程度。和谐原则是一个核心原则，无论是相加原则，还是相减原则，都要以和谐原则为指针和目标，强强相加未必强，衡量的标准就是要看其是否和谐统一——主题鲜明突出、结构设计巧妙、朗诵配合协调、节奏掌控有致、艺术效果强烈。

（三）确定朗诵形式的方法

确定朗诵形式的方法是对其原则的运用，是具体的可操作的建议，这里大体从朗诵场合、诗歌主题、诗歌内容和朗诵者的声音形象条件等方面加以说明。

其一，根据场合确定朗诵形式。

大型的晚会或朗诵会，多采取集体朗诵的形式，这样可以增加气势，烘托气氛。

突出艺术欣赏性的朗诵会，多采取经过精心加工的独诵或诗组合的形式，深厚的朗诵功底、巧妙的构思组合、深刻的主题揭示，都有可能给人以美的享受、心灵的震撼和生命的启迪。

朗诵比赛，多采取独诵、对诵和集体朗诵的形式。朗诵比赛多有时间上的限制，诗组合这种需要多个单元结合映衬的朗诵形式在较短的朗诵时间里往往会显得仓促和单薄，因此不宜选用。独诵是对朗诵者理解力、感受力、表现力的检验，需要朗诵者加强语言功力；对诵要综合考查搭档配合得是否协调，表现出的风格特色是否统一，形式与内容是否协调一致，甚至对朗诵搭档语言功力的一致性也提出了很高的要求；集体朗诵则要考查各位朗诵者是否能够深刻理解并准确地表达出作品内涵，是否能够协调一致，是否能够在富于气势的同时做到细腻有加。

友人聚会联欢，多采取独诵的形式，这与朗诵者往往是即兴受邀而来不及商量排练有关，而且其自由性、适应性、即兴应时的特点也容易体现出来。对于广大的朗诵爱好者来说，平时注意积累诗歌素材并经常进行朗诵训练是有效提高此类场合朗诵效果的重要途径。

其二，根据主题确定朗诵形式。

主题明确集中的诗歌，可采取独诵、对诵和集体朗诵的形式，相对固定的朗诵形式和明确集中的诗歌主题协调一致。

主题意义重大的诗歌，集体朗诵的形式更可取，因为众多朗诵者给人的视觉冲击力和既可细腻温婉又可豪迈奔放的听觉影响力对于表现重大主题有着先天的优势和不可替代的作用。

主题复杂深刻的诗歌，适宜采取诗组合的形式，一方面，这种形式可以使复杂的主题如剥笋般层层展现，另一方面又能由于形式多变而使听众避免因主题深刻复杂而陷入大伤脑筋的思索之中，朗诵者不能以主题深刻复杂为借口而不顾听众接受的效果。

其三，根据内容确定朗诵形式。

内容相对简单易懂的诗歌，适宜采取独诵的形式，朗诵者易于掌握和控制节奏内容，听众也比较易于接受。

内容复杂篇幅较长的诗歌，可以采取独诵的形式，不过它更适宜采取对诵和集体朗诵的形式，以多人之力合作完成。

内容带有对比强烈明显的两极化色彩的诗歌，适宜采取对诵特别是男女对诵的形式，男声可以朗诵豪放高昂的部分，女声可以朗诵温婉细腻的部分；如果有叙述性和角色性的文字，更可以通过男女声对诵的形式来进行不同的分工，增强其可听性。

内容带有明显复合单元式特点的诗歌，无疑更适宜采取诗组合的形式进行朗诵。一般说来，诗组合这种形式的选择，受诗歌内容宏大、结构繁复等因素的影响更大。

其四，根据朗诵者的自身条件确定朗诵形式。

这里所说的主要是对诵和集体朗诵这种有多人参加的作品。一般来说，同一作品中朗诵者的声音形象条件最好比较接近，这包括音质音色、身高体态、语言风格、气质风度等条件的接近，这种组合在进行诗歌朗诵创作时有利于每一个朗诵者都能发挥出自己的优势，有利于整体的协调；不过有时，声音形象条件有较大反差的情况下，也会适合某些诗歌的要求，比如老人与小孩的对话，男性与女性的对话，等等，这类作品就可以选择声音形象等条件对比鲜明的朗诵者来进行创作，这种组合有利于凸显出每一个朗诵者自身的特点，也能增强艺术感染力。

四、调整心态

总的来说，朗诵者在进行创作时采取的是一种当众展示的心态，因为他们是在大庭广众之下展示自己有声语言表达艺术魅力的，这种朗诵“不同于生活中的谈话，不同于语文课上的朗读，不同于大会上的发言，不同于当众发表的演讲，也不同于话剧的角色塑造，更不同于话筒前的报告新闻”①。因此，这里所说的展示带有很强的表演特性，不过要注意，此表演是广义上的，大家千万不要理解为是戏剧里的角色扮演。

具体来说，朗诵的心态还可以分为本色式的朗诵心态和演绎式的朗诵心态。

本色式的朗诵心态，是指朗诵者在进行创作的过程中，始终保持一种“我就在”的心态，无论是叙述故事情节，还是抒发情感，哪怕是处于第三人称的旁观角度，也都能够做到设身处地，积极投入。这种心态有利于表现自己的真实情感，其

① 张颂编著：《播音员主持人训练手册·诗歌朗诵》，北京广播学院出版社2001年1月版，第10页。

核心要素是有情感，不冷漠。

演绎式的朗诵心态，是指朗诵者在进行创作的过程中，始终保持一种“我就是”的心态，似乎故事的情节就发生在自己身上，抒情主人公就是朗诵者自己。这种心态使朗诵者本人和作品中的“我”合二为一，形成视域和心态的融合；但即便如此，朗诵创作中同样要注意保持自身的特色，合理生发，自然流露，避免出现为演而演、人工雕琢的痕迹，其核心要素是情感浓，不陷入。

第三章
朗诵创作（一）——本体创作

经过前期的准备和设计之后，如今已进入诗歌朗诵创作的核心阶段，即把诗歌的文本转化为文字的阶段。在这一阶段，朗诵者对诗歌文本理解感受如何，语言表达能力如何，艺术修养和感染力如何，都会得到最充分和最苛刻的检验，并在一定程度上体现在朗诵创作的成败上。

朗诵创作分为本体创作和整体创作两部分，前者指的是从文字语言到有声语言的转化工作，后者指的是有声语言与其他要素结合的工作，两者缺一不可。

本章谈一谈朗诵中的本体创作问题，包括：理解感受、用气发声、语言表达技巧等。

一、理解感受

理解感受是诗歌朗诵创作的第一步。对诗作理解不准确不深刻，则创作的道路和技巧的使用就失去了方向，许多技巧和方法就无从谈起；对诗作感受不深切不细腻，则无法捕捉作品的意蕴与作者的情感，朗诵时的语言表达也就失去了言为心声的创作初衷，自己没有被感动，听众更无法被感动。

理解感受大致可以有以下几种方法：

（一）理解作者的写作心境

作者在不同心境下，会有不同的体验和感受，对同一事物、同一事件也会有不同的看法，因此体会作者的心境有助于对诗歌作品进行深入的理解和独特的感受。

体会作者心境的重要方法之一是了解诗人的生活背景和作品的写作背景。中国许多古典诗词都是作者在追求政治理想和人生境界的过程中写就的，许多深意都蕴涵在或明或隐的文字表述中。比如杜甫的七律《闻官军收河南河北》末尾两句：

即从巴峡穿巫峡，

便下襄阳向洛阳。

作者在这两句诗中绝不仅仅是讲述自己的行程，而是表明了其心境。当时，长达八年的安史之乱终于结束，喜讯传来，作者心头长期的积郁一扫而空，那种高歌纵酒的畅快心情瞬间便流露出来，因此，从“巴峡”穿“巫峡”，从“襄阳”到“洛阳”的行程有一种顺流而下的感觉，朗诵时也应有这种酣畅之感；如果没能理解作者的心境，则极有可能绵延舒缓地去表达行程中的线路走向，失去了文字之外酣畅的情感抒发，则诗歌的本意也就丧失了。

（二）理解作品的主题内容

有些作品的文字表面与其深刻的思想内涵之间还是有一定的距离的，有时，作者还会使用一种隐晦的手法，把自己的真实想法隐藏在看似不相干的景物或事件背后；如果不了解作品的主题，就不能通过作者的文字表述理解这背后的深意。所以说，理解作品的主题内容，有时要深入了解作品的创作背景，以此可以窥探作品的深意。比如孟浩然的七律《望洞庭湖赠张丞相》的后四句：

欲济无舟楫，
端居耻圣明。
坐观垂钓者，
徒有羡鱼情。

这四句诗表面上是说诗人想过河但却没有船，看到别人垂钓而自己只能存有羡慕之情，但实际上却表达了诗人出仕无门、不甘隐居的心情，并希望丞相张九龄能够推荐援引，以实现自己的政治抱负。了解了作品的内容，理解了作品的主题，我们在朗诵时才不会把这首诗仅仅看作是一般的写景抒情作品，而是表明自己政治抱负的明志之作。

（三）感受作品的整体意蕴

作品一般都有自己的整体基调和整体意蕴，不论作品中描画了多少景物，叙写了多少事件，它们都要统一在整体协调一致的意蕴之中，比如说，同样是写月亮，暮春之月和寒秋之月是不一样的，这在有声语言的表达中会有非常不同的体现。

比如柳宗元以江、雪为题非常著名的一首诗《江雪》：

千山鸟飞绝，
万径人踪灭。
孤舟蓑笠翁，
独钓寒江雪。

这首诗通篇有“寒”“静”之感，并由此透露出“孤”“独”之意，那么在朗诵中要着意营造这种氛围和意境，体现出寒、静、孤、独的特点。另外，深入体味这首诗的意蕴，你会发现，四句诗所描画的景别是不一样的，前两句是一种远景，第三句景别推进近似于特写，第四句景别拉远再度呈现出远景，有了这样一种画面感，我们就要用最能体现这种画面的声音和感觉去表达，具体说，声音可以稍微暗一些，并适当运用虚实结合的音色，情感内敛深沉，语言节奏舒展，这才能与全篇的基调和意蕴相协调。

（四）感受文字的具体刻画

朗诵诗歌要注意整体感，但整体是由一个个具体细节的落实逐一实现的，失去了对具体景物的刻画和对具体事件的描述，讲求整体只能是奢望。

在一首诗中，要找准具体刻画景物和具体描述事件的文字，并细心体会其深意。比如杜甫的《绝句》：

两个黄鹂鸣翠柳，
一行白鹭上青天。
窗含西岭千秋雪，
门泊东吴万里船。

在“诗人以二十八字的篇幅勾勒出的画卷里，深蕴着多少层次的矛盾统一，它是多与少、高与低、远与近、动与静，以及色彩上的深与浅，审美思潮上的自然与人为等多侧面、多角度的对立统一”①。“两个黄鹂”之少与近，“一行白鹭”之多与远，加之“窗”与“西岭千秋雪”、“门”与“东吴万里船”的画面组合，使得全诗犹如一幅生动的画卷展现在我们眼前。可以说，全篇的艺术构思成就于这些具体的描述，没有具体刻画，也就没有整体的意蕴。朗诵这样的诗歌时，很重要的一点就是把这些细节加以确定并表现出来。

（五）朗诵心理与写作心理的契合

在诗歌朗诵艺术创作理论中，一直存在着二度创作与一度创作（或曰完全意义上的创作）之争，支持二度创作的认为，朗诵是把诗歌从文字语言转化成有声语言的过程，其转化的依据是诗歌文字本身；而支持一度创作的认为，这种转化工作包括心理上的调适和有声语言技巧的运用，它创作目标明确，成果转化特点鲜明，付

---

① 王洪主编：《古代诗歌鉴赏辞典》，北京燕山出版社1989年8月版，第357页。

出的心力巨大，体现出更多的创造性特征。

实际上，这两种创作观都存在，但非此即彼的截然划分反而容易给人们带来理论上的混乱和创作上的干扰。在实际的朗诵创作中，朗诵者如果能够把自己的创作心理与作者的写作心理契合起来，则有可能赢得更大的主动。朗诵者在舞台上进行创作时，不能让人觉得他是在转述别人的意思，在说别人的话，而是要把诗歌变成自己想说、自己要说、自己能说的话，做到这一点的关键就是朗诵者的心理调整和情感酝酿，他要在深入理解作者想法、细腻体会作者心理的基础上，把自己与作者投射到一起——自己就是抒情主人公，诗歌中的文字就是自己想说的话。在这种身心融合的状态下，朗诵者才能够进行自由的创作。比如在朗诵徐志摩的《再别康桥》时，那种离别的情感分明就是从朗诵者的心底发出的，不如此，反而会让人觉得不协调。

二、用声自如

用声自如是成功完成诗歌朗诵的前提，是使诗歌朗诵体现出更多艺术性的必备条件。这里要明确的观点是，用声自如，并不是无原则地炫耀自己的优质音色，那样难免会让听众产生买椟还珠、华而不实之感，失去了对诗歌所蕴涵的思想性和艺术性的注意。但是毋庸置疑，自如的声音运用会更有助于完成诗歌创作，揭示诗歌的内涵；同时，声音本身的形式美也具有独立存在的意义，许多听众就是因为喜欢某个朗诵艺术家富于魅力的声音而喜爱上诗歌、喜爱上朗诵艺术的。

用声自如，有两个层面的含义，一个层面是为了适应诗歌高低起伏、抑扬顿挫的语势要求，朗诵者的用声要有一定幅度和强度的变化；另一个层面是为了体现诗歌的不同色彩并抒发情感，朗诵者的用声要有刚柔虚实、控纵自如的艺术变化。一般来说，朗诵者应注意从以下几个方面来训练自己的声音：

（一）扩展音域，使用自如声区

人们的声音由最低到最高有一定的区域，而在这个区域的中间部分为自如声区，自如声区都小于人的整个自然声区。朗诵者平时应该扩展自己的音域，音域范围越大，则自如声区的变化范围就越大。

人们在进行诗歌朗诵的时候，会遇到不同风格特色的作品，有的豪放，有的婉约；即使是同一部作品，也有或高昂或深沉、或挥洒或内敛之处；在处理语句的时候，也会因语势的不同而有高低起伏的变化，在这种时候，音高扬起，不应走调破音；声音降低，不应喑哑憋闷，这些变化都应在自如声区内进行。如果没有较宽的音域，则自如声区的高低起伏就变得有限了，思想感情就很难充分地表达，这自然会影响到诗歌朗诵艺术的创作。

扩展音域的训练可以借鉴声乐训练的方法，一个音一个音或半个音半个音地向上攀爬和向下延展，声音高的时候注意不要有明显的不圆润或力所不及的感觉，声音低的时候不要压喉憋闷。在保持这种整体感觉的前提下进行音域的扩展练习，自如声区会在整个音域扩展的过程中不断加大，声音的运用能力也会得以加强。

扩展音域的训练要本着循序渐进的原则来进行，一般来说，向上和向下扩展一度音需要月余时间，而且也不可能无休止地进行扩展，我们只要能有两个八度多一点儿的音域就可以了，关键是要保证并充分运用自己在自如音域里的发声能力。

（二）加大强度，提高发声能力

声音的强度指的是声音的大小，这在诗歌创作中也是一个关键的因素。比如，我们在朗诵“怒发冲冠凭栏处”时，要运用饱满的强音直抒胸臆，而在朗诵“小楼昨夜又东风，故国不堪回首月明中”时，又要用相对较弱的声音来表现亡国之君的丧国之哀。一味地高吼或一味地低语都会影响诗歌内涵的揭示和朗诵艺术的魅力。

训练声音强度的主要内容是正向训练，即大音量的训练。人们在小范围的谈话中多使用比较弱的音量，偶有使用大音量的时候也不太在乎声音的表现力，但在朗诵诗歌的时候，都会不同程度地使用较大的音量，因此大音量的训练不可缺少。

进行大音量的训练同样要本着循序渐进的原则来进行，可以将一句话从小音量向大音量分级递进，然后再反向进行。由小到大时要注意保护自己的嗓子，不要声嘶力竭，而是要限定在自己能控制的区域内进行。

训练声音强度要注意强弱之间的转化能力。有的人只是用大音量或只是用小音量说话时都不会遇到什么问题，但在进行大小的转化时则会显得不那么自如：由小变大时往往力度不够，大音量的雄壮色彩不能充分地表现出来；由大变小时又会由于气息、唇舌控制不利而造成吃字或吞音，给听众的接受带来障碍。

控制声音强弱转化的关键是气息控制，特别是在使用小音量时，气息更不能处于太自然状态。控制气息要注意小腹和两肋协同工作，要控制但不僵化，积极并且自如。

（三）调制音色，体现不同色彩

这里所说的音色指的是虚实、刚柔、明暗等声音色彩。

声音的虚实，主要是由发声时声带振动与否决定的。声带振动发出的声音是实声，音质圆润，有乐音成分，适合在朗诵中进行朴实的叙述或描述。声带不振动发出的声音是虚声，气息声音明显，有噪音成分，适合在朗诵中抒发源于肺腑的情感。不过这里要说明，一般情况下，朗诵时不宜一虚到底，还是要虚实结合，只不过是虚声的成分较之其他作品的朗诵多些而已。

声音的刚柔，主要是由发声时力度的大小决定的。刚健的声音，发声力度较大，字音颗粒饱满，给人以雄健豪迈之感。柔和的声音，发声力度相对较弱，字音圆滑润泽，给人以温婉轻柔之感。

声音的明暗，主要是由发声时共鸣成分的组合决定的。明亮的声音，高频共鸣（主要是鼻腔共鸣）较多，声音透亮，给人以明快清朗、朝气蓬勃之感。暗的声音色彩众多，有暗淡的，也有暗而不淡的，其总的色彩是以暗、沉为主，这种声音低频共鸣（主要是胸腔共鸣，也包括部分口腔共鸣）较多，声音深沉苍郁，给人以厚重雄浑或晦暗阴郁之感。

不同的音色在不同风格特点的诗歌中和在诗歌的不同内容部分里有广泛的运用，豪放派的诗歌朗诵多用刚健、明亮的实声，婉约派的诗歌朗诵多用柔和、暗淡的声音，并有较多的虚声成分。当然，这里面还会有交叉，暗而不淡的雄浑的音色也可以表现豪放派的诗歌，明亮柔和的声音也可以表现某些婉约派的诗歌，我们要根据不同的内容区别对待，要善于灵活运用而不要被法则所限制束缚。

调制音色的工作比较复杂，朗诵者在具备了能够表现出各种声音色彩的能力之后，可以根据个人自身的声音条件加强某一种声音色彩的训练与调制，形成自己独特的音色特征，这也为形成自己的艺术特色提供了一条路径。

三、气脉一贯

朗诵诗歌时要做到气脉一贯，这有两层含义：一是指朗诵者的气息状态要保持相对的统一，二是指作品内在的文气要通过停而不断的语气表现出来。

其一，气息状态保持相对的统一，是对朗诵者语言功力的一种检验，要求朗诵者在进行艺术创作时，能够从容自如地运用自己的气息，并体现在有声语言的流畅表达上。当朗诵者能够在潜意识的状态下合理运用气息发出声音的时候，他才有可能将自己的注意力集中在朗诵的作品上，并适时与听众进行互动交流，这样，朗诵者才有可能进入艺术创作的自由王国。同时，由于朗诵者的用气发声从容自如，不露雕琢痕迹，听众才能将自己的注意力集中在诗歌作品上，集中在朗诵者的艺术创作上，达到艺术的创作者与接受者心与心交流的理想境界。

做到气息状态保持相对统一的关键是要对呼吸进行自如的控制，其方法，一是注意多种换气方法的灵活运用，包括偷气、抢气以及生活常态的换气，根据内容的要求可以无声地换气和有声地换气（因为有时换气的声音也具有抒情的作用），二是要有较大量的训练，因为对于艺术创作来说，没有切身感受和创作能力而空谈理论是没有用的。

其二，气脉一贯，还表现在朗诵者在一种相对稳定的气息流动状态下体现在诗歌作品中顺畅的文气和朗诵时连贯的语气上。在这个过程中，朗诵者一定要注意诗歌作品的整体性，他对每一语句的感情色彩的处理都要符合作品的整体基调。在这样一种心理的诱导和控制下，朗诵者的心理状态保持着相对的稳定和前后的和谐，其气息状态也是相对稳定的。气息虽不是气脉的全部，但朗诵创作在这样的气息状态下进行，语流在这样一种贯通的气脉下行进，于是朗诵作品中便蕴含着一种前后贯通的文气，隐隐映射出作者和朗诵者投射于其中的勃勃生气。朗诵作品因传达了一种活跃的生命而带有了美学的特征。

要想做到合文气，顺文势，首先要对作品内在的线索和整体的结构相当熟悉，这样才不会在朗诵的过程中因注意力太过集中而一叶障目，不见森林。其次是要注意语气的连贯特别是语势的呼应上，上一诗句如何停、下一诗句如何起都要做到有根有据，这样，即使声音停顿下来，其内在的语意还是连贯的。比如李白的《月下独酌》中的诗句：

花间一壶酒，
独酌无相亲。
举杯邀明月，
对影成三人。

这四句的语势变化是不同的。第一句可以采取下山类的语势，句尾音高较低；第二句采取波谷类的语势，句子中部的“无”字较之首尾的“独酌”和“相亲”要低些；第三句采取上山类的语势，“明月”二字扬起，并适当延长；第四句采取波峰类的语势，“三”字处于最高点。我们按照这样的语势进行处理，四句诗首尾呼应，就会显得连贯而合文气，同时，诗歌的语意也显得更加明确：诗人饮酒却无人陪伴，于是邀来明月，加上自己的影子，人、影、月“三人”在一起畅饮——虽然数量上有“三”，但实际上只有自己一个人在饮酒，那种孤独感愈发强烈。如此连贯的语意，当然要依靠连贯的语气语势将其表现出来。

四、行动性强

行动性是戏剧表演中的术语，意思是说语言表达要具有目的性，它是为达到某种目的，实现某种功能而说出的，失去目的性的语言实际上也就失去了说出的必要。要想使诗歌朗诵具有行动性，要从语言表达的目的性、指向性和推进性上入手来实现。

（一）语言表达要具有目的性

诗歌的行动性很大程度上体现在其目的性上，但在大量的朗诵艺术创作中，没有体现出目的性的情况并不少见，目的丧失和目的转移都是常见的毛病。

其一，语言表达目的性的丧失。这主要是因为诗歌语言的概括性和跳跃性较强，在不了解背景和对全诗没有整体把握的情况下朗诵，往往会把那些看似简单的诗句轻易带过，这样就失去了作者的本意，也就失去了目的性。比如陈子昂的《登幽州台歌》：

前不见古人，
后不见来者。
念天地之悠悠，
独怆然而涕下。

单看前三句，写了作者在登上幽州台以后，纵观历史想到了古人和来者，遍察天地感受到了空间的辽阔，这似乎并不能展现作者的心态，第四句作者写了“独怆然而涕下”才渐渐表明了作者的孤独和悲凉。如果在朗诵的过程中不把第四句作为创作思想的依据，则前三句的朗诵难免会失之轻率，也缺少了分量。进一步了解背景，我们在创作时的依据会更加充分：这首诗是作者在报国的雄图无法实现时，满怀悲愤登上幽州台而吟诵出的千古绝唱，因此前三句的处理应努力把作者那种孤独寂寞、悲哀苦闷的情绪烘托出来，这样在第四句朗诵出来的时候就能够形成更加巨大的感情冲击力，使听众的心理受到强烈的震撼。

其二，语言表达目的性的转移。这主要是因为对诗歌的整体感缺乏把握，或者虽然对诗歌的整体有一定的把握，但在朗诵过程中受个别词句的影响和陷入到对某些细节的纠缠中，从而改变了语言原有的意思。比如杜甫的《春夜喜雨》中的两句：

野径云俱黑，

江船火独明。

这两句诗写山野间的小路被黑云笼罩着，江上孤单的小船点着明火。这样的景观很容易被人用低沉阴郁的声音加以处理，以显出孤独寂寞之感。但这样就错了，是一种目的性的转移，因为诗名已经点明了主题是“春夜喜雨”，全诗都笼罩在一种喜悦的氛围中，所以，这两句诗也应该在整体的基调中行进，或者至少是要把分量处理得轻些，以不影响全诗喜悦的氛围。

（二）语言表达要具有指向性

语言表达的指向性，表现在情感流动的方向性和语势行进的走势及相互的呼应上。情感从调动到抒发，语势的高低起伏变化，应根据作品内容进行设计，同样的一句话，根据不同的情感表达需要和不同的上下文要求，会有不同的处理方式。

我们以艾青的《我爱这土地》的部分诗句为例，分析一下朗诵的停连处理和语势的呼应，以此说明语言表达的指向性问题。

假如我是一只鸟，

我也应该用嘶哑的喉咙歌唱：

这被暴风雨所打击着的土地，

这永远汹涌着我们的悲愤的河流，

这无止息地吹刮着的激怒的风，

和那来自林间的无比温柔的黎明……

诗歌的首句先作了一个假设，“假如我是一只鸟”，很明显，这句话是为了引领下文的，因此可以采取上山类的语势，句尾微微扬起，语速相对较慢，给人一种提示：我还有更重要的话要说，以便唤醒听众的期待心理。第二句应在“喉咙”之后作一个较长的停顿，在“歌唱”之后不作停顿，而是紧接着朗诵出接下来的几句话，这样，歌唱“土地”、“河流”、“风”和“黎明”的意思才能够明朗，语流才能够顺畅，语言表达的指向性才更鲜明。

上面这首诗如果按照标点符号的提示来进行停顿和连接处理，并且不作语势上的设计和呼应，则“土地”、“河流”、“风”和“黎明”这四样事物就会显得无所依傍，给人以一种句子不完整和语意生涩之感。

（三）语言表达要具有推进性

语言表达是流动的，无论目的性何在，指向性是否明确，都要靠语流的推进变化来实现。这就是语言表达的推进性。

推进要求情感贯穿，要求语意明晰，要求加强对比，这样，语言表达才具有变化性和流动性。比如陆游的《示儿》：

死去原知万事空，
但悲不见九州同。
王师北定中原日，
家祭无忘告乃翁。

四句诗的分量是不同的，第一句“死去原知万事空”，并非一般地表明作者已经参透了生死的意义，其关键是引领诗意走向下一句，一个“但”字有转折、有推进，原来，作者主要是想表明自己因“九州”未“同”而深感悲愤。诗的后两句是作者对儿孙的叮嘱，要他们在国家统一后，一定要把这大好的消息告诉自己，实际上，在这种殷切的期盼背后更表明了作者在即将结束生命之际仍然心存遗憾的悲哀。抓住了这条感情线，在朗诵时就要区分主次变化，第一句可以相对弱一些，为的是突出第二句，而三、四句则适当加快语速，并赋予殷殷期盼之情，将作者的心迹表现得更加鲜明。

由此我们可以看出，诗句的处理要找准依据，这种依据不仅来自于对全文的整体把握，也来自于诗句的上下文，推进就是为了与整体把握相契合，与上下文相协调。

五、展现形象

诗歌朗诵是一种形象化的艺术，诗歌中的景物、人物、事件甚至思想都可以用形象化的手法表现出来，当然，其前提是诗歌本身给我们提供了能够以形象化的语言进行创作的可能性，但同时，我们不能忽略有声语言表达的能动性，形象化的文字有可能被我们朗诵得干瘪无味，也有可能在我们运用有声语言进行创作的过程中变得锦上添花。

展现形象的过程是朗诵者综合运用心、脑、嘴的综合过程，也就是综合调动情感、思维和语言表达技巧的过程。下面逐一进行说明：

（一）运用心力

运用心力的过程就是调动和抒发情感的过程，“感人心者，莫先乎情”，只有发乎深情，才能感动自己和听众。

有时，运用心力比动用脑力还要累，许多门类的表演艺术家在进行了全身心的艺术创作之后，往往会觉得筋疲力尽，似乎全身的每一根神经、每一块肌肉都被牵动了。特别是情感运动得特别充分时，那种魂牵梦绕、心神纠结的感觉已经说不清是心理上的还是生理上的。但往往在这时，艺术的创作才有可能臻于化境。

运用心力，关键是要充分调动情感，设身处地，感同身受。比如，俄国诗人吉皮乌斯的《干杯》中有这样的诗句：

欢迎你呀，我的失败，
我爱你，正如我爱胜利；
谦卑藏在我高傲的杯底，
欢乐与痛苦从来就是一体。

朗诵者在创作时，要体会“爱”的不同含义——对失败的爱与对胜利的爱毕竟不同——这种爱蕴含着对失败的辩证认识，蕴含着对胜利的渴望；“高傲”在本诗中也有着特定的含义，失败者的高傲不是盲目自大，而是一种不屈的信念；“欢乐”与“痛苦”这对儿结合在一起的孪生兄弟更是彼此映衬、彼此渗透，朗诵时要细细体会那种痛苦的欢乐与欢乐的痛苦彼此交织的复杂感受，要注意情感的酝酿要适当提前，情感的抒发要与发声表达同步。

（二）精于设计

诗歌的形象性除了受作品文字提供的景物、事物影响以外，还受朗诵者对诗句朗诵的设计与处理的影响。那种认为有了情感就有了一切的想法和只要声音好就能朗诵好的想法都是不对的，因为在具体呈现的过程中，细节的处理人见人殊，只有抓住规律才有可能做到“从心所欲而不逾矩”。

对诗句朗诵的设计有很多方面，包括停连、重音、语气、节奏等。这里仅以韦应物《滁州西涧》中的后两句为例来加以分析：

春潮带雨晚来急，
野渡无人舟自横。

从文字所给出的艺术形象来看，“春潮”“雨”“晚”“野渡”“舟”等都是西涧当时呈现出来的景物，这些景物叠加在一起，构成一幅荒江渡口的景象。然而这些景象都不是重点所在，诗句给我们印象最深之处在于：一个“急”字说明了春潮骤雨来势之猛，一个“自”字凸现了野渡无人之状，因此，如何显现春潮之猛和野渡无人之状才是重点。前句语势微扬，语速较快，尤其是“急”字要有一定的力度；

后句语势则状如波谷，只是在“自”上加以点染，语势升起平收，语速也放慢了。这种声音形象与诗的艺术形象的特征是暗合的：“春潮带雨”再加“急”字，给人以夜雨骤至之感，故而有声语言的行进速度也较快；而雨来则“野渡无人”，潮来则“舟横”，是通过一个小的细节来描绘荒江渡口的景象，描绘细腻，故而语速放慢；同时，“舟横”不是人为，而是潮至使然，故而把“自”字作为重音加以点染，点明此意。于是，声音形象和艺术形象便统一起来了，从有声语言表达角度讲，真正做到了“无一字无来历”。

精于设计的前提是理解，而且这种理解一定要做到深入细致，以便在诗歌跳跃、精练的语句中把握住诗意；然后设计有声语言的表达方法，包括重音、停连、语气、节奏等；最后在实现的过程中通过有声语言表达发挥出朗诵创作的艺术感染力。

（三）善于突出

我们常说，强调与突出是在对比中显现出来的，这中间就存在着强调与弱化之间的辩证关系问题，不善于弱化与不敢于强调一样影响着重点的突出，同时也就影响着诗歌本意的表达。

弱化与强调协同进行，这是突出诗歌本意、展现生动形象的有效手段。请看李白的《望庐山瀑布》：

日照香炉生紫烟，
遥看瀑布挂前川。
飞流直下三千尺，
疑是银河落九天。

这是一首脍炙人口的名诗，气势豪迈，想象奇特，生动地描画了祖国的锦绣河山。许多人在朗诵这首诗时，为了把这种宏大的气势表现出来，气息控制力量大，字字用力，声音响亮，倒也起到了一定的作用，但总给人以白而无味、手段单一之感，因为诗中景物没有被突出出来。实际上，为了展现庐山瀑布的生动形象，就有必要把最能表现庐山瀑布特点的文字突出出来，这就用到了弱化与强调的辩证关系。诗歌前两句写庐山的香炉峰，写远远看到的瀑布，只是为后面进一步描写做准备与铺垫，因此可以平稳渐进，用气发声可以稍微收一些；第三句的“直下”写山势之险峻，“三千尺”写瀑布之长，因此可以强调一下，具体来说，“直”字可以加重声音，而“三”字可以适当地将字音拉长些；第四句是作者大胆的想象，但只要强调一个“落”字就可以了，具体来说，可以加强舌尖弹动的力度，使用虚实结合的声音，并适当地延长字音，这样，一个“落”字就把瀑布倾泻而下的气势和银河落地般的景象生动地展现出来了。对比之下，其余的句子和文字或轻些、或快些、或暗些、或低些，围绕重点作弱化、轻化处理即可。

六、富于乐感

诗歌朗诵不同于其他文学作品的朗诵，其中很重要的一个区别就是诗歌朗诵更加富于乐感，乐感诉诸听觉，这种听觉上的美感源于声音的质感、语势的起伏和韵律的变化上。

对于汉语来说，富于乐感的特点更加明显。汉语字音是单音节的，一字一音，而且每个字中至少都有一个元音，这就使得汉语字音颗粒饱满、圆润动听。另外，汉语普通话的字音具有阴、阳、上、去四声，可以给人以抑扬顿挫的音乐感，丰富了汉语语音的美感。加之朗诵者在有声语言艺术创作中往往适度地加大幅度，这就更突出了汉语语音圆润饱满、富于乐感的特点。

使诗歌朗诵富于乐感要在吐字、归音、平仄、语势上做一些工作。

（一）吐字清晰

吐字清晰是准确表达内容的重要前提，同时也是展现有声语言艺术魅力的一个重要手段。

诗歌的内容具有跳跃性，这会给人在理解上带来一些障碍，如果吐字再不清晰，则会影响到内容的表达、形象的塑造和诗意的传递。

同时，清晰的字音对于形成有声语言的乐感也很重要。根据内容的需要，有的朗诵要铿锵有力，有的要见微知著，这就要求朗诵者在吐字的时候讲究喷弹力度。讲究喷弹力度“不是要字字用力、声声震耳，而是吐字有力，弹动入耳”①。

喷，是对唇发力的要求，具体来说就是唇配合汉语开、齐、合、撮的四呼控制要得力。使用唇的音主要是声母中的双唇音和唇齿音，同时，唇形还受韵母四呼的影响。比如，毛泽东同志的词《沁园春·雪》中的诗句：

北国风光，
千里冰封，
万里雪飘。

---

① 张颂编著：《播音员主持人训练手册·诗歌朗诵》，北京广播学院出版社 2001 年 1 月版，第 11 页。

这几句描绘了祖国雪中的壮美风光，其中，“北”“风”“冰”“封”“飘”几个字都用到了唇，为了表现风光的壮美，这几个字都要求不同程度地加强喷的力度以示强调，但在喷的同时还要注意与虚实明暗不同音色的配合。既注意词语本身的色彩，又注意声音运用的色彩，诗句在行进中便具有了乐感与美感。

弹，是对舌发力的要求，具体来说就是舌在发舌尖音、舌面音、舌根音时注意对不同部位的控制，成阻部位的接触面越小越好，同时根据不同的内容要使用与之相适应的力度。比如于谦的《石灰吟》：

千锤万凿出深山，
烈火焚烧若等闲。
粉骨碎身浑不怕，
要留清白在人间。

这是一首表明人生态度的诗歌，这种刚正不阿、清白磊落的形象要求朗诵者在表达时要有一定的力度。但正如我们在前文所说过的，突出是在对比中体现出来的，因此我们在突出清白品格的时候，所用力度也要有所区别。特别是最后一句，只要突出“在”字就可境界全出，发这个音时，舌尖要有力度，字音成阻面要小，除阻时不能拖泥带水。

（二）归音圆润

汉语每个字的韵母中都有元音，元音都是乐音，我们如果能够把这些元音发得圆润，那就更加强化了乐感，诗歌也就更能符合大家的听觉感受。

加强韵母元音的方法主要是处理好归音问题，特别是要把字腹拉开，使字音饱满。这里要注意：

其一，如果一个字的字头、字腹、字尾都齐全，则在字腹拉开之后，随着唇形的回收而把声音弱下来。如“调”（diào）字，发到 a 时口腔开度最大，到 o 时随着唇形的缩小而使声音弱下来，直到声音最后消失。

其二，如果一个字是以字腹结尾的，则在字腹拉开立起后，保持唇形，但声音要随着气息的减弱而弱下来。如“怕”（pà）字，发到 a 时口腔开度最大，然后随着气息减弱而使声音趋弱。这样，在人们听起来，虽然唇形没有收，但依然给人以颗粒饱满、字音圆润之感。

请看张九龄的《望月怀远》中的诗句：

海上生明月，
天涯共此时。

这两句诗也是脍炙人口的名句。如果我们把这些字音的韵腹拉开的话，诗歌的意境就会更加明晰地展现出来，特别是加强“生”“月”“涯”“共”这几个字，诗意就会更加明晰，而且听起来也更加富于乐感，更加动听。

（三）突出平仄

汉语中有阴平、阳平、上声、去声这四声，这本身就富于音乐旋律般的乐感；同时，阴平和阳平属于平声，上声和去声属于仄声，在中国古典诗歌中还要遵循平仄安排的规律，如七言诗中前两句常用的“平平仄仄平平仄，仄仄平平仄仄平”的平仄安排，就会给人以一种抑扬顿挫的音乐般的美感。

突出平仄的关键是根据内容找准要强调的文字以后，通过把字的调值着意处理的方式来体现，有时，把调值适当夸张地拉开，不仅能把诗歌中的形象更生动地展现出来，而且也增强了乐感。

请看杜甫的《江畔独步寻花》：

黄四娘家花满溪，
千朵万朵压枝低。
留连戏蝶时时舞，
自在娇莺恰恰啼。

这首诗的后两句是重点，而“时时”与“恰恰”又是后两句的重点词。在朗诵的时候，可以把“时时”的阳平调值适当夸张地拉开，由35变成36，把“恰恰”的去声调值也拉开些，由51变成61。这样，第三句中的平声和第四句中的仄声都被夸张地突出出来，同时，“时时”与“恰恰”又互相对仗，更加强了这种对比，其乐感更加鲜明。从语意上来讲，也更能表达诗人沉醉在花、蝶之中，充满惊喜与快意的感觉。

（四）语势起伏

语势是语气的声音形式，它包括上山类、下山类、波峰类、波谷类、半起类等几种类型。①

上山类的语势，起点低，落点高，状如上山。

下山类的语势，起点高，落点低，状如下山；与上山类的语势刚好相反。

波峰类的语势，起点、落点低，句腹高，状如水波的波峰。

---

① 参见张颂：《播音创作基础》，北京广播学院出版社1990年3月版，第105页。

波谷类的语势，起点、落点高，句腹低，状如水波的波谷；与波峰类的语势刚好相反。

半起类的语势，起点低，语势逐渐上扬，行进到一半时戛然而止。

在实际的运用中还有更多的语势变体，因此语势的变化也更加丰富，总的来说就是使语言表达有高低起伏的变化，忌平淡刻板。

语势的高低起伏变化诉诸听觉也如同音乐的旋律，富于乐感。而这种乐感不仅仅是为动听而动听，它在表明诗意、连贯语意等方面也起着重要的作用。

一是表明诗意。语势的高低起伏变化，可以体现出朗诵者情绪的变化，并且表明朗诵者对诗歌的理解和对重点的确定。而且特别要注意的是，诗歌的重点并不一定体现在语势中的高点，有时波谷也是体现重点之处。比如杨慎的词《临江仙》的下阕：

白发渔樵江渚上，
惯看秋月春风。
一壶浊酒喜相逢。
古今多少事，
都付笑谈中。

第一句可以处理成上山类的语势，第二句处理成下山类的语势，并且整个句子的高度都降低一些，然后顺势朗诵出第三句，语速稍快，句尾稍扬，第四句要慢下来，句尾同样稍扬，并带有一种历史的沧桑感，第五句与第四句相呼应，处理成下山类的语势，语速更慢，“笑谈”二字可以稍微突出一些。这样，这阕词有高有低，有快有慢，而词中的时序更迭、世事沧桑、浊酒相逢、笑谈古今的多重含义便一一清晰地表达出来了。

二是语意连贯。语势的起伏变化不是随意的，而是在上下文的呼应中进行变化的，由此，我们也可以通过语势的呼应变化，使一个个分散的句子连缀起来，诗歌的语意也就更加连贯了。比如苏轼的《水调歌头》中的词句：

明月几时有？
把酒问青天。
不知天上宫阙，
今夕是何年。

第一句的句尾要扬起来，并适当地延长，很明显，这一句的句意并没有完结，它只是一问；第二句要延续第一句的语意，举起酒杯向苍天询问，但这同样是有问而无答，句意依然没有完结，特别是诗人所问的对象是青天，所以，根据意象同样不能把句尾落下来；第三句的句意并不完整，它要与第四句结合起来才构成一个完整的意思，因此，第三句的句尾随着“阙”字的四声而落下来后，第四句就要顺着上句的语势从低处衔接。至此我们可以看到，这几句的语势变化都是根据上下文的句意而定的，这种连贯的语意是因为有了彼此呼应的语势变化而产生的。

七、控制节奏

许多文学作品的朗诵都是以语气为中心的，但是在诗歌朗诵中，由于诗歌形式的相对规整，节奏就显得甚为重要了，其重要性甚至要排在语气之上。节奏往往使得诗歌的朗诵自始至终贯穿着一种生命的律动，使朗诵者的情感抒发和听众的心灵震撼相互契合。

节奏与声音形式高低起伏抑扬顿挫的变化、声音形式的回环往复以及心理变化有关。①

（一）声音形式要变化

从声音形式变化角度讲，节奏的产生离不开语言的抑扬顿挫、轻重缓急的变化，而且语言节奏的变化远比音乐节拍的变化要复杂得多。要注重对比，注重变化。

比如，陆游词《钗头凤》上下阕就要在节奏掌控上加以控纵处理，该词如下：

红酥手，
黄藤酒，
满城春色宫墙柳。
东风恶，
欢情薄，
一怀愁绪，
几年离索。
错，错，错！

① 参见张颂：《播音创作基础》，北京广播学院出版社 1990 年 3 月版，第 108－109 页。

春如旧，
人空瘦，
泪痕红浥鲛绡透。
桃花落，
闲池阁，
山盟虽在，
锦书难托。
莫，莫，莫！

这首词的写作背景是陆游在封建社会不能自主地把握自己的婚姻而被迫离婚，当他再次见到前妻时愁苦、懊悔而又无可奈何，只能寄托词作，这首词整体基调低回沉郁。由于上下阕的形式是完全一致的，如果朗诵得没有变化，则会形成一种僵化的节奏，缺少灵气和艺术性。因此有必要在最能表达作者和朗诵者情绪情感的地方做一些变化。如“错，错，错”三个字中间虽有标点符号，但在朗诵时却可以毫不停顿，一气呵成，语速较快，这样就把陆游对美满婚姻的憧憬和对残酷现实的失望之间的矛盾心理淋漓尽致地描绘出来。与之相对的是对于结尾“莫，莫，莫”三个字的处理，可以放慢语速甚至是一字一顿地朗诵出来，这样就给人留下了无尽的哀思，回味悠长。上下两阕对比鲜明，既使得作品具有节奏感，又给人以错落有致、富于变化之感。

（二）回环往复显节奏

关于声音形式回环往复的问题，是与上面所述密切相关的，正是因为有了抑扬顿挫、轻重缓急的声音形式的变化，才会有相似语气和语气间相似转换的不断出现，节奏才得以最终形成。

另外诗歌都可以划分出音步，每一个音步里有大致相同的字数，而音步与音步之间的间隔又可以靠适当的停顿或字音的延长来体现，因此形成了相对规整的节奏。

五言诗的音步一般划分为“二三”式，如王维的《鸟鸣涧》可以划分出这样的音步：

人闲/桂花落，
夜静/春山空。
月出/惊山鸟，
时鸣/春涧中。

七言诗的音步一般划分为“二二三”式，如王之涣的《凉州词》可以划分出这样的音步：

黄河/远上/白云间，
一片/孤城/万仞山。
羌笛/何须/怨杨柳，
春风/不度/玉门关。

现代自由体诗歌中也有音步划分之说，只不过这类诗歌由于写作格式比较自由，句子的长短变化更为丰富，因此音步的划分也更自由些。

音步的划分是在朗诵诗歌的过程中出于表达的需要而产生的，了解音步不是为了限制朗诵艺术自由创作，而是为了更好地进行朗诵。因此，我们不要被划分的音步限制束缚，要根据内容的变化和抒发情感的需要灵活处理诗句。

（三）心理变化出节奏

还有一点要注意的就是节奏与心理变化有关。节奏的产生与语速有关，但又不仅仅是语速的问题，它还包括心理节奏等问题。我们常说的“紧拉慢唱”的朗诵方法往往就是用较慢的语速来表达紧张的节奏。实际上在这个时候，朗诵者运用语言形式就不仅仅是加快或放慢语速的问题，他还会在气息、吐字、声调、感情色彩等诸多方面做细微的处理，使节奏成为综合多种元素的立体概念。比如，当代作家张锲的诗歌《生命进行曲》中有这样一句：

我在崎岖曲折的路上，
一步步摸索着行进，
接踵而来的竟然是
十年浩劫、十年颠倒、
十年更加险峻的历程。

“十年浩劫、十年颠倒、十年更加险峻的历程”是一种排比的句式，人们在朗读时为了增强气势往往会加快语速，但其结果却经常会使人感到急促，甚至会影响到语意的传达。所以在朗诵时可以采取放慢语速但却加强心理节奏的方法：把句子“抻”得很开，特别是对“险峻”二字的处理，更可以缓到极致，小腹控制有力，字头叼得紧而有力，韵腹发得饱满，感情的色彩和分量浓重，每一个字都发得清晰而有分量，令人感同身受般体验到“险峻”给人的感觉。加之它与前面的“崎岖曲折”“摸索”“浩劫”“颠倒”相呼应，于是使作品产生了紧张鲜明的节奏感。

由此可以看出，节奏与外在的语言表达技巧关系密切，但又不仅仅是停连、语气等外部语言技巧问题，它要从内心的情感运动出发，当情感之水在内心中奔涌涤荡而不可遏制时，其心理运动便反映在生理的相应变化上，即反映在气息的运动、声音的调制和咬字器官的控制上；同时，节奏得以呈现的外部技巧也是受内在思想感情制约的，这要求内外部技巧要有机结合。

综合起来看，情感的运动是促成节奏形成的重要因素之一，情感越强烈，则节奏越鲜明；反之亦然，我们可以通过作品的节奏感受到朗诵者的情感运动，感受到作品本身的内在生命活力。

第四章
朗诵创作（二）——整体创作

一部作品的艺术性要从整体的角度进行观照，在此基础上力求使各个细节臻于完美。特别是在整体美与细节美发生冲突时，要宁可舍弃细节美而选择并强化整体美，这应该是艺术创作的一个通例。这一思想非常重要，历来的艺术家们都非常重视塑造整体形象，画家重视经营位置，书法家重视作品的章法，这些都是明证。

据说雕塑艺术家罗丹曾经制作了一尊巴尔扎克的塑像，作品很精彩，但是朋友们在称赞雕像时，尤其推崇雕像的手，认为手的雕塑是最成功的。这些称赞触动了罗丹的神经，他毅然举起斧头砍掉了雕像的手，并且解释说，这手的塑造吸引了大家太多的注意力，从而影响了大家对整部作品艺术魅力的欣赏，因此，从手的局部来说是成功的，但从整体角度来说却是失败的。

重视整体也是东方人特别是中华民族很具特色的思维方式。这种很具有民族特色的思维方式有着上千年的传统。《淮南子》说，“绣以为裳则宜，以为冠则讥”，意思是“在衣服上绣上花是美的，如果在帽子上绣上花就要被人笑话了。这就是说，把个别特征、个别形状（线、形、色等）孤立起来，是无所谓美丑的。美丑在于整体形象”①。马致远在词《天净沙·秋思》中并没有直抒其惆怅的心情，而只是用了“枯藤”“老树”“昏鸦”“小桥”“流水”“人家”“古道”“西风”“瘦马”等名词，但这些名词代表的孤立的意象叠加在一起以后所构成的景象却把作者的心情淋漓尽致地表现了出来，这就要求朗诵者在进行创作的时候要注重这些意象的整体色彩，要在一个统一的基调下进行艺术创作。而欣赏者也是从整体的角度去欣赏和接受一部作品的。

所以说，我们评判一部朗诵作品的好坏，往往不只是从声音、局部的技巧出发的（当然，声音缺乏美感、技巧拙劣很难进行成功的朗诵艺术创作）。从声音角度

① 转引自叶朗《中国美学史大纲》，上海人民出版社 1985 年 11 月版，第 167 页。

讲，整体性体现在情、声、气的结合上；从语言表达角度讲，整体性体现在内部情感与外部技巧的结合上；而从整个朗诵艺术作品角度来讲，整体性体现在语言、体态、站位、配乐、舞美等多种要素的结合上，体现在朗诵者独特的艺术风格上，等等。

下面从宏观角度谈一谈诗歌朗诵的整体创作。

一、交流互动

交流互动，指的是朗诵者在进行诗歌朗诵艺术创作时与听众之间进行的主题内容、情绪情感、审美情趣的相互沟通与影响。朗诵者在进行诗歌朗诵艺术创作时，要使诗歌的主题内容达于听众之耳，要使听众感受到自己的情绪情感状态，要使自己与听众在审美情趣的层面达到共识并进而产生共鸣。这样的朗诵对于朗诵者来说才算真正进入了创作的层面，于听众来说才算真正对艺术进行了欣赏，朗诵艺术的魅力才能真正体现出来。

互动重在交流，没有交流就谈不上互动，谈不上诗歌朗诵创作的欣赏性和大众性。而交流的主要一方是朗诵者，我们不能借口听众不懂得欣赏而降低对自己朗诵功力的锤炼。对于朗诵者来说，要在以下几方面加强朗诵中的交流工作：

（一）发自内心的对听众的关注

发自内心的对听众的关注实际上包含了三重含义：

第一重含义就是要明确交流的对象。诗歌朗诵的交流对象是听众，没有听众的欣赏，也就失去了当众朗诵的必要。

但实际上，并非朗诵现场有听众的存在，就能保证朗诵者在进行创作的过程中时时刻刻意识到听众的存在。比如，在对诗歌内容不是很熟的情况下，朗诵者的主要注意力都在记忆诗歌的文字上，害怕丢词、忘词，这时，在朗诵者的意识中就没有了听众的位置；而听众眼里的朗诵者也就变成了一个在现场边想词边出声的背诵者。交流更无从谈起。

因此，明确交流对象，要求朗诵者在意识里有能力时刻想着听众，注意听众的反应，并引领听众共同进行诗歌朗诵艺术的欣赏。

第二重含义是朗诵者对听众的关注应该是发自内心的。对听众的关注不是口头的标榜，也不能停留在外在形式的所谓交流上，发自内心是交流的出发点。

发自内心是进行创作的一种动力，诗歌朗诵所具有的欣赏性、大众性和号召性应该是朗诵者在进行创作时就自觉遵守的属性。朗诵者自己觉得作品具有美感，具有感染力和震撼力，其创作才是主动的和积极的；朗诵者认为朗诵有必要在大众中进行，他才有可能在各种各样的场合都能全身心地投入到创作中；朗诵者确信作品能够在听众中引起共鸣并产生积极的作用，他才有可能在面对广大听众进行创作时信心十足，激情澎湃。

第三重含义是朗诵者要切实关注听众的反应。

听众的反应是朗诵者对自己的创作时时进行检验的参照标准。听众有了相应反应，说明朗诵创作起到了一定的作用；听众的正向反应，是对已有创作的肯定，这将激发朗诵者更大的创作热情，并沿着既有的创作方向继续前行；听众的逆向反应是对已有创作的质疑，这应引起朗诵者的注意，如果认为自己的创作道路没有问题，那就要强化自己的创作意图以便引领听众沿着自己设计的创作道路前行，如果意识到自己的创作道路需要修正完善，那就要试图调整自己的创作思路或创作方法，以便与听众的审美思想合拍同步。

关注听众反应的方法应贯穿创作始终并拓展至其前后，即：事先前馈、现场反馈、后续总结。事先前馈，是对听众可能做出的反应的一种预测，以此对自己的诗歌朗诵创作进行设计；现场反馈，是自己在现场进行创作时对听众反应的接收、判断，以此进行现场应变性的调整；后续总结，是在朗诵创作结束后，对已有经验教训进行归纳总结，为以后的诗歌朗诵提供创作依据。

（二）体现在语感上的对听众的关注

内心对听众的关注还处于内省状态，它是必不可少的，但却不是全部，它还要在外在形式上有所显现，才能被大家感受到。体现在语感上的对听众的关注是重要的一环。

语感，是一个复杂的概念，简单说它是“语言的感受，……是对语言刺激的‘感之于外，受之于心’，是对语言运用的‘情动于衷，声形于外’。语言是一种能力，是把接收、鉴别、储存信息和发出、丰富、驾驭信息全部融入语言感受中的能力。正因为这样，一个有较强语感的人，既有较高的鉴赏力，也有较高的表现力”①。

这里所说的语感因为要体现对听众的关注，所以重点在语言的表现力上，要让

① 张颂：《播音语言通论》，北京广播学院出版社1994年2月版，第141页。

听众在欣赏朗诵作品的过程中感受到朗诵者对自己的关注。

具体来说，关注听众的语感在停连、重音、语气和节奏等语言表达的外部技巧上都会有相应的体现。比如智利诗人聂鲁达的《你的微笑》诗歌中的几句：

你需要的话，可以拿走我的面包，
可以拿走我的空气，可是
别把你的微笑拿掉。

诗歌的首句可以按照正常的朗诵习惯连贯地处理出来，但为加强与听众的交流，可以在说“你”字的时候强化与听众交流的愿望，就像与朋友谈话时呼唤对方一样，然后在“你”字的后面作一个较长的停顿，这个停顿会进一步引起听众的注意并加强交流的感觉。接下来的文字可以用稍快的语速表达出来，而到了“你的微笑”四个字时，语速再一次慢下来以示强调，与此同时，交流感也会得以加强。

值得注意的是，技巧的变化是以情感的变化和抒发为依据的，没有依据的技巧变化或者情感的分量不足或者技巧不能很好地表现这种情感变化时，朗诵者宁可要去除技巧的雕琢，也不要用苍白的技巧去掩盖和凑数。

（三）体现在眼神上的对作品与听众的关注

外在形式上的对听众的关注有众多体现，包括上文提到的体现在语感上的对听众的关注，也包括体态语等辅助表达手段。体态语在下文会有相关的论述，这里重点谈一谈眼神的作用。

研究显示，传送到人脑的信息中，87%经由眼睛，眼睛是人体最主要的感觉器官。在面部传达信息的过程中，眼睛始终处于主导地位。这种无声的交流甚至比有声语言更富有感染力。

许多听众都会有这样的经历：当现场朗诵的人达到创作的深层境界时，他的眼神是非常富于神采的，眼光明亮，视线专注，目光中充满了期盼和诚意；他似乎在与每一个人交流，又似乎只与你一个人在交流。

而此时的朗诵者则多会有这样的感受：他会认为自己与每一个听众之间的距离都消失了，尤其是心与心之间的距离消失了，他在大声地朗诵，但却像在对着听众的心灵之门进行面对面的沟通；他会盯着某些观众甚至是某一个观众，但观众的任何举动都不会左右朗诵者的视线；他的视线极具附着力和穿透力，其视线会附着在他认为有必要多作停留的方位上，并穿透他与听众心灵之间的空间。

同样，这种体现在眼神上的关注也是发自于内心的，但却必须由眼神的关注来实现，那种视线游移不定、不与听众进行眼神交流的朗诵者往往心不在焉，最终将会失去自己的听众。

二、善用体态

体态也是一种“语言”，是人们用来辅助有声语言进行表达的有效手段，因此经常被人们称作体态语。体态语，是利用身体的姿态作为传递信息、交流思想感情的辅助工具的副语言符号。

书面语言的使用需要一定的基础和条件，有声语言和体态语则是人们面对面交往时必然要采用的交流方式，朗诵时当然也离不开这两者的配合使用。

社会学研究表明，大部分体态语是一个人内在涵养的自然流露，体态语能体现一个人的成长背景、文化层次、性格、修养等内在的信息。正确、得体、优雅、端正、落落大方的体态语，可以使人有更加良好的精神状态，从而产生吸引人的力量，给人留下美好的印象。

不过，在朗诵的时候，我们不能满足于体态语的自然显露，而应该在训练初期进行设计，反复演练，待到习惯成自然之后，我们才有可能毫无雕琢痕迹地去使用体态语。

下面从朗诵时体态语的特点、功能、运用原则几个方面加以阐述。

（一）体态语的特点

体态语的存在和使用，从宏观角度看，具有广泛性、直观性、依附性、民族性、时代性的特点。

其一，广泛性。

朗诵，从表面上看只是用到了口耳，但实际上，听众在现场的朗诵中所欣赏到的创作却包括了朗诵者有声语言艺术的表达和体态语的辅助运用。没有任何一个朗诵者是自始至终一动不动的。

即使是朗诵者在话筒前录制朗诵作品时，虽然他不面对听众，但也有意无意地运用体态语，他的表情是随着内容的变化而变化的，有时还会辅以手势和身体的运动。

可以说，凡有人群的地方都在使用体态语，使用范围之广、使用频率之高，是其他非自然语言所不能比拟的。体态语使用的广泛性在朗诵中自然也会有较突出的体现。

其二，直观性。

体态语表达便捷，具体可感，让人一目了然。

诗歌朗诵感染人的重要前提就是诗歌的内容要为大家所接受，所理解，朗诵者在进行有声语言表达时辅以体态语，有利于把诗歌内容表达得更清楚，有利于把朗诵者的态度和价值取向更有效地显露出来，也有利于情感的抒发。

比如李白《将进酒》的头两句：

君不见黄河之水天上来，
奔流到海不复回。

朗诵开始时目光可以投向高远处，在朗诵到“天”字时，可以侧举胳膊，展开手掌，然后随着语流的行进向相反方向的下侧挥动，眼神也相应地跟上。这一体态语的运用，可以使黄河之水由上游奔流到海的过程更加形象化，同时在体态语的配合下，河水奔流的气势也得以增强。

其三，依附性。

体态语含义十分丰富，一个动作、一个表情可能会有多种各不相同的解释，对它的正确判断要依附当时的语境，依附它所伴随的有声语言，以及与之匹配的相关体态语。这也说明，体态语的运用不是孤立的，它与其他相关因素协同运用，而其他相关因素既为体态语的运用提供了依据，又要与体态语相配合。这种互相依附的特点使得体态语的使用既灵活多变又遵循规律。

其四，民族性。

人类大部分体态语有相同或相近的含义，但是由于不同民族、不同地域、不同文化的差异，有些体态语的含义及使用是完全不同的。但有时也有变体。

比如，同样是表示赞叹，有的民族点头，而有的民族摇头。我们在朗诵中却会综合运用到这两种方法，点头表示赞同并不奇怪，而摇头表示赞同却需要解释——摇头并非表示不赞同，而是表示不可思议。所以，了解体态语的民族性，既为相互区别，又为相互联系。

不过总体来说，我国的听众更能接受相对含蓄的体态语运用方式，这并非是说该用体态语而不用，而是说体态语的运用要有一定的度，次数上不宜过于频繁，幅度也不宜过大。

其五，时代性。

体态语有其稳定性，但也随着时代的变迁而有所变化。在不同的历史时期，有不同的时代主题，人们的心态也会相应地产生变化，曾经能够接受的体态语也许会被人们舍弃，人们会选择或恢复使用那些符合当今时代主题和大众心态的体态语。

这个道理比较容易理解：当前朗诵者表示自己下决心时使用的体态语与二十世纪六七十年代那一特殊历史时期使用的体态语肯定相去甚远。

（二）体态语的功能

体态动作被纳入语言传播体系，是因为体态在人们的话语交流中起到了与语言交流相同或相似的信息沟通作用，甚至还起到了补充信息的作用。体态语功能众多，而且还有更多功能未被人们充分地认识到，这里只谈一谈与朗诵有关的比较重要和常用的几种体态语功能。

其一，补充言语信息。

人们在运用有声语言表达思想、交流感情时，往往辞不尽意或意在言外，这时会很自然地用体态语言来补充有声语言不能表达或不必表达的信息。体态语的运用可以使听众在欣赏朗诵者短短的诗歌朗诵时接收到远多于此的信息。

孙中山先生在总结自己的演讲经验时，特别强调要练姿势，他总是对镜练习，直到无缺点为止。他说："身登演讲台，其所具风度姿态，既须使全场有肃穆起敬之心；开口演讲，举动格式又须使听者有安静祥和之气，最忌轻佻作态。"①

这里虽然说的是演讲，但对于同样在大庭广众之下进行的朗诵来说也有极具价值的借鉴意义。朗诵者的体态语体现着其既有的风度，同时又调节控制着现场的气氛，这对有声语言的表达起着补充丰富信息的作用。

其二，替代言语信息。

体态语言在一定的语境里，可以具有"此时无声胜有声"的特殊功用。

比如艾青的诗歌《我爱这土地》结尾两句：

为什么我的眼里常含泪水？

因为我对这土地爱得深沉……

在朗诵完第一句以后，朗诵者可以稍作停顿，并满怀深情地环视一下在场的听众，然后再发自内心地说出自己对这片土地的热爱。这里的停顿与环视，实际上是朗诵者在与听众进行沟通，它代替了简单的问与答，使得朗诵者的情

① 陈新华：《孙中山怎样演说》，《羊城晚报》1961年10月9日。转引自龙永枢、杨伟光主编：《领导者媒介形象设计》，社会科学文献出版社1997年9月版，第174页。

感表达更加深挚。

其三，强调言语信息。

人们在说话的同时，常用手势来帮助强调口语信息中需特别强调之处。

在气势恢宏的诗歌朗诵中，较大幅度的手势运动等体态语的运用，往往可以起到加强语气、增强力度、烘托气氛的作用。

能起到这种作用的体态语如快速并且较大幅度地挥手、攥紧拳头等，配合上有声语言的表达，会给人以坚定有力之感。

其四，否定言语信息。

有时候，言语信息和体态语言是相互矛盾的。一个握拳高喊要求和平口号的人，他的言语信息与他的动作表情发出了互相矛盾的信号。我们该相信哪一个信号？我们只须注意在矛盾信号中，哪些是刻意做出来的，哪些是发自内心地或在无意间流露出来的，就可窥知发信号者的真情。这个握拳高喊要求和平口号的人，此时他的身体信号无疑是值得信任的一方。所以，当言语信息与体态语言发生矛盾时，人们倾向于相信体态语言发出的信息，而不相信言语信息。

这也就说明，朗诵者的体态语可以表明自己对所朗诵内容的态度，也有利于使听众对其朗诵的内容做出道德、真伪上的判断。比如闻一多《死水》中的一段：

也许铜的要绿成翡翠，
铁罐上锈出几瓣桃花；
再让油腻织一层罗绮，
霉菌给他蒸出些云霞。

从字面上看，“翡翠”“桃花”“罗绮”“云霞”都是很美的东西，按理说应该饱含着喜爱之情去朗诵，但实际上作品描写的是一潭死水中肮脏龌龊令人讨厌的东西，因此在朗诵的过程中，除了在语气上体现出其令人生厌之处以外，还应该在表情、眼神甚至于姿态、方位上有所体现，这种眼神、表情、姿态、方位的运用就是对言语信息的否定。

（三）体态语的运用原则

其一，适合语境。

有声语言的表达要符合语境的要求，而辅助有声语言进行表达的体态语也有这样的要求。善用体态语的人，很注意说话语境，针对环境和对象，考虑使用什么样的体态语以及如何用效果最佳。尤其要注意随语境变化，调整自己的语言，包括体态语的运用。

语境应该包括时间和空间两个方面。

从时间角度讲，既要注意大的时代背景，使自己所使用的体态语样式符合时代的要求，具有时代感，同时又要注意小的具体的时间，同样一首诗在节日期间和日常演出中的表情、手势都会有一些差别。

从空间角度讲，注意朗诵时场地的大小、舞美的设计、灯光的运用，等等。比如，有时为了营造现场的整体氛围，突出朗诵者在舞台上的地位，舞台上有可能使用追光，这时使用幅度较大的体态语就有可能破坏这些效果，因此体态语的运用要含蓄收敛一些；而有时现场的舞美设计比较简单，朗诵的效果主要靠朗诵者一人来营造，那么就需要朗诵者更充分地运用体态语，以辅助有声语言的表达。

其二，和谐统一。

体态语要同有声语言相协调，不能说东指西，令人无所适从，也不能节奏紊乱，有声语言与体态语运用不同步，造成力度丧失，韵律失调。这要求朗诵者一定要找准诗歌节奏和动作节奏的契合点，在心里有数的情况下，做出恰切的动作，而在有声语言达到某个关节点时配合体态语，互相烘托，彼此照应，这样有声语言力度的显现点和体态语力度的爆发点就会契合在一起，达到节奏的同步。

各种体态语的运用也要协调一致，比如，手势、身势、腿部的运动要彼此配合，否则，手举起来了，而身体却没有相应的配合变化，则有如傀儡有形无心。一般来说，整个肢体的运动都可以发力于腰，这样，一举手一投足既有全身力量的支撑，又有全身整体动作的彼此协调。找到并运用这种力量的支撑点，才可以使全身的运动和谐统一。

其三，恰到好处。

体态语的运用，并非多多益善，它只是为了辅助有声语言的表达才加以使用的，这样才有可能会发挥其作用。否则，过多过乱的体态语会干扰诗歌内容正常、准确的传达。

在一般的诗歌朗诵中，体态语的使用频率有两种情况：一是没有体态语的运用，自始至终身体正直，面无表情，使得有声语言的表达显得刻板单调，这在朗诵的初学者或较少登台朗诵的人当中比较常见；二是体态语使用过多过滥，头部不断地摇来摇去，手与胳膊不断地重复着同样的动作，给人以表达手段贫乏、压不住场的印象。

解决的办法也是考虑上述两种截然相反的情况有针对性采取的：一要事先进行有意识的设计，包括开头、结尾使用什么样的体态语，诗歌中间大概使用体态语的频率，力度与幅度的大小如何，等等，并力求使这些体态语的动作形态、节奏力度有所变化；二是做强制性的练习，体态语运用少的朗诵者一定要按照事先的设计把动作做出来，并力求大胆到位，而体态语使用过多过滥的朗诵者则先要强迫自己少用或不用体态语，然后再按照事先设计的动作使用体态语。刚开始时这些训练也许会让自己觉得不自然，但熟能生巧，要通过反复强化训练将有意识的设计变为恰切的下意识行为动作。

其四，自然优雅。

自然优雅是一种美学上的要求。

自然并非毫无设计的“大自然”，而是通过设计与训练以后，使朗诵者在使用体态语时既能有效地辅助有声语言的表达和诗歌内容的传达，又不露雕琢设计的痕迹，让听众自然而然地进入朗诵者规定的情境中。对于朗诵者而言，当他对体态语的使用达到自然适度的程度以后，他在进行诗歌朗诵艺术创作时就会把主要精力放在对诗歌内容的把握和与听众交流上来了，这时，语言的流畅表达，情意的自然流露，往往就是情不自禁的了。

体态语不仅要自然，还要优雅，给人以美感。具体的动作当然并不强求一律，要符合自身的性别、年龄、气质类型、诗歌内容，等等。总的来说应落落大方，给人以潇洒的美感，避免使用生硬做作、粗俗不雅的体态语。

其五，稳重自信。

稳重自信体现在朗诵者上下场的走路姿势、朗诵时站立的体态和朗诵过程中的举止。

上下场的走路姿势往往不被朗诵者所重视，许多人以为朗诵就是从开口创作开始，到说完最后一句话为止，但实际上我们经常看到朗诵者在上下舞台时因走路姿势不雅而引起听众哄笑，这在客观上会影响朗诵创作的整体效果。因此，调整上下场的走路姿势并不难，关键是这个问题应引起大家的重视。总的来说，上场姿态要步态轻捷、稳健，双臂自然摆动，目光直视或关注听众，既给人以沉稳踏实的感觉，又不让人觉得做作。

站立的体态要挺拔、自信。上体要正直，下颌微微内收，颈部挺直；两脚可以并拢，可以平行分开，也可以前后斜向分开，但重心要尽量放在前脚掌上，这样，它可以为身体的挺拔提供一个支撑力，同时也便于对小腹肌肉进行控制，有利于自如调整用气发声的状态。

朗诵过程中的举止特别是手的摆放位置和手势动作最为丰富，但总的来说，说话时运用手势是内在情感的自然表露，是为了帮助表情达意，而不应生硬做作；做动作时要大胆到位，最忌讳想动而不敢动，结果手足无措，平添了许多冗余信息。

三、站位合理

朗诵站位指的是朗诵者在朗诵过程中所处的位置、方向、与其他朗诵者和听众的方位关系及距离等。不同的站位会传达出不同的信息，营造不同的氛围，产生不同的效果。

根据朗诵形式的不同，站位可以有一人、二人和多人之分，我们应区别对待。

（一）一位朗诵者的站位

一位朗诵者的站位主要涉及位置关系和方向问题。

其一，位置关系。

位置关系重在位置，位置的选择就决定了关系的确定。

站在舞台中间，这是大多数朗诵者选择的朗诵位置。在这个位置上，朗诵者可以有较大的发挥空间和运动自由，他与听众的关系是大众化的和比较正式的，诗歌内容往往比较大气，类似于音乐中的大调作品；同时，他又可以在朗诵的过程中走动变位以改变他与听众的位置关系和心理距离，因此适应的作品内容较为广泛。

站在舞台一角。这个位置往往会传达出一种或孤寂或亲密的感觉，其诗歌的内容多是婉约、柔美的，类似于音乐中的小调作品，它对表现朗诵者内心变化细腻的情感和委婉多致的情绪颇为有利；同时，这个位置与听众的距离比较近，这也在一定程度上加强了朗诵者与听众之间的亲密感，有利于进行心与心的交流。

其二，站位方向。

朗诵者面孔、身体所处的方向与体态语的运用有一定的关系，其方向会在体态语运用的过程中有所变化和调整，不过这里所说的方向是从总体上来说的，即朗诵者在大多数情况下所取的方向。

一种是开放式的站位方向。也就是朗诵者面孔、身体的方向与听众所处位置大致对应，或者朗诵者的视线投向水平线以上，使得朗诵者的心理与听众的心理处于相对开放的状态，便于双方交流与互动。这种站位方式适合朗诵主题重大、气势恢宏、交流性强的作品，给人以大气质朴之感。

另一种是封闭式的站位方向。朗诵者的面孔、身体面向少数观众所处位置，或者干脆把视线投向会场以外，使得朗诵者虽然身处大庭广众之下，但心理却像独处一方，保有自身独特的感受。表面上看，采取这种站位方式的朗诵者与听众没有交流互动，但实际上，朗诵者与听众的心灵却是相契合的，听众会随着朗诵者的喜怒哀乐而变化自己的情绪，并且与朗诵者的情感产生共鸣。这种站位方式适合朗诵注重心理变化、温婉细腻、独白式的作品，特别是那些带有悲剧色彩的作品更是如此。

（二）两位朗诵者的站位（亲密感、疏离感）

对诵形式涉及两位朗诵者的站位问题。两个人的站位不同，会给人以或亲密、或疏离的感觉，这两种感觉在不同的诗歌朗诵中会有不同的运用。

一种是产生亲密感的站位方式。朗诵的两个人并肩站立，在朗诵的过程中一方面与台下的听众交流，另一方面根据内容在合适的时候相互对视、携手等。这种站位方式适合朗诵那些比较大气、有共同时代主题的作品，有鼓舞人心、激发士气等作用。如张天民的《爱情的故事》就可以采取这种站位方式，请看诗歌的开头：

年轻的白杨，绿色的长椅，
湖畔上并肩坐着我和你，
我们的双脚埋进青草窝，
我们的影子映在明镜里。

你磨着我讲一个故事，
还指定要关于爱情的，
我猛然想起一对夫妻，
好像和我们差不多年纪。

这首诗写了当下一对儿年轻的恋人对战争年代一对儿恋人爱情故事的共同追忆。很明显，无论是现代社会里的这一对儿恋人，还是战争年代的那一对儿恋人，彼此的关系都是亲密的，参加朗诵的两个人适合并肩站立，并在朗诵的过程中适当进行语言和眼神的交流。这样，现代生活中的恋人相互依恋、战争年代的恋人相互支持的意思就能表达得更加充分。

另一种是产生疏离感的站位方式。朗诵的两个人距离较远，有时甚至各站在舞台的一角，朗诵过程中也少有相互交流，给人以两个人不在同一个时空的感觉。这种站位方式适合朗诵那种抒情主人公的确各处一方、不能谋面的作品（如分别的恋人、海峡两岸的同胞、生者与“死”者的对话，等等)，也适合朗诵带有心灵独白色彩的作品。两位朗诵者朗诵的内容可以贯穿在一条线索中，有时也可以分别朗诵看似不相干的两条线，但实际上这两条线却在主题上、色彩上或风格上相互契合，于是两条线形成合力，共同推动诗歌内容的展开和情感的抒发。如刘川的诗歌《对话》：

父亲，站起来，你不是一直这样鼓励我吗
不，这躯体太重了，总算扛到终点了
抓我的手，父亲，像从前那样
孩子，我太虚弱了，我的手被它自己的重量握着我挣不脱
父亲，你为什么不呼吸、不喝水
不，不久之后我也是空气、水以及万物
父亲，从此你吃什么
泥土？种子？沉默？不，我也不知道
但我知道我再也不会饿了
你腕上的表停了，我来上弦吧
不用，我的孩子，我已经不再需要时间了
那么我给你穿上鞋子吧
不，道路已经不再需要我了
父亲，这书你还看吗
看，但我的眼睛睁不开
也许我该看一些不用眼睛的书
父亲，渔竿你也带上吗
不用了，从此河边每一个垂钓的老者都是我
我是他们身后忠实的影子
父亲，今天正是你的生日啊
是的，我正去另一个世界诞生
父亲，为什么抛弃我
不会的，你一直跟在我身后，现在
我不过进入了另一个房间
而不久后你也会找到它的门

父亲，我要听你讲话

那就听吧，我一直在你的记忆里讲个不停

可是，父亲，我多么爱你

好孩子，我也是，这是死亡也无法阻止的

全诗是以一个濒临死亡的父亲和儿子的对话方式写成的，几乎是一人一句地向前推进。虽然是对话，但说话的两个主人公所处的状态是不一样的，一个即将魂入天堂，一个则生活在人间。这样的对话不适合朗诵者面对面进行朗诵，而采取具有疏离感的站位则有利于表现两个人的说话状态，其冲击力和感染力会更强。

（三）多位朗诵者的站位

采取集体朗诵即合诵的方式时，涉及多位朗诵者的站位问题。目前，这种朗诵站位方式并没有一定之规，各种形式的站位都会出现，不过有一些原则却可以参照，比如：突出主体、比例和谐、动静结合、打破常规等原则应该引起大家的重视。

其一，突出主体。

合诵是由三位或三位以上的朗诵者参与朗诵创作的，不过在这种朗诵形式中很少有多人从头至尾都是齐诵的，多是有一两个人领诵，而其他人根据内容的需要穿插进行齐诵。在这种情况下，领诵者的站位要相应突出一些，比如，众人可以站成一排或两排，领诵者站在众人之前，或者众人站在两边，而领诵者站在中间，等等，这是对称式的站位；也可以采取非对称式的站位方式，如众人斜向站在舞台的一侧，而领诵者站在另一侧，双方既互相分离，又相互呼应，也可以起到突出主体的作用。

此外，也有类似于音乐中的小合唱式的朗诵，参与人数不多，每一个人在朗诵中的分量都是一样的，只是随着内容的推进而轮流由一个人进行领诵。这时就不宜采取那种静态突出朗诵主体的站位方式，而是可以采取动态变换式的站位方式。比如，朗诵之初大家按直线式的或弧线式的一排站立，轮到谁领诵的时候，谁就自然地向前跨出一步，这样便由原来的均衡站位变为突出主体的站位，同时，因为大家的动作并不大，因而不会造成对听众注意力的分散。当然，大家在站成一排后也不必非得采取向前跨出一步的方式来突出主体，能够突出主体的任何方式都可以采用，比如领诵者的动作幅度可以相应加大，而其他朗诵者可以保持相对的静止状态，这样也能突出主要朗诵者的主要内容。

其二，比例和谐。

比例和谐的结构形式令人接受起来比较舒服，也就是说，众多朗诵者站立位置的搭配要合乎一定的规律和比例关系，能够有助于诗歌内容的推进和整体效果的和谐。

比例和谐的关键是要找好重心，并使重心处于舞台中央附近。

对称性的站位方式比较保险，它的重心一般就在整个队伍的中央位置，只要这个位置基本上处于舞台的中央，其重心就比较稳固了；剩下的问题就是队伍内部疏密关系的调整了，各位朗诵者之间的距离保持基本的均衡原则，不要出现过紧或过散的现象。不过，对称性的站位也容易流于刻板，应该通过一些变动和调整避免给人留下单调的印象。

有时，非对称性的站位也同样能够产生和谐效果，但其重心的把握却相应复杂一些。比如，舞台一侧是一两位朗诵者，而另一侧是多位朗诵者，一般来说，重心会偏向于人多的一方，因此整个队伍可以向领诵者这一侧移动一些；不过大家很难一下子找准重心，一般都需要提前进行走台演练，并从创作者和观众双方角度对队形站位进行把关并调整尝试。

此外，比例和谐与否还受朗诵者的身高、体态、发声能力的强弱等因素的影响，总的来说是要使这些因素的配合轻重均衡，使舞台上的站位比例最终达到和谐的效果。

其三，动静结合。

动静结合安排站位是为了使朗诵艺术更具观赏性。

一般来说，如果朗诵者在朗诵的过程中始终一动不动，则难免使人觉得沉闷；相反，如果朗诵人数众多，但朗诵者始终处于运动的状态，则又会给人以杂乱不安之感，成为听众接收朗诵内容的障碍。所以说，站位时动与静的合理结合，应该是合诵时需要注意的问题。

首先，动与静的比重要根据内容形式而定。朗诵人数比较少时，每个人活动的空间比较大，运动起来比较容易形成一定的秩序，因此其运动的比重可以稍微大一些。朗诵人数比较多时，特别是那种气势宏大的几十人的合诵，其运动的比重就要减少，一般来说，领诵者可以适当地有一些站位的变化，其他人少动甚至于不动。

其次，动静结合的形式要具有多样性。动与静的问题，不是简单的朗诵者的走动与位置变化问题，要与内容相结合，做到合情合理并具有艺术观赏性。动，在上下场时甚至可以让各位朗诵者同时运动起来，穿插行进，动作迅猛，给人以一定的视觉冲击力，用以表现人们快节奏的生活或所积聚的力量感；静，有时甚至可以极端到一动不动，给人以一种雕塑感和时空感，用以表现宇宙中一种永恒的状态或凝重的气氛。多样性的动静结合站位，会给朗诵创作平添不少艺术性和欣赏性，对于诗歌内容的传达和深刻思想的揭示都具有不可忽视的巨大作用。

其四，打破常规。

打破常规是对所有站位原则最灵活的运用。

我们应该明确这样一个概念：所有的原则、规矩都是告诉我们“可以”怎样去做，而不是告诉我们“必须”怎样去做。掌握了一些原则要求，目的是为我们提供更为广阔的创作空间，而不能成为我们进行创作的桎梏，当我们明了这些原则以后，我们就知道什么样的创作是属于常规性的，我们一般应该怎样去设计处理；同时我们也就知道了什么样的创作属于创造性的，我们怎样去树立自己的风格特色。

打破常规的站位，是在诗歌内容和形式的制约下，做到新奇新颖，使朗诵呈现出来的效果超出受众的心理预期，同时又合情合理。一般地，我们在朗诵时的站位应做到突出主体、比例和谐、动静结合，但有时为了达到特殊的艺术效果，却要反其道而行之，比如打破和谐的比例关系，因突出反差而给人的视觉和心理造成巨大的冲击力，从而可以产生强烈的震撼力和感染力。

四、配乐巧妙

配乐诗朗诵是一种常见的诗歌朗诵形式。由于有了音乐的配合，朗诵者的情感更容易被调动起来，诗歌蕴含的氛围更容易被营造出来，同时使听众在欣赏的过程中更容易进入朗诵者和诗歌作品所努力规定的情境中去。

配乐是一门艺术，好的配乐当然可以起到上述的作用，但乐曲的选择和编配工作却并不是轻易就可以做好的。我们可以从以下几方面入手：

（一）理解乐曲情绪

诗歌有自己的情绪，乐曲也有自己的情绪，这两种情绪要彼此相近，才能形成相对统一的风格，不难想象一首柔美的诗歌编配上一曲喧嚣的乐曲会是何等令人难以接受。所以说，理解乐曲的情绪是选配音乐的重要一步。这要注意如下问题：

一是抓住音乐的主要情绪色彩。一曲音乐会有若干个乐段，各个乐段是不同的，其情绪色彩也会有相应的变化，也许我们听到乐曲开始部分是舒缓抒情的，但后面却有可能变得激昂热烈，当然也有相反的情况。这时我们不能只是关注某个乐段的色彩，而是要关注整部乐曲的主要情绪色彩，它是决定乐曲整体情绪色彩的关键。

不过这当中却要注意一个问题，那就是乐曲的风格在原则上要稳定统一，否则乐曲的情绪变化太多、太频繁，有时很难与诗歌的情绪相匹配，这对于朗诵创作是不利的。

二是要能够赋予音乐以合适的情绪色彩。有不少乐曲是无主题的，乍一听，觉得乐曲没有什么明显的情绪色彩，但实际上这样的乐曲最适合用来为诗歌配乐。原因是朗诵者可以比较自由地按照诗歌的内容和形式进行创作，而这种创作本身就为乐曲赋予了一定的情绪色彩，使得乐曲在有声语言的暗示或指引下将这种情绪色彩加以突出；同时，即使诗歌的内容变化比较大也没有关系，因为诗歌变化的内容也为听众对乐曲情绪变化的理解提供了注解，诗歌与配乐依然是和谐统一的。

（二）多首乐曲组合

在对诗歌朗诵进行配乐时，最令人头痛的就是乐曲与诗歌内容配合不起来，那种高低起伏和快慢节奏变化能够与诗歌严丝合缝相匹配的现成音乐几乎没有，因此在一些大型的诗歌朗诵会上，许多乐曲都是为诗歌朗诵专门创作的，但是对于大多数朗诵者来说，为诗歌朗诵来专门作曲几乎不可能，因此就需要朗诵者自己编配乐曲来为诗歌朗诵配乐。

有时，我们可以找两首或两首以上的乐曲有机地组合起来，以配合变化多样的诗歌内容，这样，每个乐曲段落都是根据诗歌内容进行选择和编配的，其风格特点可以最大限度地达到统一，解决了一首乐曲不能适应一首诗歌内容需要的问题了。

组合乐曲时要注意相邻乐段的组合方式，一般来说，可以采取淡出和淡入的方式，即一首乐曲完了时不是简单地采取戛然而止的方式，而是使乐曲的音量渐渐减小，而另一首乐曲开始时多采取声音渐渐增大的办法，这样，人们不会明显地觉察到两首乐曲的组接痕迹，过渡比较自然。

当然，也有另外一种情况，即可以根据诗歌内容的要求采取骤停骤起的办法，以达到需要的艺术效果。

（三）善用音乐空白

若干首乐曲组接起来为诗歌朗诵配乐，往往在相邻的两首乐曲间会有几秒钟的空白，朗诵者不应为此而感到束手无策，应该善用这段空白，或转换情绪，或配合语言表达，以产生“此时无声胜有声”的艺术效果。

运用空白转换情绪是一种常见的方法。当一首诗的情绪有较大变化时，靠一首乐曲往往不能很完美地配合，于是要靠组接乐曲；而组接乐曲时所形成的空白又为情绪的转换提供了时间，朗诵者可以在乐曲间的空白处调整情绪，由一种状态转变为另一种状态，听众也可以有足够的时间去理解并接受朗诵者这种情绪的变化。于是诗歌的层次性和丰富性就比较明显地体现出来了。

实际上，这种对空白的艺术运用是有理论根据的，自古就有“大象无形”“大音希声”的说法，当音乐在行进过程中突然停止时，它留下的往往不是空白，而是提供了一个可以任意驰骋想象的时间和空间，而且，从有乐曲到无乐曲，听众的注意力也会再一次被唤醒，听众会去注意朗诵者接下来要做什么，于是有助于吸引听众更加投入地去欣赏朗诵者的创作。

所以说，音乐行进间的空白也许是朗诵者在编配乐曲时无法避免的，但在实际运用中却可以起到意想不到的效果；此外，即便是为朗诵专门谱写的乐曲，也有可能要有意地在乐曲行进的过程中留出空白，以便配合有声语言表达或者帮助朗诵者转换情绪。

（四）弱化听觉节奏

配乐时还有一个需要注意的问题就是弱化乐曲听觉节奏。

弱化乐曲听觉节奏的意思并不是说诗歌所配乐曲没有节奏，也不是说朗诵时不要有节奏，这里所强调的是弱化乐曲的“听觉”节奏问题。我们知道，节奏不仅仅体现在听觉上，还体现在心理上，无论是朗诵还是配乐，都会有一定的节奏感，而且在诗歌朗诵中，节奏还会有更加明显的体现。但是乐曲的听觉节奏却会影响朗诵时的有声语言表达，甚至会影响听众对朗诵者吐字清晰程度的辨别。这里所说的乐曲的听觉节奏指的是强弱拍节的明显对比、打击乐器的敲击声或低音乐器演奏出来的重低音，这些加强音乐节奏的手段往往会对创作和欣赏诗歌朗诵造成不利影响。

弱化了听觉节奏的乐曲并非没有节奏，而是这种节奏的体现更加内在和宏观，它紧扣作品中的生命脉动，紧扣语言艺术的节奏律动，从而给听众真切的感知。

听觉节奏不强的乐曲往往是那种抒情性的、自由体的乐曲，旋律连绵起伏，余音袅袅，不绝于耳。它是重要的，但却是背景式的，是为了烘托诗歌朗诵效果的，而不是为了突出自身。

（五）合理选配乐器

合理选配乐器是影响诗歌朗诵整体效果的重要因素，朗诵者大体上应该注意这样几个问题：

其一，选配乐器应突出诗歌的民族特色。

诗歌的类别可以分为中国诗、外国诗、古典诗歌、现代诗歌等，类别不同，与之相配的乐器也应有所不同。这个道理很容易被理解，比如说，朗诵中国的古典诗歌，配以丝竹民乐是很有味道的，古色古韵，相得益彰；而朗诵外国的爱情诗歌时，配上中国的民间乐曲就会显得不伦不类。

其二，选配乐器应突出诗歌的风格特点。

诗歌有柔婉的，也有豪放的，有喜悦的，也有悲伤的。弦乐用以表现柔婉、悲伤的诗歌有天生的优越性，管乐表现豪放、喜悦的诗歌也比较合适。这种形式上的相互匹配与内在风格格调的表现需求是一致的。

其三，选配乐器的音色应具有背景式的烘托特色。

总的来说，配乐诗朗诵中的乐曲是为更好地表达诗歌内容而编配的，它最主要的作用就是配合和烘托，因此，能发出具有背景式音色的乐器应首先被考虑到，最常见的乐器如钢琴、小提琴、银笛、古琴、二胡、笛箫等，它们既有自己独特的音色，又不至于喧宾夺主。当然，对于如今出现的诗歌音乐会、诗歌演诵会等一些新的演出形式，音乐与诗歌朗诵的分量同等重要，那就是另外一回事了。

五、舞美和谐

舞美即舞台美术，它是诉诸视觉的演出要素，它与听觉艺术一起共同服务于诗歌朗诵艺术的整体效果营造。

在诗歌朗诵中，特别是大型晚会上的诗歌朗诵，往往需要进行舞美设计，这涉及舞台背景、灯光、道具的设计等问题：

（一）舞台背景设计

背景设计主要涉及背景图案的色彩和造型问题。

背景图案的色彩要与诗歌内容的内在色彩相匹配，冷色调与激情澎湃的色调是不相配合的，反之也是如此。在一场朗诵会上，频繁地更换背景是比较麻烦的，因此，可以确立一个主题，以便使各位朗诵者所选诗歌的色彩相同或接近；或者可以将背景的主体色彩设计为中性，这样其适应力就会明显加强。

背景图案的造型也体现着一台朗诵会的艺术设计理念。一般来说，其造型应具有开放性和广泛适应性。开放性是说背景图案所蕴涵的意蕴要有一种发散式的特征，大家看到图案后可以产生丰富的想象，图案可以引领大家的思维向更广阔的空间延展；这样的图案往往不是特别具体的，而是抽象的或具有象征意义的。广泛适应性，是说图案的设计要具有多义性，这样才能适合为不同的诗歌朗诵创作做背景。

（二）灯光设计

如今，灯光的运用在大型舞台朗诵会上越来越常见，灯光变换的丰富性、灵活性和烘托作用能更好地配合诗歌朗诵创作，营造更具感染力的艺术氛围。

灯光变换的丰富性在一定程度上和范围内甚至可以代替背景图案的设计。灯光的色彩变化非常丰富，各种色调都可以调配，这就适应了不同诗歌的不同色彩的要求。灯光还有明暗的变化，在多人的合诵中，靠灯光明暗的变化（如追光灯对准领诵者）可以在朗诵者保持相对静止的状态下突出主体或者变换主体。此外，如频闪的灯光可以给人造成一种强烈的不稳定感，通过视觉变幻给人以巨大的冲击，等等。这些都体现了灯光变换的丰富性。

灯光变换的灵活性也是其为人重视的重要因素之一。上文所说的色彩的变换、明暗的变换、多种布光手法的运用，都可以在一瞬间实现，这比那种在朗诵者上下场时赶紧更换背景的方式不知方便了多少倍。

灯光的运用还具有很好的烘托作用。比如，烘托气氛时可以使用不同的色彩，烘托主体时可以加强灯光的明暗对比，等等。灯光对于视觉的影响作用巨大，从而也在一定程度上影响了朗诵者和听众的心理。

（三）道具设计（形象、抽象）

舞台上出现的一些道具，包括摆放在舞台上的道具和朗诵者手中拿的道具，作为一种符号，会在朗诵的过程中传递一定的信息。

道具的设计可以灵活多样，一般来说可以分为形象的造型和抽象的造型两种。

形象造型的道具会产生再现的作用，加强了实物对朗诵者和听众的视觉刺激，使朗诵艺术更加形象。

而抽象造型的道具会产生表现的作用，丰富了朗诵者和听众的想象，使朗诵更富意蕴。

六、勇于创新

在这里讲勇于创新，目的是让大家明确这样一个观念：学习朗诵的各种原则和技巧，关键是为了在朗诵时能够灵活运用，而不是让大家朗诵得千人一面、千人一样，否则，朗诵者的创作和听众日常的大声朗读没有区别，朗诵也就失去了其创造性和艺术魅力。勇于创新，应该在深刻理解、独特感受、灵活用声、创新表达和凸显风格等方面下功夫。

（一）理解深刻

透过诗歌文字的表面去深刻理解诗歌的内容，朗诵出来就会有不同的处理方法。比如王维《山居秋暝》诗中的两句：

明月松间照，清泉石上流。

“松”“石”二字作为重音来处理是比较常见的，但如何处理则反映了朗诵者对诗歌内容的理解是否深刻。两字都加重加实的处理方法未尝不可，但莫如运用加强对比、虚实相生的方法，其根据在于：月下松林碎影斑斑、似有还无，“松”字可以处理成虚声或半虚半实的声音；而泉底的石头隔水可见，“石”字可以处理成实声。一虚一实对比强烈，但同时都加强了语意，将客观景物点染得更加明晰，“真境逼而神境生”①，诗歌的内容不仅表达得更加清楚，而且还使诗句所描绘的景物形象更加鲜明，并使诗歌呈现出了如画般的意境美。

（二）独特感受

同一首诗歌，同一行诗句，可以有多种处理方法，但不同的处理方法体现着朗诵者各自不同的感受，并给听众以不同的艺术感染。比如苏轼《念奴娇·赤壁怀古》中的一句：

大江东去，浪淘尽，千古风流人物。

人们对此句的处理是多种多样的。因为这是一首豪放派的词，所以对每个字都加重处理的人并不少见，而只加重“大江”、只加重“东去”、只加重“浪”、只加重“淘尽”、只加重“风流”等处理方式更为多见，而且从语义角度讲，也都能说得过去，但强调的文字不同，产生的艺术效果是不一样的。举例来说，如果加重了“风流”二字，给人一种赞美英雄人物之感，人们不禁会对英雄投以仰视的目光；如果只是把“大”字作为重音，音量加大，音长加长，音高挑起，音色刚而明，比日常的处理方法更夸张些，而其余的字则或低、或弱、或暗、或快地清晰带过，则有如一位哲人迎风站在大江的源头极目远望，视通万里，思接千载，一抒胸中之情，其时空之辽阔、境界之深远，更是显而易见。从这个角度来看，加重“大”字的处理方法更可取。可见，只从声音形式上加重一个字并不难，但难在为什么要加重这

① 笪重光：《画筌》，转引自叶朗《中国美学史大纲》，上海人民出版社 1985 年 11 月版，第 543 页。

个字和如何使其负载丰厚的内蕴，没有独特的感受，单纯靠语言技巧的花样翻新是达不到这种境界的。

（三）灵活用声

用气发声要经过长期而艰苦的训练才能具有一定的功力，但很多人在经过训练之后，反而不会灵活运用自己的声音了：听其音质似乎显得不错，气息状态也稳劲、持久、有力，可是用于表达时却淡如白水，失去了韵味。这并非训练的过错，关键是朗诵者不会灵活使用自己的声音，也不敢大胆地进行语言艺术处理。

比如李白的《将进酒》末句：

五花马，千金裘，
呼儿将出换美酒，
与尔同销万古愁。

这句诗在朗诵时，语速可以由快而慢，声音从“销”字开始由实而虚；至“愁”字时，声音由虚极而变气声；气息发自肺腑，直至声音渐消，其气似乎仍然弥散在句尾乃至全篇作品的周围。这样处理是比较大胆的，但其效果也是明显的，这会让人在其后的数秒钟之内，还依然沉浸在诗歌作品所营造的氛围中，既而去思索宇宙与人生。反之，如果不敢大胆地去处理，特别是不敢使用虚声并将其夸张到极致，则其效果就有可能打一些折扣。

（四）创新表达

有些诗歌的朗诵要追求一种韵味，而“声有余音”才能产生韵味。特别是在语句的行进中，字调往往会受到语调的影响，而不是相反。所以，在某些诗句中，我们要注意因语气特别是语势变化而造成的字调变化，把这种变化表达出来，诗歌才能产生韵味。

比如张锲的诗歌《生命进行曲》中有一句：

（请允许我）跟随你们，
把生命的奥秘探寻

“生命”的“生”字声调为55，而饱有人生阅历的朗诵者却可以把它处理成445，把本来是阴平的声调延长后再微微扬起，语气中颇具人生的感慨和意蕴，于是“生命”二字便无形中蕴含了神秘的色彩，增强了空间意识，引起人们无限的遐思。这一音变是在语言规范的前提下做的适度的艺术处理。说其适度，是因为其调值虽有变化，但总体调型没有变化；字音末尾稍稍扬起也是在语流行进过程中受波峰类语势的影响而产生的。这既细腻地刻画了艺术形象，又使得声音形象具有了相对独立的形式美，而且朗诵起来也平添了几许韵味。

（五）凸显风格

每一首诗歌都是诗人独特生活阅历和独特感受的产物，同时，不同的诗人也有不同的审美理想和创作风格，朗诵时应体现出不同诗人、不同诗作各自的风格特点。

另外，每一位朗诵者都有自己的审美情趣，有自己的声音条件，有自己独特的生活阅历，对诗歌的理解也有自己的深刻理解和独特感受。有了这么多的不同，如果把诗歌朗诵得都一样，反而是一件令人不可思议的事情了。

从以上角度来说，同一个朗诵者在朗诵不同的诗歌时要有不同的感受和不同的处理方法，做到朗诵每一首诗歌时都能体现出其独特之处。

此外需要注意的是，对于同一首诗歌来说，不同朗诵者的处理也应不同，这些不同的处理不存在哪一个更好的问题，因为这分别反映了朗诵者不同的气质和不同的审美情趣，这也适应了广大听众不同的审美品位和接受心理的要求。当然，这要有一个前提，即朗诵者的创作是有依据和有道理的，随意标新立异、哗众取宠则很难产生长久的艺术魅力。

七、循环训练

循环训练的过程，是指朗诵者不断地进行训练、分析、调整、提高的过程，这个过程可以重复一两次，也可以重复更多次，以熟能生巧、不露雕琢痕迹为训练目标。

循环训练是诗歌朗诵练习和创作中一个很重要的环节，通过这种训练，朗诵者可以对自己初始的设计进行调整，不断增强自己的心理掌控能力，并使自己的诗歌朗诵创作水平向高层次发展。

具体来说，循环训练应该做好以下几方面的工作：

（一）调整设计

调整设计包括对文字、情绪、声音、表达、整体配合等方面的调整。

调整文字，主要指的是朗诵者对自己创作的诗歌作品的修改润色。朗诵者在写作诗歌作品时，由于情绪情感强烈的运动变化或受书面语体色彩的影响等原因，诗歌的文字往往并不很成熟，特别是有时会出现一些拗口、有歧义、音韵不和谐的字词，在反复的上口训练过程中，这样的字词时常会给朗诵创作带来制约，于是有必要在文字上进行润色加工。

调整情绪，是因为随着朗诵者对朗诵作品认识的深化，其思想感情的运动变化也会更加细腻和有层次，最初流于表面的情绪情感变化会逐步深入具体，趋于精准细腻，这时，无论是热烈直率，还是深沉蕴藉，都会变得更有依据和说服力。

调整声音，包括对音高、音量、音色等方面的调整。诗歌的高低起伏、抑扬顿挫的变化也许会很大，朗诵者最初朗诵时难免会控制不好这些变化，产生高音声嘶力竭、低音喉紧声压等弊端，尤其常见的是前者，即一抒情就高声大喊，甚至是从头喊到底，这是非常不可取的。调整声音，就是为了使自己在朗诵时既能充分地抒发情感，又能使自己的声音在掌控之中，且富于魅力，避免情感浓烈但用声粗糙的情况出现——其实，音质音色不佳，反过来也会影响情感抒发。

调整表达，循环训练的过程是对表达技巧琢磨和提高的过程。人们在最初朗诵一首诗时，可能会有技巧使用不当或处理不妥的现象出现，即使基本上表现出了诗歌的思想内容，可能受朗诵习惯的影响或他人处理方式的影响，其作品往往也会显得千篇一律。通过循环训练，可以使自己的表达技巧日臻成熟，同时还可以创造性地运用技巧，做出与他人不同但同样精彩的处理来。

调整配合，是为了使诗歌创作的整体艺术效果更加完美。诗歌朗诵既包括对诗歌朗诵文本所进行的本体创作，也包括对各个创作要素（如站位、配乐、舞美等）的组织协调，特别是多人参加的集体朗诵，循环训练更加必要，没有熟练的组织配合，则很难达到良好的朗诵效果。

（二）掌控心理

循环训练还是对心理不断进行调控的过程。

我们都知道，紧张是影响朗诵正常发挥的大敌，但是简单地告诫自己“不要紧张”是没有用的，那往往是消极地消解紧张，而不能对消除紧张心理产生应有的积极作用。通过循环训练，对于消除紧张心理方法的理性认识才能真正变成一种自然而然的行为变化，你每一次上台才有可能变得自信松弛。

对于紧张的认识也要辩证看待，适度紧张是有益的。适度的紧张有可能使自己的心理处于较为积极的状态，可以在朗诵的过程中调动起自己全部的热情和创造力，这样不仅可以完满地完成朗诵任务，甚至可以超水平发挥。

比紧张心理更值得重视的是应激，我们应力求避免应激现象的出现。应激“是在出乎意料的紧急情况下所引起的情绪状态”，“它能很快地改变有机体的激活水平，使心率、血压、肌肉紧张度发生显著的变化，引起情绪的高度应激化和行动的积极化”①。很多人都说，“我没觉得自己紧张，但就是手足无措，肌肉僵直，气息声音都不受自己的控制”，这基本都属于应激的表现。与其说应激是心理上的问题，不如说是生理上的问题，它往往不是靠心理的调整来控制的，所以只有通过循环训练，使朗诵者产生适应性调整，这样的生理反应才会消失，朗诵者才有可能把自己的肌体解放出来，以最佳的状态投入到诗歌朗诵艺术创作中去。

（三）浑然天成

训练是使技能潜意识化的过程。

我们知道，成功的诗歌朗诵艺术创作需要娴熟地运用表达技巧，包括调动情感的技巧和语言表达技巧；但是另一方面，进行诗歌朗诵训练又需要朗诵者全身心地投入创作，尽量减少杂念的干扰，而想技巧本身就是杂念，去掉杂念就不能想技巧。这似乎形成了一个悖论。

解决这个问题的途径就是朗诵者在进行创作时不能让技巧运用问题进入到自己的高级意识层面里，而方法就是要循环演练，因为人的许多活动可以通过重复而趋向行为自动化，这时只需要很少的意识就可以控制行动，在这里，我们称其为潜意识。循环训练可以使朗诵的技巧潜意识化，这样，朗诵者在进行诗歌朗诵艺术创作时，一方面有高超的语言表达技巧，另一方面，这些技巧又不会形成杂念去干扰朗诵者全身心地投入创作，于是，朗诵艺术才有可能达到“大巧若拙”“不工者，工之极也”的境界。

---

① 叶奕乾、祝蓓里主编：《心理学》，华东师范大学出版社1988年6月版，第218页。

第五章 格律诗的朗诵

这里所说的格律诗，指的是中国古典文学中的五言、七言的绝句和律诗。

总的来说，格律诗每行字数相同，讲究对仗，平仄相间，双句押韵，这是其总体形式上的共性。因为有这些共性，所以在朗诵时会有一些规律可循，有共性的问题需要注意，但同时，正是因为有这些共性，我们才要抓住每一首诗歌的思想内涵和精神实质，把握每一首诗歌的个性，诵读出不同的意境和韵味来，避免雷同。

下面从格律诗的一些特点入手来谈一谈其朗诵创作问题。包括：确定基调、划分音步、押住韵脚、突出平仄、语势呼应、讲究节奏、读出韵味七方面的问题。

一、确定基调

格律诗在中国古典诗歌中所占的比重相当大，诗作众多，选材广泛，内容丰富，风格多样。同时，由于格律诗篇幅不大，跳跃性强，因此，在较短的篇幅中把握诗歌的特色不是一件易事。在这种情况下来确定诗歌的基调就要在以下几方面做一些工作：

（一）了解背景

了解背景可以从了解诗人的经历和写作背景入手。

诗人的经历影响着他的世界观、性格、心胸，并在一定程度上反映在他的作品中。对于那些直接反映诗人经历、心境的诗歌当然相对容易把握一些，而那些以咏物咏史的方式来间接反映诗人思想和心境的诗歌则较难把握。因此，了解诗人的经历，对于把握诗人诗作的内容、主题和风格都有帮助。比如，南宋四大家之一陆游的大量诗作中贯穿着爱国主义的情感，同时又充溢着悲怆愤慨之情，这与诗人的经历大有关系。陆游出生时正当国难当头，他在父辈的影响下，从小就有强烈的爱国思想，主张抗战，力说用兵，还直接参加军队，走上前线，企图一展报国杀敌的宏愿；但是南宋统治者却划水为界，屈辱偏安，为此，他一生多次被弹劾，甚至被免职还乡，以身殉国的夙愿终未实现，所以愁苦愤懑的情绪充溢在其诗作中就不足为怪了。《示儿》中的“但悲不见九州同”的诗句就表现了诗人这种情绪。

了解写作背景对于确定诗歌的基调也很有帮助。有些诗歌表面上是在写景状物，实际上却暗含着诗人的心境，比如柳宗元的《江雪》：

千山鸟飞绝，
万径人踪灭。
孤舟蓑笠翁，
独钓寒江雪。

这首诗写于诗人南贬永州之时，当时他抑郁不得志，故而放浪山水，诗人眼中的景色透出“寒”“静”等特点，实际上表明了自身的“孤”“独”之感。不了解诗人的经历心境，则这首诗很容易被处理成单纯的写景状物之作。

无论是诗人一生的经历，还是他写作诗歌时的具体处境，都投射在其作品中并得到直接和间接的反映，了解背景不是限制了自己的朗诵创作，而是为朗诵创作提供了更多的依据，这有助于深刻理解作品和准确确定基调。

（二）突出特点

古典诗词跳跃性强，往往上一句和下一句的内容会有很大的变化，篇首和篇尾的情趣色彩有时也会大相径庭，加之结构大开大阖，因此把握并突出作品的特点才符合这类文体的风格特色。确定基调关键是要把握主体，因为基调是贯穿全篇的总的感情色彩和分量，体现总体色彩才能突出特点。比如李商隐的《无题》：

相见时难别亦难，
东风无力百花残。
春蚕到死丝方尽，
蜡炬成灰泪始干。
晓镜但愁云鬓改，
夜吟应觉月光寒。
蓬山此去无多路，
青鸟殷勤为探看。

这首诗的前六句抒发了诗人的相思之苦，尾联两句宕开一笔，借幻想增添了一丝希望。从分量来看，愁苦凄婉的感受要多于期望，因此这首诗的基调应确定为低沉舒缓型，结尾两句虽然内容与前文不同，基调也不以低沉舒缓为主，但前文的情绪色彩在结尾处也有所渗透。

二、划分音步

音步是指一句诗中运用停顿等方法划分出来的段落。由于音步的存在，朗诵中抑扬顿挫的效果更为明显，并有助于节奏的产生和表现。

(一) 五言诗的音步

从理论分析的角度来看，五言诗每句两顿，分三个音步。具体划分方法有两种，即“二二一”和“二一二”。比如李白的《秋浦歌》可以划分音步如下：

白发/三千/丈，
缘愁/似/个长。
不知/明镜/里，
何处/得/秋霜。

通过分析我们可以知道，五言诗每句的前两个字一般是构成一个音步的，后三个字或者是“二一”，或者是“一二”，划分完毕后，我们理解起来更为容易。

不过从朗诵的角度来说，两顿三步的划分方法有时并不适用，比如“白发三千丈”一句中的“三千丈”三字，数词“三千”和量词“丈”之间是很难用停顿的方法来划分出这一音步的，而往往是连在一起朗诵出来的；其他句子也有类似情况。因此在朗诵中，五言诗音步的常用处理方法是一顿两步，划分为“二三”结构，即：

白发/三千丈，
缘愁/似个长。
不知/明镜里，
何处/得秋霜。

这样，每句诗的后三个字放在一个音步里，朗诵时根据具体的内容和表达的需要采取或停顿、或延长字音的方式灵活处理，既自然流畅，又表现丰富，避免了完全按音步划分进行处理的刻板形式。

(二) 七言诗的音步

从理论分析的角度来看，七言诗每句三顿，分四个音步。具体划分方法有两种，即“二二一二”和“二二二一”。其中，每句诗的前四个字一般都划分为“二二”，后三个字可以划分为“一二”或“二一”。比如杜牧的《山行》可以划分音步如下：

远上/寒山/石径/斜，

白云/生处/有/人家。

停车/坐爱/枫林/晚，

霜叶/红于/二月/花。

同样，这样的划分方法从分析欣赏的角度来说，能比较好地体现古诗的格律，但却不一定广泛适用于朗诵时的处理。我们在朗诵时往往也把后三个字划入一个音步，于是每句诗的音步为“二二三”，如：

远上/寒山/石径斜，

白云/生处/有人家。

停车/坐爱/枫林晚，

霜叶/红于/二月花。

相应地，有时为了语句连贯，气脉贯通，七言诗还可划分为一顿两步的“四三”结构，如：

远上寒山/石径斜，

白云生处/有人家。

停车坐爱/枫林晚，

霜叶红于/二月花。

三、押住韵脚

押韵是格律诗最重要的标志之一。一般地，格律诗都是在偶句上押韵的，首句可以入韵，也可以不入韵，这就是人们常说的“一三五不论，二四六分明”。

由于韵脚的存在，朗诵时相近的语音形式会反复地出现，给人以规整和谐之感；同时，这种反复出现的语音形式也加强了诗歌的节奏感，使诗歌更具可听性。

对于诗歌的韵脚，一般来说是要予以强调的，不能轻易地淹没在诗句之中，否则其节奏感和规整感都会受到影响。强调韵脚的主要方法是加重和延长。

加重，不仅仅指加大音量，还包括加强吐字力度，提高音域等，加强吐字力度可以提高字音的清晰度，提高音域可以使字音在对比中得以突出，总之有助于引起听众的注意。

延长，指的是延长韵脚的时值。可以拉开字腹，靠加大吐字归音时舌头的动程来延长时值；也可以按调型顺势延长字尾以延长韵脚的时值，实际上也是为了使字音在对比中得以突出。

不过，押住韵脚的问题需要辩证地看待。其一是要注意多种押韵方法的综合运用，不要一种方法从头用到尾，那样会给人以刻板的印象，而且一旦造成听众的“听觉疲劳”（即听觉上产生厌烦感），反而会破坏诗歌的整体艺术效果；其二是不要干扰诗句的重点，因为韵脚在表现诗歌的韵律和节奏方面虽然有一定的促进作用，但并不是所有的韵脚都是诗歌的重点所在（比如有些重点是在诗句的开头和中间部分），我们不能为押韵而押韵，而是要从表情达意的角度出发，确定诗句的重音。

四、突出平仄

在汉语普通话中，平声指的是阴平和阳平，仄声指的是上声和去声。格律诗的平仄搭配是很有规律的，我们平时常听到的“平平仄仄平平仄，仄仄平平仄仄平”之说就属此列，当然平仄搭配规律不止这么简单，而且还会有一些变化。对此，我们不必了解得很细，但要有一个基本处理原则，即根据诗歌的内容和表达需要，突出平仄对比变化，有助于增强诗歌的音乐性和韵律美。

突出平仄的主要方法有：

（一）重点词句加大起伏

突出平仄主要是要加大重点词句的起伏变化。重点词句的调值幅度拉开，时值延长，对于突出诗歌的平仄变化有直接的影响。比如杜甫《春夜喜雨》中的两句：

随风潜入夜，
润物细无声。

“潜”字是平声，“入”字是仄声，而这两个字特别适合表现春天夜雨润物无声的特点，故须加强。朗诵时，“潜”字的调值可以由35变为36，“入”字的调值可以由51变为61，平仄的幅度被夸张地加大了，春雨的情态也更为形象，并且更具动作感。

（二）对仗之中突出变化

如果说加大重点词句的起伏幅度是从绝对的角度突出平仄，那么在对仗之中突出变化就是从相对的角度突出平仄。这个道理比较容易理解：幅度变化的大小是需要有参照的，当这种参照彼此对立或相反时，则这种变化幅度就更容易显现出来。

在格律诗特别是在律诗中，奇句和偶句经常有对仗的句子出现，而对仗的句子原则上又要求平仄相对，因此，加强对仗词句的对比有助于突出平仄变化。比如杜甫《蜀相》中的颔联两句：

映阶碧草自春色，
隔叶黄鹂空好音。

这两句是说碧草虽绿、黄鹂虽唱，但因为诗人此来是为了凭吊蜀相，所以景色虽妙却无心欣赏，于是碧草只能自绿，黄鹂只能空唱，所以“自”字和“空”字要适当加强力度，并适当延长时值，上下对应又彼此反衬，既阐明了语意，又加强了音乐性。

（三）整体加强抑扬顿挫

诗歌中所有的字词都是被组织在诗句中的，字调都受到语调的影响，而且当字调和语调之间产生矛盾时，字调还要服从语调。因此，从整体的角度加强语调的高低起伏、抑扬顿挫，客观上也就加强了字调的幅度变化，从而突出了平仄。比如张九龄《望月怀远》中的诗句：

海上生明月，
天涯共此时。

朗诵时，为了显示明月之亮、之高，“明月”二字吐字归音饱满，并随语势扬起，句中“明月”二字的调值变化幅度明显要大于单个读这个词时的调值幅度，这样，在整体语势的变化过程中，个别需要强调的词句就因抑扬顿挫的变化而突出了平仄。

五、语势呼应

朗诵中，诗歌语意是否清晰，文气是否畅达，语流是否流畅，在很大程度上体现在语势的呼应上。呼应的语势，可以使相邻的句子联系更加紧密，使相关内容以意群的形式聚合起来；可以贯通文气，使诗歌内在的神韵统一起来；可以彼此连缀，使语句连接更加顺畅。

语势呼应需要在内容连贯、文气畅达的基础上进行调配处理，呼应的方法主要有：

（一）同势呼应

同势呼应，指当前一个诗句结束时，后一个诗句以大致相当的音高来承接，使前后语句连贯畅达。

同势呼应的主要类型有高停高起和低停低起两种，此外还有一些中间过渡类型。

同势呼应的关键是诗句承接要自然流畅，不饰雕琢。

以杨万里《晓出净慈寺送林子方》中的两句为例：

接天莲叶无穷碧，
映日荷花别样红。

“接天莲叶无穷碧”一句采取上山类的语势，“无穷碧”三字语势渐扬，“碧”字的音高夸张地提高，字腹拉开，字尾时值延长，以引领下文。“映日荷花别样红”一句采取下山类语势，“映”字叼字较紧，以突出荷花与太阳相互呼应的情态。前一句采取上山类语势，句尾高停，而后一句采取下山类语势，句首高起，于是完成了高停高起的同势呼应。

低停低起的同势呼应与之类似。如李白《月下独酌》中的两句：

花间一壶酒，
独酌无相亲。

首句的“酒”字因语流音变而变为“前半上”（调值标记为211），句尾下抑，属于低停；而后句的“独”字发自心底，愁从心来，语势低起（调值为35）。低停低起前后呼应，语流也因此连贯起来。

（二）异势呼应

异势呼应，指前一个诗句结束时，后一个诗句以大致相对或相反的音高来承接，使前后语句在突兀变化中依然呈现出连贯畅达的语流形态。

异势呼应的主要类型有高停低起和低停高起两种，此外还有一些中间过渡类型。

异势呼应的关键是诗句传承要有一定的指向性，也就是说，上句结束时句尾要有一定的趋向，下句承接时要顺应上句的走向。

这里以李商隐《无题》中的两句为例来说一下高停低起的异势呼应：

身无彩凤双飞翼，
心有灵犀一点通。

这首诗写了诗人对昨夜所见意中人的深切怀想，意思是说，我们身上虽然没有彩凤那种双飞的羽翼，但我们的内心有如犀角一般一线相通，两句之间是一种转折关系。“身无彩凤双飞翼”采取上山类语势，“翼”字提高音高，字尾延长，以引领下句；“心有灵犀一点通”低起呼应，“心”字可以由虚而实，渐渐过渡到后一句的主体音色。高停低起也在一定程度上反映出了这种转折的语句关系。

低停高起的异势呼应也同样可以推理。如杜甫《登高》中的两句：

无边落木萧萧下，

不尽长江滚滚来。

前句尾字“下”为去声，语句顺势落至低点，而下句为突出滚滚长江的气势则可语势骤提，高起入句，从而将枯叶下落与长江东流的动态画面形象地描摹出来。

六、讲究节奏

节奏是诗歌的生命。讲究节奏是诗歌文本写作艺术和诗歌朗诵艺术共同的重要特征，同时也是诗歌朗诵艺术的重要表达方法。增强诗歌朗诵的节奏感可以注意以下几方面的问题：

（一）回环往复

节奏离不开声音形式的回环往复，相同或相近的声音形式不断出现才能形成节奏。

格律诗在形成节奏方面有先天的优势。比如讲究押韵，韵脚的反复出现有利于节奏的形成；讲究平仄，平仄相间也使得相似的声音形式不断出现；对仗等写作手法也为节奏的形成提供了条件。

有了这些能够形成节奏的先天优势并不够，还要把这些优势体现出来，其关键就是要努力造成相似声音形式的回环往复，并能够引起听众的注意，重要原则就是要敢于突出强调相关的词句。

相似声音形式从广义上讲还包括相似的语气衔接转换（含停顿和连接的方式方法），比如缓停缓起的语句衔接形式不断出现，则会形成缓慢舒展的节奏类型。

（二）疏密变化

语句的疏密处理使句子行进时产生节拍变化，时疏时密，循环出现，同样造成了相似声音形式的回环往复，也有利于节奏的形成，并在听觉上造成了疏密、长短的韵律美和音乐美。

大家可以注意到，一首诗中的不同诗句有着疏密的变化，同一个诗句内也会有疏密的变化。以七言诗为例，一句中的七个字，往往是前四个字比较快、比较密，而后三个字比较慢、比较疏。比如李白《早发白帝城》中的诗句：

朝辞白帝/彩云间，

千里江陵/一日还。

用斜线划分后，这两句诗有如形成四个拍节，在朗诵时，四个拍节的绝对时值大致相同，而有的拍节是四个字，有的拍节是三个字，这自然就使得其疏密快慢发生了变化。

诗句内部的疏密变化，不同诗句的快慢处理，既形成了诗歌表达变化丰富的特点，同时又因为疏密相间而形成节奏，增强了诗歌朗诵的欣赏性。

（三）停顿造势

诗句与诗句之间有连有停，诗句内部因为音步的存在也会有停顿的存在。这种停顿并非思维进入真空状态，相反，有时恰恰是人的思维进入了广阔、深邃的想象空间。此时声音虽断，但意蕴连绵，朗诵者与听众会同时徜徉于这任意驰骋想象的思维时空中，诗歌作品虽短，但其言语容量却大幅度增加了。这是有无互动、虚实相生的最精妙之处。

当然，停顿不能任意为之，它是需要细心经营的。句中的停顿，停前要蓄势，顿后要承接，停顿本身并不能呈现出修饰的作用，完全靠这一“蓄”一“接”才得以实现其功能。比如贾岛《寻隐者不遇》中的诗句：

只在/此山中，
云深/不知处。

尾句采取下山类的语势，语速放慢，“云深”的“深”字字尾平走延长，然后夸张地停顿，但要带有引领下文的语气；“不知处”三字更慢，可以使用虚实结合的音色承接，语气中带有一种怅惘和神秘的色彩。这一停一接之间可以让听众去想象那高耸入云的山峰，去想象隐者的行踪。停顿中拓展了听众的想象空间，诗歌所传达的意蕴则相应地更为丰富了。

七、读出韵味

古典诗歌特别讲究韵味，朗诵时也应把这种韵味表达出来。对于韵味的阐释多种多样，我们这里不可能穷其根源，但每个人大体上都能有所感受。我们姑且将其理解为余韵和味道。

（一）声有余韵

声有余韵，也叫作声有余音，是韵味的一种表现形式，它给人以余音袅袅、绕梁三日而不绝之感，让人屡屡回味都能有一种美的享受。

朗诵时，可以根据具体的诗歌内容，在关键的字词上作一些点染，如增强共鸣、延长字音等，以产生声有余韵的效果。比如张继《枫桥夜泊》中的诗句：

姑苏城外寒山寺，
夜半钟声到客船。

这首诗的字里行间萦绕着诗人无法排遣的羁旅愁怀，富于一种凄清、孤独、惆怅的美感。“夜半钟声到客船”一句是一个近景，用声回收一些，“声”字加强低频共鸣，并将字尾夸张延长，让人觉得钟声似乎触动了诗人的心弦。这个“声”字是着力处理的地方，其声音形象的塑造本身就具有散发韵味的独特性质。

（二）因势改型

因势改型，是说某些字音的调值顺应语势的变化而微微发生变化，当然，这种变化是在语音规范的基础上所作的微调，属于语流音变的范畴。比如杜甫《春夜喜雨》中的诗句：

好雨知时节，
当春乃发生。
随风潜入夜，
润物细无声。

这首诗赞叹了好雨来得正是时候，突出了喜悦的色彩。“润物细无声”一句总体语势下落，但“声”字因其阴平调值而适当将音高提起，可以把“55”的调型调整为“445”的调型，也就是说，“声”字的字尾可以微微上挑一点儿，让人感觉到诗人是在试图侧耳倾听那令人欣喜的雨声。这种调整颇有助于为朗诵增添一丝韵味。

指要：作品朗诵解读

渡汉江

宋之问

岭外音书断，
经冬复历夏。
近乡情更怯，
不敢问来人。

[朗诵解读]

这是一首表现久别归乡的诗歌。语言朴素平易，情感真切自然。

前两句是背景的叙写，说明了空间的隔断、音讯的断绝和时间的久远。后两句表现了诗人临近家乡时那种复杂微妙的心情：回到家乡了，本应该急切地了解家乡的情况，但诗人却反其道而行，用一种胆怯的心理来表达急切的心情，实际上更突出了诗人的思乡之情。

朗诵时，前两句突出“断”字和“复”字，可以采取延长声音的方法；“近乡”二字可快速说出，突出急迫心情；“情更怯”速度放慢，力度加强，语势扬起，以缓衬急，更加突出急迫心情；第四句语势顺势下落，但情感要深挚，给人以声虽停但意未尽之感。

全诗似缓实急，基调深沉，色彩凝重。

登鹳雀楼

王之涣

白日依山尽，
黄河入海流。
欲穷千里目，
更上一层楼。

[朗诵解读]

这首诗写景壮阔，同时又蕴含了深刻的哲理。

朗诵时特别要注意语势的变化。

第一句极写景色之高远，最好采取上山类的语势，“尽”字适当提高音域并延长，以体现出视野的辽阔。

第二句顺承上一句，然后语势下落，而“流”字按照阳平的调值行进并适当延长，这样可以体现出黄河的流势，还可以给人以低远之感。

第三句又一次采取上山类的语势，让听众期待了解要想穷尽视野之高远应该如何做，不过语势的起点不要太高，以引领下文。

第四句颇具气势并深含哲理，因此语势进一步上扬，并放慢速度，增加力度，使诗歌在高潮中结束。

诗歌基调明朗，情绪高昂，用声有力。

春 晓

孟浩然

春眠不觉晓，

处处闻啼鸟。

夜来风雨声，

花落知多少？

[朗诵解读]

本诗语言明白如话，但清远脱俗，颇具风韵。

四句诗的语势可以有中、中、高、低的变化。

四句诗的语速可以有中、中、急、缓的变化。

四句诗的色彩可以有中、中、明、暗的变化。

四句诗的用声可以有柔、柔、实、虚的变化。

朗诵中要注意各种要素的变化对比，即使同样是用柔和的声音，其具体细腻的色彩也有不同之处。同时，变化时要注意上下句的呼应，不能为变化而变化，要为变化找到依据。

宿建德江

孟浩然

移舟泊烟渚，

日暮客愁新。

野旷天低树，

江清月近人。

[朗诵解读]

这是一首意境清远的山水诗佳作，同时也是一首愁思绵绵的抒情之作。它表现了诗人羁旅惆怅、人生苍茫之感。

朗诵时在情感上要突出一个“愁”字。但这种愁又是有变化的，篇首即有愁意，然后愁意渐浓，到尾句的“月近人”时那种孤寂的愁虽得到了些许慰藉，但依然给人凄寒清冷之感。

其中，“暮”“愁”应突出惆怅之感，可以通过气息的配合加强愁雾弥散的感觉；“旷”“低”应突出苍凉、压抑之感，用声可以暗一些；“清”“近”注意叼字的力度，字音清晰，但音量不必大。

诗歌总体基调深沉悠远，节奏轻缓舒展。

鸟鸣涧

王维

人闲桂花落，
夜静春山空。
月出惊山鸟，
时鸣春涧中。

[朗诵解读]

这首诗是王维山水诗的代表作。

通篇突出一个“静”字，但写“静”的手法和角度是不一样的。第一句、第三句通过视觉描述其“静”，第二句、第四句通过听觉反映其“静”。靠听觉来写“静”不奇怪，但靠视觉来写“静”就有其独特之处了。这是本诗的第一个特点。

第二个特点是突出“静”的手法并不单纯说明山中没有声音，反而通过既有的声音来反衬寂静——春涧中鸣叫的山鸟更显出了山的寂静。

朗诵时，最需要突出的是第三句，这一句可以比其他几句高一些、急一些，“惊”字可以更高一些、更重一些。因为第一、二、四句写寂静都在人们的常识之列，而第三句写月光惊动山鸟却应该是在常人意料之外，突出这一句不仅使诗歌更形象化，而且也使朗诵更富于变化。

相　思

王维

红豆生南国，
春来发几枝？
愿君多采撷，
此物最相思。

[朗诵解读]

此诗托物言情，言近意远；语言朴素，情感深挚。

红豆在民间又称相思豆，人们常用此物表达爱意，寄托深情。本诗借红豆抒深情，字面上是祈愿爱人采撷红豆以寄相思之苦，而深层则更表明了抒情主人公的深深爱意，一物紧连二人，相思之情既明晰又深厚。

朗诵时，可将抒情对象设定为互相爱恋的人，对象要明晰；也可将语句设计成内心的独白，在相思之苦尤甚之时直抒胸臆，一吐深情。

第三句的语势适宜一路扬起，节奏紧密，欲慢先快，以引领下文。

第四句的语速处理要明显慢于前几句。“此物”之后可以稍作停顿；“最相思”三个字可以一字一顿沉吟而出，“思”字以气托声，余音袅袅，给人以言辞恳切、语多深意之感。

静夜思

李白

床前明月光，
疑是地上霜。
举头望明月，
低头思故乡。

[朗诵解读]

这首诗是诗人漂泊异乡、羁旅愁思之作，形式很朴素，但意蕴却很丰富，且朗朗上口，广为传诵。

诗歌设定的时间是静夜，最是人们辗转未眠、思乡情切时分。诗歌从“明月光”“地上霜”写起，描摹了举头望月和低头思乡的情态，意境凄清，情感真切。

朗诵时注意情绪变化和视角变化在有声语言上的体现。

第一句有一种俯视的感觉，要平稳地吟诵出来，“床前”二字之后沉吟延长，既交代清楚场景，又有助于营造意境。

第二句语气有变，似疑似惑，气收声提，“疑”字着意强调，语势随调值扬起，在语句之中处于高点。

第三句视线高远，情感伴随着气息的大幅度流动奔涌而出，用声较强，“望”字随字调和语调大幅拉开字腹，突出情态。

第四句视线收回，表达方式由恣情抒发转为深沉内敛，气沉声低，节奏放缓，但情感更加深挚。

独坐敬亭山

李白

众鸟高飞尽，
孤云独去闲。
相看两不厌，
只有敬亭山。

[朗诵解读]

这首诗是诗人游览宣城敬亭山时写就的。

全诗虽然用了“尽”“孤”“独”“只有”等字眼，但诗中蕴涵的情思却是孤而不寂，独而不厌的。这并非是说诗人不孤寂，而是表现了诗人达观的态度和超脱的境界，人格化了的敬亭山也是诗人自身性情品格的一种映照。

朗诵时，前两句要把景象描绘出来，呈现出孤独静寂的画面。第一句采取波峰类的语势，高点在“高飞”二字；第二句采取波谷类的语势，低点是“独去”二字，虽然音高比较低，但却并非不重要，而是靠放慢语速的方式来加以强调。

后两句重在抒情。第三句中的“厌”字语势提高，句尾延长，以引领下文；而第四句可以把整个音高降低，语速放慢，“山”字的调值由 55 变成 445，这种微微扬起的语调给人以悠然自得之感，并且使古诗平添了一种韵味，体现了诗作的韵律之美。

秋浦歌

李白

白发三千丈，
缘愁似个长。
不知明镜里，
何处得秋霜。

[朗诵解读]

这是一首千古传诵的名篇，抒发了诗人难以排解的愁绪，而“白发”与“秋霜”的彼此映照又通过引入时间概念而平添了一种历史的厚重感，跳出了单纯个人愁绪的抒发范畴。

尤其是第一句颇为奇绝，因此在朗诵时要给以浓重的点染，重点是强调“三千”二字，音高处于全诗的最高点，音量强，气息充足，每一个字都可以放慢语速，拉开字腹，从容诵出。

第二句的用气发声与第一句形成鲜明的对比，气沉声暗，犹如长叹，突出诗人的愁绪。

第三句和第四句可以紧密连接，语速也顺着文气而逐渐加快；“何处”之后略有停顿，“得秋霜”三个字则放慢语速，以示强调，凸显愁苦之意。

全诗的用气发声和情感抒发要敢放善收，控纵自如，既大开大阖，又曲径通幽。

逢雪宿芙蓉山主人

刘长卿

日暮苍山远，

天寒白屋贫。

柴门闻犬吠，

风雪夜归人。

［朗诵解读］

这首诗叙述了日暮逢雪、寄宿山庄的小场景，字面意思简洁单纯，但意象丰富，跳跃性强，在文字背后还蕴含着世态人情等不少深意，对此，每一个朗诵者都可以按照自己的感受去理解。

不过，诗歌中的景物描写却是所有诵读者都要细心处理的。

第一句要有辽阔的视域，音量不必强，但要有较强的气息支撑，语速较慢，节奏舒展，给人以空旷辽阔之感。

第二句要切身体会寒冷的感觉，“天寒”二字字尾延长，并稍作停顿；“白”和“贫”两个字声音不必大，但吐字要有一定的力度，以使画面更形象。

第三句语气为之一变，语速可适当加快，语势上扬，诗句情境打破了此前的静态画面，由静而动，瞬间将听众的视听觉调动起来。

第四句的语势与第三句交相呼应，采取波峰类语势，“夜”字处在高点，同时与第三句比较而言节奏稍稍放缓，色彩上则由于有了人的介入而增加了些许暖色。

塞下曲

卢纶

月黑雁飞高，
单于夜遁逃。
欲将轻骑逐，
大雪满弓刀。

[朗诵解读]

卢纶的《塞下曲》共六首，这是其中的第三首。诗人截取了将士们雪夜追敌、准备出发前的一个场面，把将士们昂扬的士气和威武的气概都表现了出来。

朗诵时要抓住这首诗的重点，即第一、四句，着意加以点染情境。第一句中的“黑”字适当延长，“高”字也要相应地将音域提高；第四句的“大”字顺去声的调型延长，气息支撑比较有力，“满”字加强吐字力度，将出征将士的武器作为一个特写予以突出。

第二、三句交代了将士出征的原因，出于突出重点和节奏变化的考虑，这两句不宜强调，在表述清楚意思的前提下，音强减弱，音域可稍稍降低，语速适当加快，在全诗中不作重点处理。

江　雪

柳宗元

千山鸟飞绝，
万径人踪灭。
孤舟蓑笠翁，
独钓寒江雪。

[朗诵解读]

这首诗写于诗人南贬永州之时，其抑郁不得志故而放浪山水的人生追求在这首诗中有着较为明显的体现。这首诗通篇有“寒”“静”之感，并由此透露出“孤”“独”之意。

朗诵时注意四句诗所描画的景别之不同，以此结合情感的表达作为朗诵创作的感受依据。

第一句写远景，是仰视所得，用声苍劲不求明亮，语速较慢，节奏舒展。“千山”二字起句音域较高，“鸟”字随上声字调下抑，“绝”字随阳平调型而将语势微微扬起。

第二句是平远或低远的视角景象，其语势与上一句相呼应，顺势承接，到“灭”字时随去声调型延展而将语势下抑。

第三句场景推进近似于特写，可以加强吐字的力度，给人以切近之感，同时加快语速，句尾微扬，以引领下文。

第四句场景拉远，再度呈现出空阔的远景，用声突出低频色彩，气息充沛，但音色沉暗，虚实结合，节奏趋缓。

寻隐者不遇

贾岛

松下问童子，
言师采药去。
只在此山中，
云深不知处。

［朗诵解读］

贾岛这首诗用平白如话的语言，把隐者的飘逸风神和诗人惆怅企羡之情含蓄却又生动地表现出来。全诗虚实变化相间，内容情境有跳跃性，结尾两句语含哲理。

朗诵时，第一句平稳诵出，使用实声，表达朴素自然，表现诗人寻隐者时实实在在的虔诚询问。

第二句的用声可以先实后虚（这里的虚，指的是有虚声的成分），表达依然比较平稳朴素，童子的回答是实，而隐者不在现场就有了虚声的成分。

第三句语势上扬，使用实声，表现了童子对隐者就在此山中的肯定。

第四句承接第三句，有转折意味，采取下山类的语势，语速放慢，“不知处”三字更慢，可以使用虚实结合的音色，语气中带有一种怅惘和神秘之感。

需要注意的是，诗中的后三句都是童子的回答，但却包含着诗人的追问，朗诵时要把这种层层递进、忽又转折的逻辑意思表现出来。

乐游原

李商隐

向晚意不适，

驱车登古原。
夕阳无限好，
只是近黄昏。

[朗诵解读]

这首诗流露出来的是一种难以排解的忧郁和伤感。诗人为排解忧愁，驱车而登上古原，虽然夕阳无限好，但看到落日又徒增了许多伤感。

朗诵这首诗时，注意情感和气息控制的收与放。

前两句情感尚潜藏在诗人心中，因此虽心怀愁绪，但表达较平稳，气息稳定而持久。

后两句则已将情感释放出来，要加强气息的控制强度，其中第三句采取上山类语势，第四句起始时要与上句呼应。

总体感受既要有伤感的成分，但又不要陷入难以自拔的抑郁之中，因为对于一位在暮色中吟诵的诗人来说，多少还要有一些超然的风神。

绝句（生当作人杰）

李清照

生当作人杰，
死亦为鬼雄。
至今思项羽，
不肯过江东。

[朗诵解读]

这首诗既有诗人对项羽的高度评价与赞赏，又满怀面对南宋王朝偏安一隅不抗金兵的妥协行为的忧愤。作为女性诗人，其前两句的铿锵豪迈不禁令须眉汗颜。

朗诵时注意把握赞赏与忧愤两种情绪情感的变化。

前两句气足声响，要有力度，有气魄。“生”与“死”相对，“人杰”与“鬼雄”相应，错落之中要有所强调。

第三句气沉神收，怀古悼今，发思古之幽情，作当世之镜鉴，语速适当放慢，既具理性，又具情感。

第四句既是追问，又蕴涵着答案，至少可以有两种处理方法：或沉吟低唱，令人回味；或语势扬起，坚定有力。朗诵者可以按照自己的理解去处理，当然，不同的处理方式要有不同的前后铺垫和语气呼应。

送杜少府之任蜀川

王勃

城阙辅三秦，
风烟望五津。
与君离别意，
同是宦游人。
海内存知己，
天涯若比邻。
无为在歧路，
儿女共沾巾。

[朗诵解读]

这是王勃在长安沛王府任职时，为一位姓杜的友人赴蜀就任县尉而写的一首送别诗。诗人以送别友人的赠言形式，形象地表达了他深切真挚的情感和乐观向上的精神，表现了作者广阔而豪迈的襟怀。其中“海内存知己，天涯若比邻”是广为传诵的名句，经常被用作朋友间互相鼓励的临别赠言。

朗诵时注意诗歌前后情绪的转折。

首联描绘了辽阔的景象，表明旅途艰辛，人生坎坷，关切之情溢于言表，表达时应表现出一种空间的辽阔感，语带沧桑。

颔联由关切转为安抚，朗诵中要想象眼前出现友人的形象以加强对象感，语气平和，交流感强。

颈联从眼前的离别转为别后的相思，不过，这种相思没有伤感的色彩，却显出一种豪迈的气势，因此具有奇峰突起之势，富于浪漫色彩，朗诵时气息比较充沛，音色相对明亮，语气中饱有乐观之意。

尾联是勉励友人不要在分手时作儿女情态，而是要超脱世俗，勇敢上路，朗诵时承接上一联的色彩，情绪乐观，用气发声富于力度变化。

在狱咏蝉

骆宾王

西陆蝉声唱，

南冠客思深。
不堪玄鬓影，
来对白头吟。
露重飞难进，
风多响易沉。
无人信高洁，
谁为表予心？

[朗诵解读]

这是诗人在狱中所写的一首咏物诗。当时诗人因数次上书议论政事，为武后诬陷，强加贪污罪名，被监入狱，于是成诗。

全诗用比兴手法，以蝉起兴，用以自况，既是写蝉，又是写自己，言辞悲愤，曲折委婉。

朗诵时，首联、颔联这四句要突出其悲，声音可以稍微收一些，语速慢一点，“玄鬓”“白头”几字可以通过提高音域、放慢语速等方式加以强调。

颈联和尾联这后四句应突出其愤，气息充盈，声音放出来，语速适当加快，情感较为浓烈，尾句的疑问句更要强化其语气色彩。

望月怀远

张九龄

海上生明月，
天涯共此时。
情人怨遥夜，
竟夕起相思。
灭烛怜光满，
披衣觉露滋。
不堪盈手赠，
还寝梦佳期。

[朗诵解读]

这首诗细腻地表现了诗人对远方友人的深切怀念，其中，“海上生明月，天涯共此时”已成为千古传诵的名句。

朗诵时，首联“海上生明月”一句要有空间感，“海上”二字平起，以显示出大海的辽阔，“明月”二字吐字有力，归音饱满，并随语势扬起，以示明月之亮、之高；“天涯共此时”一句要有时间感，即天下共此时刻，“共”和“此”字加强叼字的力度以示强调。

颔联和颈联四句是细腻描绘诗人怀念友人时的行为，情感深挚，但用声不必太大，情绪稍微内敛，以映照深夜的情境。

尾联两句略带释怀的情绪，情感和用声都可外放一些，尾句趋缓以给人收束感。

过故人庄

孟浩然

故人具鸡黍，
邀我至田家。
绿树村边合，
青山郭外斜。
开轩面场圃，
把酒话桑麻。
待到重阳日，
还来就菊花。

［朗诵解读］

这是一首著名的田园诗，写了诗人到朋友家做客的事。全诗按时间顺序写了从造访到辞别的过程。语言朴实，如话家常，抒写并赞美了恬静优美的农村风光和朴实真挚的友谊。

首联用语平实，朗诵时语势平稳，语句悠然而出，犹如讲述，不要刻意雕琢。

颔联注意形象的塑造，特别是要突出“合”与“斜”两个字。“村边合”的用气发声要映衬收拢的画面，气息稍收，音色稍暗；“郭外斜”的用气发声则要映衬开放的画面，气息稍放，音色稍明。

颈联要突出与友人畅饮的愉快，气息要更有外射性，音色更加明朗，语速趋紧，情绪畅快。

尾联要表现诗人毫不掩饰地表明自己还要来做客的心情，这更加衬托出诗人与朋友真挚的情谊。朗诵时，“待到重阳日”一句可以明显地在气息和声音上收一些，而最后一句“还来就菊花”可以再放出来，两相对比，变化更加丰富，色彩也更加浓重。

望洞庭湖赠张丞相

孟浩然

八月湖水平，
涵虚混太清。
气蒸云梦泽，
波撼岳阳城。
欲济无舟楫，
端居耻圣明。
坐观垂钓者，
徒有羡鱼情。

［朗诵解读］

这是一首著名的五言律诗，曾被人誉为“有唐五律之冠”①。

这首诗构思巧妙。前四句虽是写景，但景中含情，通过对洞庭湖雄伟壮阔景象的描绘，巧妙地歌颂了盛世的繁荣。后四句是抒情，但含蓄蕴藉，巧妙地表达了诗人出仕无门、不甘隐居的心情，并希望丞相张九龄能够推荐援引，以实现自己的政治抱负。

朗诵时，前四句注意对景象的描绘，要特别突出“平”“涵”“混”“蒸”“撼”这几个字，当然，突出的方式可以根据内容灵活处理，或平稳地横向延长，或纵向地拉开立起，既强调突出，又有对比变化。

后四句朗诵时，要尽可能将其双关的语气表现出来，尤其是尾联两句，语速要慢一些，“徒有”二字后面可以稍作停顿，以引起大家对“羡鱼情”双关意义的注意与理解。

山居秋暝

王维

空山新雨后，
天气晚来秋。

① 方回：《瀛奎律髓》卷一。转引自王洪主编：《古代诗歌鉴赏辞典》，北京燕山出版社1989年8月版，第202页。

明月松间照，
清泉石上流。
竹喧归浣女，
莲动下渔舟。
随意春芳歇，
王孙自可留。

[朗诵解读]

诗歌描写了雨后日暮的秋景，特别是人在景中、情景交融的和谐画面令人印象深刻。其中“明月松间照，清泉石上流”意境清婉，“竹喧归浣女，莲动下渔舟”人景交融，成为传诵的名句。

全诗意境清丽，诗意脱俗。总体基调明朗，节奏明快。

朗诵时，前六句在明朗的基调下注意细腻的描绘。“明月”二字和“清泉”二字归音要饱满，“照”字按去声的调型顺势纵向延长，“流”字按阳平的调型顺势横向延长，这样处理既有动作感，又有形象感，能达到如在目前的效果。

尾联两句跳出了景色和场面的描写，表达了作者的想法和态度，因此朗诵重点不同于前六句景象的描摹和意境的营造，要有悠然自得的情绪和轻巧自然的语气。

使至塞上

王维

单车欲问边，
属国过居延。
征蓬出汉塞，
归雁入胡天。
大漠孤烟直，
长河落日圆。
萧关逢侯骑，
都护在燕然。

[朗诵解读]

这是王维边塞诗的代表作。当时，河西节度副大使崔希逸大胜吐蕃，王维奉使出塞慰问，将一路见闻感受写入此诗。

本诗的颈联“大漠孤烟直，长河落日圆”生动地描画了大漠落日之景，用语简单，但意象丰富，诗中有画，画中有诗，是传诵的名句。

全诗除了颈联这两句直接描写景色以外，其他几句都以叙述为主。因此在朗诵时，颈联要浓重渲染，“大”“直”“长”“圆”四个字配合语势的变化，或加大吐字力度，或拉长归音的时值，或用虚实结合的音色加以渲染，以突出其画面形象。

其余几句要把事情的来龙去脉说清楚。开篇之首联和颔联重在叙事，表达要做到语流平稳，尾联两句节奏趋缓，给人以收束感。

望 岳

杜甫

岱宗夫如何？
齐鲁青未了。
造化钟神秀，
阴阳割昏晓。
荡胸生层云，
决眦入归鸟。
会当凌绝顶，
一览众山小。

［朗诵解读］

此诗紧扣一个“望”字，以简练的笔调和高度的概括，写出了泰山的神奇秀丽和巍峨高大，并抒发了诗人自身的壮阔胸怀。

全诗气势雄浑，因此就对全诗轻重缓急、抑扬顿挫的朗诵设计提出了要求，否则，字字用力、句句高亢会使诗歌因缺乏变化而单调，并因此而损伤了朗诵艺术的魅力。

首联可以平稳诵出，气息充沛，但声音要适当收一些。首句的疑问语气鲜明突出，但要从容内敛，引领后文。

颔联“造化钟神秀”一句用实声表达，音量可以适当放开些；“阴阳割昏晓”一句加入一些虚声成分，音量再收回一些，心中要怀有阔大的视像。

颈联“荡胸生层云”一句承接上句的语势和用声状态，依然用含虚声成分的声音，但要渲染出气势来；“决眦入归鸟”一句声音渐实，画面具体，形象感强。

尾联是全诗的重点，气息最足，力度最强。尤其是“会当凌绝顶”一句，采取波峰类的语势，“凌”字随阳平调型拔地而起，音域提至最高。“一览众山小”一句气息充盈，适当加入一些虚声成分，给人以雄浑大气之感，同时心中要充满坚定的信念。

春望

杜甫

国破山河在，
城春草木深。
感时花溅泪，
恨别鸟惊心。
烽火连三月，
家书抵万金。
白头搔更短，
浑欲不胜簪。

[朗诵解读]

此诗写于安史之乱期间，反映了沦陷区的景象和作者的所思所感。

首、颔、颈、尾四联所反映的景别和情感是大小相间的，朗诵时可以据此进行设计。

首联两句写了长安城破败的景象。山河虽在，草木虽深，但国家被掠，物是人非，充满了无尽的凄凉。朗诵时咬字要有一定的力度，但音量不必大，可以适当地加入虚声成分。

颔联两句用拟人的手法，以“花溅泪”和“鸟惊心”来衬托作者伤感的程度。视角较小，重点强调“花溅泪”和“鸟惊心”这几个字，但各句语势不同，前句采取波峰类的语势，后句采取波谷类的语势，“花”和“鸟”高低相间又互相映衬，在对比中有着更加强烈的感情色彩。

颈联两句自身就有着大小视角的对比，前句朗诵要突出战火绵延之长，可采取波峰类的语势，“三”字处在最高点；后句朗诵要表现出家书之珍贵，可采取波谷类的语势，“抵”字处在最低点，而“万”字要将音高提起，并加大音量。

尾联两句视角更小，通过作者自己的形象变化反映了战乱给人们造成的痛苦。

“搔”字要适当加大音量，“浑”字按阳平调型将时值拉开，以此加大尾联的分量。

月　夜

杜甫

今夜鄜州月，
闺中只独看。
遥怜小儿女，
未解忆长安。
香雾云鬟湿，
清辉玉臂寒。
何时倚虚幌，
双照泪痕干。

[朗诵解读]

安史之乱期间，诗人为叛军所俘，被送到沦陷后的长安。望月思乡，写有此诗。

这首诗突出的特点是作者本意要抒发思念家人的情感，但着笔处却是遥想妻子对自己的思念，角度新奇。诗作将个人的羁旅愁思放在动荡的社会历史背景之中，透露出对天下离乱的忧思焦虑，情感色彩超出了个人对自身命运的感怀，视野旁及天下。

前四句应突出孤独的情绪情感，“遥怜小儿女，未解忆长安”一句则以幼儿尚不懂得相思之苦来反衬妻子的孤寂，对比效果强烈。朗诵时语速放慢，音量稍收，音色沉暗。

后四句的思恋之情愈发浓厚，语速渐渐加快，音量逐渐增强，至“何时倚虚幌”一句时，情感最为浓烈，音量最强，“虚幌”二字处于语势的最高点，“幌”字的字尾适当延长；最后一句的语速趋于最缓，“双照”二字顺延“幌”的语调轻轻吟诵出来，“泪痕干”三字语势渐渐下抑，“干”字的字音延长，渐隐渐收，给人以“此恨绵绵”的深长回味。

春夜喜雨

杜甫

好雨知时节，

当春乃发生。
随风潜入夜，
润物细无声。
野径云俱黑，
江船火独明。
晓看红湿处，
花重锦官城。

［朗诵解读］

这首五言律诗是诗人晚年居住在成都草堂时所作的，诗歌赞叹了好雨来得正是时候，通篇突出了一个“喜”字。

首联便是以一句赞叹开篇，故而应满怀欣喜地进行朗诵。“好雨”二字直抒胸臆，连贯清晰；“知”字将音高提起，并延长调值；第二句采取波谷类的语势，“乃”字处在最低点。

颔联两句应突出春雨细密无声的特点，总体音量减弱。前一句采取上山类的语势，“潜”字要把调值延长，突出强调该字的同时也生动描摹了夜雨静静飘洒的特点；后一句总体语势下落，但“声”字因其阴平的调值而适当将音高提起，可以把“55”的调型调整为“445”的调型，以增强诗歌的韵味。

颈联两句写了野径和江船，从字面上看容易给人以阴郁、昏暗之感，但要注意“喜雨”这一主题的贯穿性，因此朗诵时应轻松明快，基调深沉而不暗淡。

尾联两句要分清主次，重点在最后一句，特别是“花重”二字可以加重强调一些，其余的都要处理得轻巧些。

旅夜书怀

杜甫

细草微风岸，
危樯独夜舟。
星垂平野阔，
月涌大江流。
名岂文章著？
官应老病休。

飘飘何所似，

天地一沙鸥！

[朗诵解读]

此诗前四句写“旅夜”，后四句为“书怀”。全诗沉郁顿挫，多有人生感慨和沧桑感。其中“星垂平野阔，月涌大江流”是传诵千古的名句。

首联两句突出寂静、孤独之感，气息支撑力弱一些，声音稍收，语气舒缓。

颔联两句沧桑而雄浑。“星垂平野阔”采取波峰类语势，“平”字处于高点，并把字腹拉开，时值延长；“月涌大江流”也采取波峰类语势，“大”字用加大吐字力度并适当延长的方式加以突出。

颈联视角缩小，联系诗人自身的身世感叹求名与为官的苦楚，表现了既倔强不屈又无可奈何的情绪。“岂”字要有一定的力度，加强反问的语气；“应”字适当延长时值，力度弱化，表现了一种人生的无奈感。

尾联突出“天地”和“沙鸥”这几个字，要有一定的力度，表现诗人不为羁绊、尽弃荣辱的心理欲求。

登岳阳楼

杜甫

昔闻洞庭水，

今上岳阳楼。

吴楚东南坼，

乾坤日夜浮。

亲朋无一字，

老病有孤舟。

戎马关山北，

凭轩涕泗流。

[朗诵解读]

这首诗意境雄浑，风格沉郁，通篇笼罩在悲愤愁苦的氛围中。

首联平稳吟诵出来，不必着力。

颔联是气势雄浑的名句，要予以突出。“东南”二字声音向远处送出，高频共鸣成分较多，体现景象之壮阔；“日夜”二字将时值延长，语速放慢，体现时光之海的浩瀚。

颈联突出贫苦潦倒之状，音色稍暗，气弱声收。

尾联的第一句是发自肺腑的慨叹，气息充盈，情感倾泻而出，同时伴随着气息的外射而连贯地使语句流淌出来；最后一句气息收回一些，语速放慢，在思绪回归现实之际再次抒发了愁苦心情。

赋得古原草送别

白居易

离离原上草，
一岁一枯荣。
野火烧不尽，
春风吹又生。
远芳侵古道，
晴翠接荒城。
又送王孙去，
萋萋满别情。

[朗诵解读]

这是一首表现芳草萋萋、古原送别情景的诗歌。虽然写了“古道”“荒城”，并抒发了“别情”，但全诗没有悲凉、凄清的愁绪，相反，却满含开朗乐观的色彩。

首联的第一句采取波峰类的语势，最高点在“原”字上，吐字时适当着力，并按调型顺势延长。第二句的语势在结尾时不要落得太低，给人一种期待感，以引领颔联的诗句。

颔联的前一句采取上山类的语势，“尽”字提高音高，字尾尽量拖长一些。后一句的语势要与上句相呼应，“吹”字和“生”字要着力强调一下，特别是“生”字满含着对古原草勃勃生机的赞美之情脱口而出，字尾延语势适当延长。

颈联两句语速适当加快，同样不要带有悲凉之感，重点放在“远芳”“晴翠”文字上，为诗文增添亮色。

尾联的前一句采取上山类语势，“王孙”和“去”相对着力一些，句尾适当延长，以引领下一句。尾句采取波谷类语势，语速放慢，“萋萋”后面缓停一下，“满”字处于语势的最低点，“别情”二字连在一起慢慢地朗诵出来，句尾适当延长，令人回味。

题李凝幽居

贾岛

闲居少邻并，
草径入荒原。
鸟宿池边树，
僧敲月下门。
过桥分野色，
移石动云根。
暂去还来此，
幽期不负言。

[朗诵解读]

这首五律是贾岛的名篇，写的是诗人走访友人未遇这样一件事，“推敲”的故事就来源于此诗。

这首诗所写景色清幽奇崛，但读来流畅顺口。诗歌前六句基本是写景色情境的，而尾联两句是写诗人内心想法的，注意把这种分别读出来；另外，每一联内的两句诗内在联系紧密，其语势要彼此呼应。

诗中的几个动词应读出其形象性和动作感，如“入”字要有纵深感，可以有虚声成分，并适当延长；“敲”字虽然是能够发出声音的动作，但要注意营造幽静的氛围，吐字时有一定的喷弹力度，而绝对音量不宜大。

晚　晴

李商隐

深居俯夹城，
春去夏犹清。
天意怜幽草，
人间重晚晴。
并添高阁迥，
微注小窗明。

越鸟巢干后，
归飞体更轻。

[朗诵解读]

这首诗是诗人久历人生坎坷之后，在桂林傍晚雨后写就的。面对充满生机的自然界，诗人的心境变得明朗起来，因此诗歌的格调比较清新。

首联两句中正平稳地淡淡诵出，不必着力。

颔联两句是为人们所传诵的佳句，也是这首诗的重点句。前一句要带有呵护倍至的感觉，高频共鸣可以多一些，音高也比较高；后一句要有从心底里发出赞叹的感觉，低频共鸣可以多一些，音高适当降低，“重”字可以相对增加一些虚声成分，在对比中加大这一句的分量。

颈联中前一句的视阈又高又远，气息控制的强度比较强；后一句的视阈又小又近，可以用比较弱的气息控制，但吐字要有力清晰。

尾联由静态说明转向动态描摹，朗诵中要注意其动作感。

回乡偶书

贺知章

少小离家老大回，
乡音无改鬓毛衰。
儿童相见不相识，
笑问客从何处来。

[朗诵解读]

唐朝天宝年间，65岁的贺知章辞去官职，回到故乡。这首诗是写他初到家时的一个场面，暗含了他强烈的思乡之情。

“少小离家”应表现出时间的久远，配合思绪的久远，朗诵时气息适宜深沉悠长。

“老大回”是眼前的现实，用声以实声为主，“老大”二字要处理成重音。

“乡音无改”与“鬓毛衰”之间要有内在语“但是”之类的词，表现出一种转折的意味。

“儿童相见不相识”，语速加快，吐字轻盈，表现出儿童的天真烂漫、纯真心地。

“笑问客从何处来”一句要把“笑”和“何处”着重强调。“笑”字将调值夸张延长，并赋予动作感，这样可以诱使我们透过笑的表面去理解那隐藏在背后的愁思；“何处”二字也适当夸张并放慢语速，这样至少可以引申出两层更深的含义：一是诗人本来是回到故乡了，却被故乡人视为陌生人，这就隐隐表现出诗人内心中的一丝愁苦；二是说明一个人奔波一生，到头来却不知自己曾经身在何处，也隐隐透出一丝苦涩。这样处理，就使诗歌的内涵更丰富、更深刻了。

咏　柳

贺知章

碧玉妆成一树高，
万条垂下绿丝绦。
不知细叶谁裁出，
二月春风似剪刀。

[朗诵解读]

这首咏物诗比喻贴切，构思巧妙，以咏柳的方式抒发了诗人对春风的热爱。诗歌生趣盎然，格调清新。朗诵时注意对形象的刻画。

“一树高”中的“一”字按照语流音变的规则变为阳平，朗诵时应按调型顺势夸张延长，这样可以体现出柳树亭亭玉立的形象。

“垂”字加强叼字力度，延长调值，并多加入一些虚声成分，这可以刻画出柳枝细长、柔美、随风摇动的形象。

“不知细叶谁裁出”一句采取半起类语势，音高由低到高，要有疑问的语气。

“二月春风似剪刀”音高降低，气息下沉，生理状态和用声状态松弛下来，给人以一种“原来如此”的感觉。

凉州词（黄河远上白云间）

王之涣

黄河远上白云间，
一片孤城万仞山。
羌笛何须怨杨柳，
春风不度玉门关。

[朗诵解读]

这首诗写的是边塞之春的景象，视域辽阔，语气豪迈，语句间含有一种苍凉粗犷的特质。

朗诵前两句时要给人以一种高远之感。“上”字按调型顺势夸张延长，音色由实而虚，这样会给人以一种由近而远的形象感。“万仞”二字气息加强，吐字力度加大，并可以放慢语速、一字一顿，增强气势。

“羌笛何须”四字语势连贯，一气呵成，“须”的字尾扬起并适当延长。“柳”字的上声调型可以由214随字尾的延长而变为2143，以增强诗歌的韵味，并起到引领下文的作用。

尾句采取波峰类的语势，“不度”二字处于语句的最高点，并适当增加这两个字的虚声成分，以营造出一种气氛，使诗歌更具韵味。

出塞（秦时明月汉时关）

王昌龄

秦时明月汉时关，
万里长征人未还。
但使龙城飞将在，
不教胡马度阴山。

[朗诵解读]

这首诗表现了诗人对时局安危的关切之情以及他希望战事宁歇、百姓安居乐业的美好愿望。格调雄浑苍凉，意境悠远深邃。

“秦时明月汉时关”一句展现出了广阔浩渺的时空。“明月”二字吐字要有力，字腹拉开，颗粒饱满，音高处于全句的最高点；“汉时关”三字音高降低，增加虚声成分，既体现出城关的雄浑，又给人以苍凉之感。

第二句语速较慢，音量可以小一些，表达了战乱给人们带来的苦难，不过重点不在渲染“人未还”的悲戚，而是表现“万里长征”的雄浑。

“但使龙城飞将在”一句的表达方式与第二句相近，但语势起伏要大一些，既表现出诗人的美好愿望，同时又由于使用了假设的句式而说明这一愿望实现难度之大，语气中带有强烈的希冀。

尾句中，“不教胡马”四字加快语速，“度阴山”三字加大音量并增强力度，这样有助于表现出诗人愿望之切，决心之大。

芙蓉楼送辛渐

王昌龄

寒雨连江夜入吴，
平明送客楚山孤。
洛阳亲友如相问，
一片冰心在玉壶。

[朗诵解读]

这首诗写了苍茫的江雨和孤峙的楚山，烘托出诗人送别友人时的凄寒孤寂之情，并展现了诗人孤傲正直和冰清玉洁的形象。其中“一片冰心在玉壶”一句意象高洁，成为人们传诵的名句。

朗诵时要通过语速快慢和节奏疏密的处理来增强诗歌的变化。诗歌前两句描绘了烟雨茫茫的江景、形单影只的楚山，并交代了平明送客的背景。首句舒缓入句，“寒”“夜”二字适度强调以突出阴寒晦暗之色。第二句配合“孤”字的阴平调值顺语势将句尾微扬，同时也突出了孤身在外之意。前两句语速宜慢，用声深沉，音色偏暗，烘托出苍茫的烟雨景象。

第三句是对客人的嘱托，对象感强，词情恳切，语速加快，句尾微扬，以引领下文。

尾句是诗人表明自己心迹的应答语，态度明朗，用声清朗明亮，与“冰心”“玉壶”语意相应；相较上句而言，语势平稳，节奏趋缓。

九月九日忆山东兄弟

王维

独在异乡为异客，
每逢佳节倍思亲。
遥知兄弟登高处，
遍插茱萸少一人。

[朗诵解读]

此诗写作匠心独运，前两句正面叙写自己对亲人的怀念，后两句则驰骋想象，写家乡亲人重阳登高的情景，家人团聚，独少诗人一人，以此更加烘托出自己对家乡亲人的思念。

朗诵时注意这样一些字的处理："独""异""倍"都要着力。其中，"独"字可以适当延长，以示强调；"倍"字加强吐字力度，延长后再稍加停顿，进一步突出思乡情切的心理。

第三句语速趋快，"遥知"作为次要重音稍加强调即推动语势向上扬起，"高处"二字结合语意处于语势的高点，同时句尾延长，文气不断，引领下文。

尾句则通过加强"遍"与"少"之间的对比来外化诗人孤身在外、思乡情切的内心感受。

送元二使安西

王维

渭城朝雨浥轻尘，
客舍青青柳色新。
劝君更尽一杯酒，
西出阳关无故人。

[朗诵解读]

这是一首著名的送别诗，音节优美，明白如话，同时又情深谊长，感人至深。唐朝人在吟唱时反复歌咏诗的最末一句，故而这首诗又被称为《阳关三叠》。

这首诗前两句写景，后两句则直接叙写临别时的话语，朗诵时要注意有所区别。

第一句采取波峰类语势，"浥"字处于高点，吐字清晰着力，整个字的时值应延长些，这样可以增强动作感和形象感；"尘"字按调型顺势上扬，以引领下一句。

第二句采取波谷类语势，"客"字高起，以承接上句；"柳"字按调型处于语势的最低点；"新"字吐字清晰，句尾延长，语气中蕴有清新之感。

第三句开口前深吸一口气，然后采取上山类语势由低而高诵出，要有殷殷劝酒之感。其中"更尽"二字要适当加大力度。

第四句要满含真挚惜别的情意，"无故人"三字应加以强调。

望天门山

李白

天门中断楚江开，

碧水东流至此回。
两岸青山相对出，
孤帆一片日边来。

[朗诵解读]

此诗是诗人25岁时写就的，该诗描绘了一幅壮丽的山水画，同时也表明诗人朝气蓬勃，对前途充满无限向往。诗歌格调清新，舒展豪放。

此诗中表现的所有景物都是“望”中得来，但视角和景别却各不相同。

首句是从上游远望天门山，视野广阔。“天门”二字的音高起点可以夸张地提高，将那种高远的景象表现出来。“开”字的吐字力度应强一些，以加强画面的形象性。

第二句是近望。可以采取波谷类语势，“流”字延长并扬起，“此”字处于语势的低点，声音要有回收感，以给人流水就在身边的感觉。

第三句是诗人向左右两岸顾盼，应该属于中景。“出”字通过加强吐字力度的方式予以突出，这样不仅可以增强动作感，而且也描绘出了诗人乘船行进中的动态画面。

尾句又是远望，不过景象比首句还要广阔，距离还要远。“日”字和“边”字都将字腹拉开，使时值延长，从而使景物更加形象化。

望庐山瀑布

李白

日照香炉生紫烟，
遥看瀑布挂前川。
飞流直下三千尺，
疑是银河落九天。

[朗诵解读]

这是李白脍炙人口的一首诗，生动描绘了庐山瀑布的壮丽景色，抒发了诗人对祖国锦绣河山的赞美之情。

朗诵时要突出对遥看中的瀑布全景和瀑布飞流直下的壮观景色的描绘，气息充盈，情感充沛，语势起伏大开大阖，以增强艺术感染力。

“生”字应予以突出，字腹拉开，时值延长，音色可由实到虚，使画面的形象性更强。

“挂”字的处理方式也是字音拉开，时值延长，音色由实到虚，不过其由高到低的调值幅度应加大，突出瀑布的雄伟壮观和动态气势。

第三句的语流应流畅连贯，气息充足，语速加快，突出瀑布飞流直下的气势，其中“三千”二字作为重音处于波峰类语势的最高点。

第四句，“河”的调型可以随语势由35变为354，字尾延长；“落”字也要加大字音的高低幅度，并适当延长，突出动作感和形象感。

赠汪伦

李白

李白乘舟将欲行，
忽闻岸上踏歌声。
桃花潭水深千尺，
不及汪伦送我情。

[朗诵解读]

这是一首送别诗，但却突破了一般送别诗的感伤格调和传统手法，凸显了诗中两个人物李白和汪伦的个性特征，同时也赞扬了两人之间的友谊。

首句是叙述性的话语，平稳地诵读出来，不必着力。

第二句中的“忽闻”二字要加快语速，加强这种不期而至的味道；“踏”字按调型顺势延长，音色由实到虚，增强动作感。

第三句应在酝酿足情感以后再开口，采取上山类语势，“深千尺”三字应着力加以突出，特别是“千”字处于强调的最高点，可以一字一顿；“尺”字的调型可以随语势的变化由214变为2143，字尾延长且不能落到底，这样以引领下一句。

第四句中，“不及汪伦”四字语势由低到高的上山类语势，字尾稍扬；“送我情”三字又采取波谷类语势，“我”字按调型处于最低点。这样，第四句就是上山类语势和波谷类语势相结合的复合语势，句子抑扬顿挫富于变化，给人以音韵美。

早发白帝城

李白

朝辞白帝彩云间，
千里江陵一日还。
两岸猿声啼不住，
轻舟已过万重山。

[朗诵解读]

这首诗写了诗人清晨辞别白帝城顺流而下时所见的景色，表现了他喜悦畅快的心情。

首句采取波谷类语势，“彩”字处于最低点，“间”字要将音高提高，字尾稍扬。一方面说明了诗人出发的时间，另一方面展现了白帝城地势之高，这也为后面的诗意作了铺垫。

第二句要将“千里”之远和“一日”之短进行对比，重音落在“千”字和“一”字上，吐字力度适当加大，字腹拉开，通过加强力度和延长时值的方式来实现对重音的强调。

第三句总的来说音高和音量适当降低，欲纵先收，为后面的诗句作铺垫。具体来说，“两岸猿声”尤其要控制在较低的音高和音量上；“啼”字按调型顺势夸张提起；“住”字也相应提起，字头高起，字尾不要落得太低，以引领下文。

第四句要带着强烈的喜悦畅快的心情去朗诵，“轻舟已过”四字吐字轻巧有力，语速较快，一气呵成；“万重山”三字在开口前迅速深吸一口气，然后拉开三个字的字腹，延长调值，其中“山”字的音高要提高，并使其保持在最高点上。

凉州词（葡萄美酒夜光杯）

王翰

葡萄美酒夜光杯，
欲饮琵琶马上催。
醉卧沙场君莫笑，
古来征战几人回。

[朗诵解读]

这首诗以边塞战场生活为题材，是一首千古传诵的名篇，它把战争和饮酒联系在一起，通过饮酒来侧面烘托战争，显示了将士们英勇豪迈的气概，格调昂扬向上。

首句描绘了宴饮的场面，并极写了酒香杯美。朗诵时可以带有一点儿醉眼望杯的感觉，“美酒”二字的字腹要拉开，归音到位，以示强调。

第二句描绘了战事突至的紧张气氛，与首句形成了鲜明的对比。朗诵时气息稍收，给人以紧张感；“琵琶”二字加强力度，语速加快；“马上催”三字语速不必快，但力度要加强。

第三句要有豪爽坦荡之感，气息贯通，以气托声，发之肺腑；采取上山类语势，

“场”字不必太高，但要体现出上扬的趋势；“君莫笑”三字提高音高，“笑”字的字尾延长，但不要落得太低，以引领下文。

尾句的情绪同第三句相近。处理时把重音确定在“几”字上，加强力度，并可以夸张地延长字音。

别董大

高适

千里黄云白日曛，
北风吹雁雪纷纷。
莫愁前路无知己，
天下谁人不识君？

[朗诵解读]

这首诗气势豪放，格调高远。它不像一般的送别诗那样缠绵悱恻，而代之以鼓舞和豪爽的气概。

前两句视界广阔，景象雄浑。朗诵时气息控制要强，音量不必太大，可以适当加入一些虚声成分，以渲染气势。其中，“曛”字和“吹”字要着力处理，可以增加吐字的力度。

第三句可以把景别拉近，有与友人互诉衷肠之感，使用弱控制的气息，声音的送出感减弱一些。这是为了与下文对比而采取的欲纵先收的手法。

第四句再一次增强气势，声音向远处送出。“谁”字拉开字腹，加强音量，并把调值的幅度夸张地拉开；“君”字提高音高，字尾延长，带有一种“舍君莫谁”的意味。

江畔独步寻花

杜甫

黄四娘家花满溪，
千朵万朵压枝低。
留连戏蝶时时舞，
自在娇莺恰恰啼。

[朗诵解读]

唐朝上元元年，杜甫居住在成都的一个草堂里，在饱经离乱之后，开始有了安身的处所。在花开时节，诗人独自在江畔散步，于是满含欣慰和喜悦之感写了眼前的景色。

这首诗前两句突出了鲜花之多，因此在朗诵时要通过强调等表现手法给人以重、满之感；后两句突出了戏蝶与娇莺的自在轻盈，因此朗诵时应体现出轻、灵之意。

具体来说，“满”字应着些力量；“千朵万朵”音高不必高，但要用充足的气息支撑来吐字发音，起到渲染强调的作用；“压”字加强叼字力度，并拉开字腹，延长时值，音高可以夸张地降低一些，与语意配合，给人以形象感。

后两句的“时时”与“恰恰”是重点。在朗诵的时候，可以随语势把“时时”的阳平调值和“恰恰”的去声调值夸张拉开，这样，第三句中的平声和第四句中的仄声都被夸张地突出出来，增强了韵律感和音乐感；同时，“时时”与“恰恰”又互相对仗，更加强了这种对比效果，其乐感更加鲜明，戏蝶与娇莺的形象也更生动鲜活。

绝句（两个黄鹂鸣翠柳）

杜甫

两个黄鹂鸣翠柳，
一行白鹭上青天。
窗含西岭千秋雪，
门泊东吴万里船。

[朗诵解读]

这是一首流传甚广的小诗，通俗易懂，平白如话，却又雅俗共赏，为我们描绘了一幅生动的画卷，全诗体现了鲜明的审美特征。两个黄鹂似多实少，要具体生动；一行白鹭似少实多，要突出气势。而黄鹂鸣叫在翠柳间，低且近；白鹭振翅在青天里，高而远。一窗虽小，但涵盖磅礴西岭；一门虽近，却蓄有万里航船。短短四句，蕴含着立体生动的画面，诵读时要在色彩的浓与淡、音色的虚与实、音量的大与小、气息的深与浅上做文章。文字以外蕴含的动静相宜、高低错落、多变视角等辩证内涵都离不开具体字句的形象描摹。

首句写两个黄鹂在翠柳间鸣叫，展现在我们面前的是一个小景别，为了突出黄鹂之可爱和柳叶颜色之翠嫩，“黄鹂”二字叼字要清晰有力，用声明亮，但音量不必大，“鹂”字按调型顺势上扬；“柳”字的叼字也要有力，但音色要稍微暗一些，音高按调型夸张降低，显示出柳树之柔美。同时，“鹂”字和“柳”字一平一仄，对比鲜明，也突出了有声语言的音乐美。

第二句展现了一个大景别，画面高远。适当增加一些虚声成分以体现出这一景别的特点。“一行白鹭”四字都拉开字腹，延长时值，形象感更强；“上青天”三字语势扬起，“天”字可以夸张地提高音高，展现出白鹭飞行之高。

第三句采取上山类语势，“千秋雪”三字音高提高，“雪”字的字尾稍扬以引领下文。

第四句采取下山类语势，“门泊东吴”后面扬停，“万”字重点强调，可以增加虚声成分，并按调型将时值顺势延长。

江南逢李龟年

杜甫

岐王宅里寻常见，
崔九堂前几度闻。
正是江南好风景，
落花时节又逢君！

[朗诵解读]

这首诗作于唐大历五年，是杜甫生命的最后一年。暮春时节，诗人与流落在江南的李龟年相遇，离乱之中异地相遇，诗人心中有千言万语说不尽的感慨，因此这首诗的背后蕴涵着复杂的情感。

首句中“寻常”二字应细心处理，一方面它是要突出的，另一方面又要表现出寻常的意味，因此，“岐王宅里”四字可以适当提高音高，加快语速，而“寻常”二字则降低音高，减小音量，字腹拉开，放慢速度，在对比之中，弱化处理的“寻常”二字反而得以突出。

第二句要突出“几度”二字的意思，但方法与上一句刚好相反，“几度”二字处理得高一些、强一些，其他几个字处理得低一些、弱一些。这样不仅突出了“几度”二字，而且与上一句互相对比映衬，语意更加明晰，同时也更富于音乐美。

第三句的处理总的说来就是加快语速，与其他三句形成对比，使语言表达形式灵活多变，节奏愈发紧密。

第四句“落花时节”之后扬停，以引领下文；“又逢君”三字语速放慢，故人相逢，语带颇多意味。

寒　食

韩翃

春城无处不飞花，
寒食东风御柳斜。
日暮汉宫传蜡烛，
轻烟散入五侯家。

［朗诵解读］

“寒食”是我国古代一个传统节日，在清明前两日。古人每逢此节，前后三天不生火，只吃现成冷饭，故名寒食。据说在汉代，寒食这天虽然全国都禁火，但皇帝却将蜡烛赏赐给王公贵族，特许照明，以示恩宠。唐朝因袭旧制，也在寒食这天传蜡烛以示恩宠。本诗借汉事以喻唐事，表明皇家恩泽只惠及上层，因此虽然描绘了春光，但却微露讽谏之意。

首句的“无处不”是一个双重否定，表达的是一个肯定的意思。“无处”二字要着力处理，不过也有重点，主要是将“无”字的字腹拉开，按调型夸张地延长时值，并拉开幅度。

第二句不必着力，“寒食东风”采取上山类语势，“风”字稍扬，以引领下文；“御柳斜”采取波谷类语势，“柳”字处于最低点。

第三句采取上山类语势，“传蜡烛”三字扬起。

第四句采取下山类语势，语气中微带讽刺轻蔑之意，吐字时不必太着力，音量不必大，发音器官相对松弛。

枫桥夜泊

张继

月落乌啼霜满天，
江枫渔火对愁眠。
姑苏城外寒山寺，
夜半钟声到客船。

［朗诵解读］

这首诗处处写景，但在字里行间又萦绕着诗人无法排遣的羁旅愁怀，全诗笼罩着一种凄清、孤独、惆怅的美感。

首句是一个全景式的展现，给人一种危压的感觉。“月”字和“乌”字吐字要有力，字腹拉开，字音饱满，这样一种吐字方式实际上是伴随着对眼前景象的深入观察和细心体味进行的，以字传情。“霜满天”三字采取波谷类语势，“满”字处于最低点。

第二句是一个近景，吐字力度强于首句，给人以切近的感觉。“对愁眠”三字用声稍收，语速放慢，给人以黯然神伤之感。

第三句是一个远景，声音要送出去以表现这一景别，采取上山类语势，“寺”字稍扬，以引领下文。

第四句又是一个近景，用声再次内敛一些，“声”字适当延长，给人以声有余音的韵味美感；“到客船”三字放慢语速，字字直抵心灵，犹如钟声触动心弦。

滁州西涧

韦应物

独怜幽草涧边生，
上有黄鹂深树鸣。
春潮带雨晚来急，
野渡无人舟自横。

[朗诵解读]

这首诗写了滁州西涧的景物，这些景物叠加在一起，构成一幅荒江渡口的景象。诗歌自然含蓄，写景如画，同时也反映了诗人超脱恬淡的襟怀。

前两句的用气发声要体现出诗中景物高低隐显的方位。“幽草”生于涧边，所处方位较低，朗诵时音高比较低，低频共鸣也相对较多；“黄鹂”所处方位相对较高，音高要高一些，高频共鸣较多；“深”字用声可以暗一些，并适当延长，给人以纵深感。

第三、四句中，一个“急”字说明了春潮骤雨来势之猛，一个“自”字凸显了野渡无人之状。前句语势稍扬，语速较快，尤其是“急”字要有一定的力度；后句语势则状如波谷，“舟”字处于最低点，只是在“自”上加以点染，使语势升起平收，语速放慢，要有一种超脱之感。

早春呈水部张十八员外

韩愈

天街小雨润如酥，

草色遥看近却无。
最是一年春好处，
绝胜烟柳满皇都。

[朗诵解读]

这首诗描写了早春景色，风格清新自然，语中含有喜悦的情绪。

朗诵时注意四句情绪的潜显变化和相应的语势高低起伏变化。

首句平稳诵出，不必着力，语势整体相对低平。

第二句情绪渐浓，叼字力度稍强，但语速较慢。“草色遥看”与“近却无”之间要有转折的意味。

第三句情绪更浓，采取上山类语势，语速加快，“春好处”三字提高音高，“处”字稍扬，以引领下文。

第四句要满怀喜悦的情绪，“绝胜烟柳”四字语速同样较快，但气息较充足，以气托声，“柳”字的字尾稍扬；“满”字加大吐字力度，并将时值延长；“皇都”二字提高音域，但不必着力。

乌衣巷

刘禹锡

朱雀桥边野草花，
乌衣巷口夕阳斜。
旧时王谢堂前燕，
飞入寻常百姓家。

[朗诵解读]

这首诗表面似乎在写景，但实际上却是在咏史。时光流逝，风云变幻，世事无常，能超越历史的似乎只有寻常百姓。

首句朗诵时不必太着力，“野草花”三字语速相对慢一些，要凸显出些许衰败之象。

第二句中的“乌衣巷口”语速较快，不必着力，“口”字的字尾上扬后稍停；“夕阳”二字音高降低一些，语速放慢，表现了人们在看到夕阳西下时低落无奈的情绪。

第三句采取上山类语势，“旧时王谢”四字语速较快，轻快流畅；“燕”字音高夸张提高，字尾延长，由强渐弱，以引领下文。

第四句采取波谷类语势，“百”字处于最低点，语气中带有一种“惯看秋月春风”的历史沧桑感。

暮江吟

白居易

一道残阳铺水中，
半江瑟瑟半江红。
可怜九月初三夜，
露似真珠月似弓。

[朗诵解读]

这首诗在对自然景色的描绘中敏锐地把握住景物的光色变化，使画面处处闪耀着奇妙的光影，令人清晰地感觉到天光变化给自然景物带来的丰富的色彩效果。

首句注意对“铺”字的处理，要适当加强力度，并延长调值，使画面更加形象。

第二句对色彩的处理要着力表现。“瑟瑟”二字加强吐字力度，后一个“瑟”字的字尾稍扬；“红”字按调型顺势夸张延长，口腔开度要加大，可以有虚声成分，低频共鸣较丰富，以凸显出其色彩。

第三句采取上山类语势，语速加快，“夜”字的字腹拉开，字尾稍扬，以引领下文。

第四句承接上句的语势，“露”字由高处弱起，然后声音渐强，语速较慢；“月似弓”三字更慢，其时值与“露似真珠”四个字的时值大体相同；“弓”字音高较高，如月在天，字腹拉开，音色由实而虚，最后弱收。

离　思

元稹

曾经沧海难为水，
除却巫山不是云。
取次花丛懒回顾，
半缘修道半缘君。

[朗诵解读]

这首诗本是对爱情专一者的描写，反映了钟情爱人的典型心态，不过诗歌颇具禅意，不同的人会有不同的理解感受。

首句就景象来说，诵读时应有一种低远的感觉，气息下沉，低频共鸣较为丰富，给人以一种沧桑感。其中，“沧海”二字吐字力度较强，字腹拉开。

第二句就景象来说，应有一种高远的感觉，高频共鸣相对多些，音高较高。“巫山”后面为扬，然后再接“不是云”三字。

第三句中，“取次花丛”采取上山类语势，语速适当加快，“丛”字的字尾稍扬；“懒回顾”三字语速放慢，唇舌力度相对减弱，表现出一种慵懒的情态，“顾”字的音高提高，字尾按调型顺势延长，以引领下文。

第四句实则是对上一句的回答，要补充出这种内在语以体现出回答的语气。“半缘修道”采取上山类语势，“道”字处于高点，字尾扬停；“半缘君”三字采取波谷类语势，“缘”字按调型处于低点，“君”字的调值可以顺语势由 55 变为 445，这样既能揭示出丰富的内涵，又使诗歌具有韵味。

江南春绝句

杜牧

千里莺啼绿映红，
水村山郭酒旗风。
南朝四百八十寺，
多少楼台烟雨中。

[朗诵解读]

这首诗以精练的语言表现了江南的春景，画面清晰；同时又抒发了诗人的情怀，带有一种怀古的色彩，增加了诗境的深广度。

首句应体现出画面感和色彩感。“千里”二字平起，叼字要有一定的力度，极言江南春景之广阔；“绿”字按调型夸张其起伏的幅度，叼字要有力度，高频共鸣较为丰富，音高较高；“红”字也按调型夸张调值幅度，叼字有力，低频共鸣相对较为丰富，音色偏暗，音高较低。当然，在处理“绿”字和“红”字时，除了注意这些外在声音形式以外，一定要在内心有相应的感受。

第二句是几个名词的罗列，要想表现出生动的画面，就应为其增加动作感，其关键是对“风”字的处理，叼字力度要加强，调值可以由 55 变为 445，时值延长，字尾稍扬。

第三句采取上山类语势，语速适当加快，中间不停顿，“寺”字提高音高，时值延长，句尾稍扬，以引领下文。

第四句采取波峰类语势。“多少楼台”低起，气息畅通，音色可以暗一些；“烟雨”二字语速放慢，音高提高，处于语句的最高点。

泊秦淮

杜牧

烟笼寒水月笼沙，
夜泊秦淮近酒家。
商女不知亡国恨，
隔江犹唱后庭花！

［朗诵解读］

这首诗既写景又叙事，将讽刺与感慨相结合，表达了诗人对唐王朝衰败命运的忧虑，文字精练，沉郁顿挫。

首句渲染了一幅迷茫、凄冷的水上夜景。“烟笼寒水”采取下山类语势，“寒”字出口时要有感同身受的寒冷感，适当增加虚声成分，字音适当延长；“月笼沙”三字采取波谷类语势，“月”字的字腹要拉开，“拢”字按调型处于低点，“沙”字用声可以暗一些，以突出那种迷茫朦胧之感。

第二句采取波峰类语势，“近”字处在语句的最高点，字腹拉开，时值延长，突出动作感。

第三句的采取上山类语势，语速适当加快，语气中带有一种又怨又恨的色彩。“亡国恨”三字扬起；“恨”字加强吐字力度，字尾延长并稍扬，以引领下文。

第四句采取波峰类语势。“犹”字处于语句的最高点，按调型夸张扬起，并延长调值，表明诗人和朗诵者的忧愤心情；“唱”字稍扬以引领后面的字词；“后庭花”三字虽然只是乐曲名称，但因它是亡国之音，所以语气中颇多无奈的感慨。

赤　壁

杜牧

折戟沉沙铁未销，
自将磨洗认前朝。
东风不与周郎便，
铜雀春深锁二乔。

［朗诵解读］

这是一首咏史抒怀之作，但是切入点却很巧妙，通过考量古战场的遗迹来引发思古之幽情。诗作还采取了“反说其事”的手法，对历史进行了新的解读，引人遐思，颇具神韵。

诗歌前两句在朗诵时气沉声暗，不必着力，语速舒缓，带有一种沧桑感和历史感。

第三句采取上山类语势，句尾稍扬，并延长，以引领下文。特别注意的是本句语气中要有一种假设的意味。

第四句中的“铜雀春深”采取上山类语势，“深”字加强吐字力度，并拉开字腹，延长时值；“锁二乔”依然采取上山类语势，“锁”字处于低点，并延长时值。语气中带有双关意味，抒发诗人满怀抱负却多受排挤的不平之意。

山　行

杜牧

远上寒山石径斜，
白云生处有人家。
停车坐爱枫林晚，
霜叶红于二月花。

［朗诵解读］

这首诗描绘了秋天的景色，展现了一幅动人的山林秋色图。本诗不同于一般的文人墨客偏爱抒发悲秋之情，而是歌颂了大自然的秋色之美，体现了一种积极向上的精神。

首句展现的是一幅高远的景象，可以适当增加一些虚声成分并将声音向远处送出，以渲染这幅图景。

第二句实际是透过白云去猜想山中应该住有人家，语气中要有猜测的意味。另外，“白云生处”四字的用声可以由实渐虚，以示其高。

第三句将视线收回，转为近景，情绪渐浓，语速加快；采取波峰类语势，“枫林”二字处于语句的最高点；“晚”字按调型顺势延长，字尾稍扬，以引领下文。

第四句的情感抒发更为浓烈。“红”字加强气息控制，口腔开度加大，字腹拉开，时值延长；“二”字的叼字力度相对较强，同样地投入一种喜爱的情感；“花”字吐字归音要完整饱满，并满含对霜叶之美的赞叹。

清　明

杜牧

清明时节雨纷纷，
路上行人欲断魂。
借问酒家何处有，
牧童遥指杏花村。

［朗诵解读］

这首诗写了雨中的清明，用语通俗，不饰雕琢，景象清新生动，又颇具兴味。

首句描绘了清明时节烟雨迷蒙的景色，“清明时节”四字平起，不必太着力；“雨纷纷”三字采取上山类语势，“雨”字处于低点，“纷纷”二字加强吐字力度，但音色可以偏暗一些，渲染迷蒙景象。

第二句承接上句高起，“路上行人”四个字语速加快，表现行人匆匆的行色；“欲断魂”三个字语速放慢，吐字力度要强，句尾稍扬以引领下文。

第三句要着力强调“借”字和“何”字，表明了询问的情态和急需知道酒家在何处的心情。

第四句的色彩和前三句有所不同：前三句给人以迷蒙、匆忙、急迫的感觉，而第四句则悠然洒脱，颇具兴味。“牧童”二字发声状态松弛自然，表现儿童的天真烂漫；“遥”字要拉开字腹和调值幅度，并按调型延长时值，给人以距离感；“杏花村”三字平出，发声状态松弛自然。

夜雨寄北

李商隐

君问归期未有期，
巴山夜雨涨秋池。
何当共剪西窗烛，
却话巴山夜雨时。

［朗诵解读］

这是诗人在雨夜写给故乡亲人的一首诗，表达了诗人对亲人的思念和此时此地愁苦的心情。

首句要有鲜明的对象感，好像诗人在对着自己的亲人说话。“君问归期”四字平白如话，朗诵时也可以平出，不必着力渲染；“未有期”表明诗人想回家却不能掌握自己命运的愁苦无奈的心情，采取波谷类语势，但这三个字的音高相对要低一些，音色偏暗以配合表现这种心情。

第二句那种苦不堪言的情绪要更浓一些，音高相对于首句来说要高一些。

第三句采取上山类语势，语速加快。“西窗烛”三字明显提高音高，“烛”字按调型顺势延长，以引领下文。

第四句采取波峰类语势，“夜”字处于语句最高点，前面的文字逐渐提高音高向其推进，后面的文字由它引领顺势降低。“时”字可以适当延长，以表现将来某天对今天追忆的情景。

宿骆氏亭寄怀崔雍崔衮

李商隐

竹坞无尘水槛清，
相思迢递隔重城。
秋阴不散霜飞晚，
留得枯荷听雨声。

[朗诵解读]

这首诗将一些普通的自然景物组合在一起，表现出一种沉重酸楚的伤感情调，令人心碎。

首句写的是一个与世隔绝、清幽之至的处所，朗诵时音量要轻，语速要慢，犹如一个人在低低地吟哦。

第二句写了相思之苦。“相思迢递”四字采取上山类语势，“迢递”二字表现距离之遥远，字腹拉开，语速要慢，字尾稍扬；“隔重城”三字音高降低，但叼字力度要强，可以一字一顿，表明诗人与相思之人因重重阻隔而无法见面。

第三句采取波峰类语势，“秋阴不散”音高较低，形象地展现云暗天低的景象；“霜飞”二字处于语句的最高点；“晚”字降低音高，但字尾按调型稍扬，以引领下文。

第四句也采取波峰类语势，但整体音高要降低一些。“枯荷”二字处于语句的高点，“荷”字的字尾按调型顺势延长一些；“听”字要轻轻地诵出，描摹出侧耳倾听的情态。

淮中晚泊犊头

苏舜钦

春阴垂野草青青，
时有幽花一树明。
晚泊孤舟古祠下，
满川风雨看潮生。

[朗诵解读]

这首诗是诗人归隐之后所作的，清新恬淡，情景如画，不过在恬淡的画面里也透出些许不平之气。

朗诵这首诗关键是注意把抑与扬、悲与壮的对比体现出来。

首句色彩黯淡，气氛凝重。采取波谷类语势，“春阴垂野”四字平出并逐渐下抑，把阴云满布的景象表现出来；“草”处于语句的最低点，吐字力度较强，但音色偏暗；“青青”二字在整个句子黯淡色彩的笼罩下也应表现出灰暗的色彩，而不是青翠之色，音色也相应暗一些。

第二句显现出了一丝亮色，用声也可以明亮一些。其中，“一”字和“明”字要着力点染，字腹都应大幅拉开。

第三句的色彩再一次黯淡下来，以与“晚”“孤”“古”等字相应。

第四句又转为雄壮的色彩，可以采取波峰类语势，“风雨”和“看”字处于句子的高点。全句气息充足，字音饱满，颇具气势，一展诗人的情怀。

泊船瓜洲

王安石

京口瓜洲一水间，
钟山只隔数重山。
春风又绿江南岸，
明月何时照我还？

[朗诵解读]

这是北宋政治改革家王安石的一首抒情杰作。写作此诗时，诗人刚刚恢复了相位，这意味着他有可能在神宗皇帝的支持下继续推行改革；不过，他对前程并不敢抱太多的幻想，因此在欣喜之中也隐隐怀有一丝担忧。

前两句用浅近的语言将地理空间展现出来，朗诵时音量不必太强，起伏变化也不用太大，为的是以欲扬先抑的方式突出接下来的两句。

第三句采取上山类语势，情绪色彩明亮。“绿”字要加强吐字力度，适当增强一些虚声成分，并按调值顺势延长以示强调；“江南岸”三字采取上山类语势，“岸”字处在句子的高点，字尾稍扬以引领下文。

第四句大体采取下山类语势，“何时”二字适当点染，“照我还”三字音高渐降，语速放慢。

饮湖上初晴后雨

苏轼

水光潋滟晴方好，
山色空濛雨亦奇。
欲把西湖比西子，
淡妆浓抹总相宜。

[朗诵解读]

这首诗是描写西湖胜景的佳作。格调清新，节奏明快。

首句色彩清丽，用声可以明亮一些。“水光潋滟”四字采取上山类语势，“潋滟”二字叼字要有弹性，轻盈有力，体现出水光波动的动感；“好”字的字尾稍扬。

第二句要适当渲染空濛的景象，用声暗一些，可适当增加一些虚声成分。“空濛”二字将字腹拉开些，字尾稍扬；“雨亦奇”三字放慢语速，并夸张调值，突出平仄。

第三句采取上山类语势，语速加快。“子”字按调型顺势将字尾延长，使语势扬起来。

第四句采取下山类语势，发声器官松弛自然，气息充足，但音量不必大。“宜”的调值顺语势由35变为334，增添了一种悠然的韵味。

题西林壁

苏轼

横看成岭侧成峰，
远近高低各不同。
不识庐山真面目，
只缘身在此山中。

［朗诵解读］

这首诗明白如话，但却蕴含着深刻的哲理，并很富于情趣。

首句要突出其方位感。“横”字要将字腹拉开，并延长时值，音量较大，以体现出山岭横贯的气势和方位感；“侧”字则将字腹适当压缩，并缩短时值，吐字轻巧，这样可以突出与横看山势不同的感觉；“峰”字的音高适度提高一些，字尾延长，以引领下文。

第二句的“远近高低”四个字可以稍微夸张地一字一顿，以显现出不同的视界；“各不同”三字可以连贯诵读出来，吐字相对轻松些。

第三句采取上山类语势。“不识庐山”四字接得较紧，“山”字的字尾适当延长，稍扬；“真”字加强叼字力度，并置于语势的最高点；“目”字适当提高音高，字尾延长来引领下文。

第四句采取波峰类语势，但整体音高要低于第三句。“身”字处在句子的高点，“此”字按调型迅速降低音高，并加强叼字力度，凸显“自己就在这里”的意思；“山中”二字顺语势再适度回升些。

十一月四日风雨大作

陆游

僵卧孤村不自哀，
尚思为国戍轮台。
夜阑卧听风吹雨，
铁马冰河入梦来。

［朗诵解读］

这首诗写于诗人被弹劾罢官，在故乡隐居之时。一方面描绘了诗人的老病之躯和穷困之境，另一方面又抒发了诗人奋发向上、精忠报国之情。两相对比，更增添了几分悲怆色彩和雄壮气势。

首句体现出诗人境遇之不佳，但诗人自己却并没有徒自伤悲，因此，“僵卧”“孤村”不必极度渲染，可以稍微平缓地诵读出来；“不自哀”三字要带有一种不甘心的情绪，吐字力度加强，语速放慢，“哀”字提高音高，并延长时值，以引领下句。

第二句实际上是表明了“不自哀”的目的，即还想着保家卫国。此句可以采取上山类语势；“尚”字适当加强吐字力度，表明这是诗人一贯的想法；“戍”字也适当加强吐字力度，并延长时值，以增强行动性。

第三句的音量可以逐渐加大，这样一方面突出了诗人在夜间卧听风雨的情态，另一方面可以逐渐突出风雨之声，使听众的心弦也逐渐被拨动。

第四句采取下山类语势。“铁马冰河”四字叼字有力，音量较大；“入梦来”三字力度减弱，音高降低，语速放慢，表明诗人虽有为国杀敌的抱负，但却只能在梦中实现，不免徒生悲怆。

示　儿

陆游

死去原知万事空，
但悲不见九州同。
王师北定中原日，
家祭无忘告乃翁。

[朗诵解读]

爱国情感是贯穿诗人陆游一生的主旋律，然而诗人盼望统一、以身报国的愿望至死也未能实现。悲从中来，只有叮嘱自己的儿子：当宋朝军队平定中原之日，一定要在祭祀时把这大好的消息告诉自己。

首句平起诵读，不必着力，为的是给下一句作铺垫。

第二句采取波峰类语势。“但悲”二字加强唇舌的叼字力度，加大音量，与首句相对比有突出转折之意；“不见”二字处于句子的高点，其中“见”字的字腹拉开，延长时值，稍扬，以引领下文；“九州同”三字顺语势渐渐回落。

第三句充满对胜利的渴望，采取上山类语势，“中原日”三字音高提高，“日”字处于语句的高点，字尾按调型顺势延长，语气中要有引领下文之感。

第四句采取波峰类语势，“无忘”二字处于语句的高点，表现了诗人叮嘱之态和盼望中原早日平定之切。

小　池

杨万里

泉眼无声惜细流，
树阴照水爱晴柔。
小荷才露尖尖角，
早有蜻蜓立上头。

[朗诵解读]

这是一首描写初夏小池景色的小诗，活泼生动，清新幽静，节奏明快。

首句要突出静谧、纤细之感。音色高频共鸣较多，但音量不大；吐字清晰，但幅度适当减小；该句感受细腻，语速较慢。

第二句突出柔美之感。“树阴照水”四字不必着力，语速相对较快，“水”字按调型顺势稍扬；“爱晴柔”三字语速放慢，加大调值的幅度，但用声柔和。

第三句要有一种呵护倍至之感。本句采取上山类的语势，“尖尖”二字处于语句高点，叼字力度较强，但音量不要大，字腹的幅度也相应收一些，以表现荷花可爱的情态；“角”字顺势诵读出来，字尾稍扬，以引领下文。

第四句低起呼应，要颇有情趣。“立”字弹动有力，字音稍收，强化动作感。

晓出净慈寺送林子方

杨万里

毕竟西湖六月中，
风光不与四时同。
接天莲叶无穷碧，
映日荷花别样红。

[朗诵解读]

通过题目可以知道这是一首送别诗，但诗中却没有一句写送别，不过，诗歌写了西湖美丽的景色，表现了一种美好的情怀，自然也就从侧面抒发了对友情的赞美。

前两句是直接的叙写，处理可以大胆一些。“毕竟”二字着力点染，吐字力度较强，语速较慢；“西湖六月中”几个字和整个第二句降低音高，轻松地带过，音量较小。前两句只突出了“毕竟”二字，但语意是非常明晰的，即六月的西湖景色迷人是为大家所公认的，没有什么争议。

第三句采取上山类的语势。“接天”二字平起，但语速放慢，叼字力度加强；“无穷碧”三字语势渐扬，“碧”字的音高夸张地提高，字腹拉开，字尾时值延长，以引领下文。

第四句采取下山类语势。“映”字叼字较紧，以突出荷花与太阳相互呼应的情态；“别”字按调型顺势夸张延长，并拉开起伏的幅度，以凸显出荷花颜色之浓艳。

观书有感

朱熹

半亩方塘一鉴开，
天光云影共徘徊。
问渠哪得清如许，
为有源头活水来。

[朗诵解读]

这首诗题为《观书有感》，但文字中并未直写如何观书，而是由明写池塘之美，清澈可鉴，隐喻读书有如活水的源头，设喻贴切，颇富哲理。

首句采取波峰类语势。开头平起，语气舒缓，“一鉴”二字处于语句的最高点。

第二句要注意语势的高低起伏处理。“天光”二字音高较高，“云”字上扬，而“影”字按调值下抑低回，以此呼应水天映照之意，“共徘徊”中的“共”字要着意强调。

第三句采取上山类语势，句尾上扬，调值延长，以设问的句式唤起听众的期待，并引出下文。

第四句采取下山类语势，“为有源头”四字之后扬停，字音延长；“活水来”三字顺势承接，“活”是重音应着意强调，“水”字降到最低点，“来”字微微扬起并适当延长。此句语带双关，哲理溢于言表。

游园不值

叶绍翁

应怜屐齿印苍苔，
小扣柴扉久不开。
春色满园关不住，
一枝红杏出墙来。

[朗诵解读]

这首诗是诗人春天访友时的即兴之作，友人不在家，诗人难免觉得有些扫兴，不过偶然发现了探出墙头的一枝红杏，于是有了先睹为快的愉悦之感。诗歌颇具韵味，并富于哲理。

首句以着屐行走在苍苔之上的巧妙视角说明诗人访友一事，叙述性语言平稳诵读，不必着力。

第二句中，“小扣”二字要有轻盈之感，叼字有力，但音量不大；“久不开”三字采取上山类语势，语气中带有一丝遗憾。

第三句的语意要突然转折，情绪瞬间变得喜悦起来，因为诗人看到了关不住的春色。此句采取上山类的语势，“住”字夸张地提高音高，句尾延长并稍扬，以引领下文。

第四句要用带有一种充满怜爱的情绪来诵读。“一枝红杏”四字吐字清晰，但音量稍收；“出墙来”三字赋予红杏一种动态感，颇富理趣，朗诵时要带有喜悦的情绪。

石灰吟

于谦

千锤万凿出深山，
烈火焚烧若等闲。
粉骨碎身浑不怕，
要留清白在人间。

[朗诵解读]

这是一首咏物礼赞诗。作品通过拟人的手法，语带双关，借赞美石灰不惜“粉骨碎身”也要“留清白在人间”的特点，表明了诗人正直高洁的人格追求。

这首诗前三句的语意层层递进，朗诵时也应逐渐加大分量，到第三句时将气势、音高和音量推到极致。

第四句是总括，语势低起呼应，且“要”字低起也表明了坚定信念发自心底之意，然后渐渐将语势向高处推进；“清白”二字音高较高，音色明亮；“在”字加强叼字力度，延长时值，但音高可以降低一些，并增加一些虚声成分；“人间”一词是中重格式，“间”字增强力度，延长时值。

己亥杂诗

龚自珍

九州生气恃风雷，
万马齐喑究可哀。
我劝天公重抖擞，
不拘一格降人才。

[朗诵解读]

这首诗语意清晰，气势雄浑，议论入诗，却又情理结合。

全诗要表现出一种力度，但不要字字用力，而是在对比中显现出来；同时，不管如何用力，也要注意对声音的控制，万不可声嘶力竭。

首句采用中等力度，“风雷”二字隐隐蕴含着即将爆发出来的力量。

第二句采用轻度力度，“万马齐喑”四个字音高较低，语速放慢；“究可哀”三字语气中带有一种沉重悲痛的情绪情感，语势降低。

第三句采取上山类语势。“我劝天公”低起，并适当压住语势，语速慢，但叼字有力；“重抖擞”三字陡然提高音高，并加强吐字力度。

第四句用呼吁般的语气直抒胸臆，表明诗人对人才的渴求。“不拘一格”加快语速；“降人才”可以一字一顿，加强吐字力度，并加大音量。

黄鹤楼

崔颢

昔人已乘黄鹤去，
此地空余黄鹤楼。
黄鹤一去不复返，
白云千载空悠悠。
晴川历历汉阳树，
芳草萋萋鹦鹉洲。
日暮乡关何处是，
烟波江上使人愁。

[朗诵解读]

这首诗吟咏了湖北省著名的古迹黄鹤楼，时空意识浩瀚，思乡之情深沉。据说当年李白登上黄鹤楼本欲赋诗，但是看了崔颢的这首诗后，感叹道：“眼前有景道不得，崔颢题诗在上头”，于是搁笔。

首联的第一句采取上山类语势，语速较慢，可以增加一些虚声成分，“去”字提高音高，延长时值，以引领下文，语气中有怀古之情。第二句采取下山类语势，虚声成分较多，以增强怅惘的情绪。

颔联的第一句采取波峰类语势，“不复”二字处于语句的高点，“不”字延长时值以示强调。第二句低起呼应，依然采取波峰类语势，“悠悠”二字字腹拉开，字音饱满，时值延长，音量降低。

颈联两句语速可以加快一些，音色稍微亮一点。

尾联的第一句情感要逐步释放出来，采取上山类语势，低起，语速渐慢，“何处是”三字语速更慢，音高提起，“是”字处于语句的最高点，字尾延长，以引领下文。最后一句弱声低起，音色偏暗，增强惆怅情绪。

蜀相

杜甫

丞相祠堂何处寻？
锦官城外柏森森。
映阶碧草自春色，
隔叶黄鹂空好音。
三顾频烦天下计，
两朝开济老臣心。
出师未捷身先死，
长使英雄泪满襟。

[朗诵解读]

唐上元年间暮春，杜甫搬到浣花溪草堂，期间曾去成都游览凭吊，遂成此诗。诗句道出了千古英雄壮志未酬、抱恨终天的孤忿，具有强烈的艺术感染力。

首联两句使用中度的分量，怀有崇敬之感，“柏森森”三字相对着力一些，以增强庄严肃穆的气氛。

颔联是说阶草自绿、黄鹂空唱，因为诗人此来是为了凭吊蜀相，所以景色虽妙却无心欣赏。朗诵时同样不必着力，情绪萧索，流畅地诵读出来即可。

颈联情感渐浓。前一句采取上山类语势；“三顾频烦”语速较快，将语势向上推进；“天下计”三字语速放慢，音高相对再提高一级。后一句采取波谷类语势，“老”字处于语句的低点。

尾联情感更浓。“出师未捷身先死”一句和“长使英雄”四个字语速较快，将诗人心中的情感瞬间抒发出来；“雄”字按调型顺势延长，以引领下文；“泪满襟”三字语速极慢，使用弱声，表达诗人壮志未酬的沉重心情。

闻官军收河南河北

杜甫

剑外忽传收蓟北，
初闻涕泪满衣裳。
却看妻子愁何在？
漫卷诗书喜欲狂。
白日放歌须纵酒，
青春作伴好还乡。
即从巴峡穿巫峡，
便下襄阳向洛阳。

[朗诵解读]

唐宝应二年早春，长达八年的安史之乱终于结束。喜讯传来，诗人长期的积郁一扫而空，于是写就此诗。

首联和颔联写了诗人初闻捷报时的惊喜，不过这种喜悦是从原来的愁苦刚刚转过来的，有一个渐进的过程，加之后四句也表现了诗人的喜悦情绪，因此朗诵时前四句要留有余地。

“忽传”二字要有捷报突至的感觉，气提声收，音高较高。

“涕泪满衣裳”几个字应有悲喜交加的感觉，悲和喜两种情绪复杂交织，语速相对较慢。

“却看妻子愁何在”一句有顾盼之感，音高相对提高一些。

“漫卷诗书喜欲狂”一句气息奔涌明显，可以采取波谷类语势，“喜”处于语句的最低点，不过喜悦的情绪色彩却非常浓厚；“狂”字顺语势将字尾扬起，既表现了喜悦的程度，又为后四句的表达作了铺垫。

颈联的第一句“白日放歌须纵酒”采取上山类语势，爽直的情态进一步表现；第二句“青春作伴好还乡”采取接近于下山类的语势，可以表现出畅快的心情。

尾联通过对行程的描述间接抒发喜悦的情感。“穿”字和“向”字加强吐字力度，拉开字腹，并适当延长调值，表明了诗人归心似箭的情感愿望。

登　高

杜甫

风急天高猿啸哀，
渚清沙白鸟飞回。

无边落木萧萧下，
不尽长江滚滚来。
万里悲秋常作客，
百年多病独登台。
艰难苦恨繁霜鬓，
潦倒新停浊酒杯。

[朗诵解读]

这是杜甫最有名的七言律诗，写于唐代宗大历二年的秋天，也就是诗人晚年流落夔州的时候。此诗是诗人登高有感而作。

首联的“风急天高猿啸哀”一句音高较高，音色较暗，语速慢一些，营造出一种凄冷萧瑟的气氛。“渚清沙白鸟飞回”因景色低远，音高也相应低一些。

颔联两句是名句，已广为传诵，朗诵时应怀有一种沧桑感。“无边落木萧萧下”增加一些虚声成分，给人以萧瑟之感，“萧萧”二字字腹拉开，处于语句的高点；“不尽长江”四字之后扬停，以引领下文；“滚滚”二字字腹拉开，时值延长，给人阔大雄浑之感。

颈联的“万里悲秋常作客”一句采取上山类语势，“万里悲秋”四字低起，语句连贯，“常作客”三字音高提高；“百年多病独登台”采取下山类语势，“病”字字尾延长，以引领下文，“独”字拉开字腹，延长时值，突出诗人的孤独感。

尾联的“艰难苦恨繁霜鬓”一句采取上山类语势，整体音高提高，句尾扬起；“潦倒新停浊酒杯”采取下山类语势，音量减小，突出无可奈何之感。

左迁至蓝关示侄孙湘

韩愈

一封朝奏九重天，
夕贬潮州路八千。
欲为圣明除弊事，
肯将衰朽惜残年！
云横秦岭家何在？
雪拥蓝关马不前。
知汝远来应有意，
好收吾骨瘴江边。

[朗诵解读]

韩愈晚年曾因上书请谏触犯朝廷，差一点被定为死罪，经人说情才被改贬为潮州刺史。离京赴任之时，他的侄孙韩湘赶来同行。韩愈悲歌当哭，慷慨地写下了这首名篇。

首联两句表明了获罪的原因，即上交奏章触怒朝廷。“朝奏”和“夕贬”相互照应，朗诵时适当强调。

颔联两句要有一定的力度，语流顺畅，表明诗人刚正不阿、不怕招灾的胆量。

颈联两句表达了诗人英雄无路之悲。“家何在”语势渐扬，有向上天呼吁之感；“雪拥蓝关马不前”采取下山类语势，“马不前”三字更低更慢，表现诗人困顿的处境。

尾联两句诗人从容地向侄孙交代后事，沉痛却稳重。“知汝远来”低起平收，“来”字的字尾适当延长；“应有意”三字采取波谷类语势，“有”字处在最低点，“意”处在最高点，字尾延长，引领下文。“好收吾骨瘴江边”采取下山类语势；“好收吾骨”四字有欲说还休之感，急停稍顿，语速偏慢；“瘴江边”语势下落，气息下沉，字字顿挫，含有一种抑郁的激愤。

酬乐天扬州初逢席上见赠

刘禹锡

巴山楚水凄凉地，
二十三年弃置身。
怀旧空吟闻笛赋，
到乡翻似烂柯人。
沉舟侧畔千帆过，
病树前头万木春。
今日听君歌一曲，
暂凭杯酒长精神。

[朗诵解读]

刘禹锡一生屡遭贬斥，心情抑郁。在与白居易结识后，为酬谢白居易的赠诗而作了这首答诗，含蓄地表明了自己屡遭排挤的抑郁，并表明了自己对新人怀有诚挚的希望。

首联和颔联这四句写了诗人自己的身世，诗句透出凄凉无奈的情绪。朗诵时使用比较暗的音色，音高较低，语速较慢。

颈联两句是为大家所传诵的名句，诗人自比沉舟、病树，含有谦虚之意，同时也表明对后进的希望，因此在感情色彩上高昂多过低沉。“千帆过”三字加强吐字力度，音高提高；“万木春”三字拉开字腹，语速放慢。

尾联于沉痛中露出希望。“今日听君歌一曲”采取波峰类语势，“歌”字处于语句的高点，音量加大；“暂凭杯酒长精神”一句采取上山类语势，“长”字加强叼字力度，“精神”二字提高音高，音色相对明亮。

无题（相见时难别亦难）

李商隐

相见时难别亦难，
东风无力百花残。
春蚕到死丝方尽，
蜡炬成灰泪始干。
晓镜但愁云鬓改，
夜吟应觉月光寒。
蓬山此去无多路，
青鸟殷勤为探看。

［朗诵解读］

这首诗抒发了诗人的相思之苦，有一种朦胧的美感，不过艺术形象却相当鲜明、生动。

首联的“相见时难”采取下山类语势，语流连贯，“相见”二字处于高点；“别亦难”三字语速放慢，“别”字按调型顺势延长以示突出，语多愁苦。“东风无力百花残”一句的情绪色彩与上句相近。

颔联的“春蚕到死”和“蜡炬成灰”语速皆加快；“丝方尽”三字音高较高，“尽”字在最高点，字尾延长，引领下文；“泪始干”带有悲苦语气，语速放慢，音量较小，音高较低。

颈联两句平起，语势变化幅度不大，分量也相对较轻，关键是要表现出愁苦和凄寒的感觉。

尾联两句宕开一笔，别开生面，借幻想增添了一丝希望，音色相对明朗，音高适当提高。

无题（昨夜星辰昨夜风）

李商隐

昨夜星辰昨夜风，
画楼西畔桂堂东。
身无彩凤双飞翼，
心有灵犀一点通。
隔座送钩春酒暖，
分曹射覆蜡灯红。
嗟余听鼓应官去，
走马兰台类转蓬。

[朗诵解读]

这首诗写了诗人对昨夜所见意中人的深切怀想，虚实结合，笔法跳跃，情绪怅惘。

首联的“昨夜星辰昨夜风”一句平起，起伏幅度不大，力度也不必强；“画楼西畔桂堂东”一句可以适当加大一点力度，幅度也适当加大。

颔联两句要诵读出两句之间的转折关系。“身无彩凤双飞翼”采取上山类语势，“翼”字提高音高，字尾延长，以引领下句。“心有灵犀一点通”低起呼应，“犀”字时值延长；“一点通”三字加强叼字力度，但音量不必大，口腔开度也不必大，以显示犀角相通一线的纤细。

颈联写了想象中的饮酒场面，处理时不必着力，节奏稍紧。

尾联开口前可深吸一口气，以叹气的感觉诵读出“嗟余”二字；“应官去”采取上山类语势，“去”字按调型顺势延长，以引领下句。“走马兰台类转蓬”是说自己像飘转不定的蓬草一样又要开始自己无聊的校书生涯了（当时诗人正在秘书省任职），语气中要带有一种无聊、无奈之感。

锦　瑟

李商隐

锦瑟无端五十弦，
一弦一柱思华年。

庄生晓梦迷蝴蝶，
望帝春心托杜鹃。
沧海月明珠有泪，
蓝田日暖玉生烟。
此情可待成追忆，
只是当时已惘然。

[朗诵解读]

这首诗笼罩着一层浓重的哀伤低回、凄迷朦胧的情调氛围，反映了古代文人固有的愁绪，是诗人追思逝去年华的人生哀歌。

首、颔、颈三联六句可以构成一个单元，以生动的艺术形象表现了朦胧的意境。朗诵时从整体上可以带有一种怅惘的情绪来处理诗句，而具体到每一个词句则要精心雕画。

尾联两句是对“思华年”的总括，带有如梦初醒后的怅惘与沉思。“此情可待成追忆”一句采取上山类语势，犹如喟然长叹般开口诵读，“成追忆”三字处于语句的高点，“忆”字延长时值，引领下句；“只是当时已惘然”相较上句急转而下，语势低起，增加一些虚声成分，语速放慢。

山园小梅

林逋

众芳遥落独暄妍，
占尽风情向小园。
疏影横斜水清浅，
暗香浮动月黄昏。
霜禽欲下先偷眼，
粉蝶如知合断魂。
幸有微吟可相狎，
不须檀板共金樽。

[朗诵解读]

这首诗传神地描绘出了梅花的风韵，清丽脱俗，风格清朗。

首联的“众芳遥落独暄妍”采取波谷类语势，“落”字处于语句的低点；“独”

字按调型向上扬起，并作为重音加强力度以示强调。“占尽风情向小园”一句用带有赞赏的语气诵读出来。

颔联要倾情描绘。“横斜”二字的字腹适当拉开，时值延长，突出其形象性；“水清浅”三字唇舌用力，但口腔开度不必太大，音量也要收一些。“暗香浮动月黄昏”一句低起呼应，适当增加一些虚声成分，音色暗一些，以配合景色的朦胧感。

颈联两句要突出“先”字和“合”字，以表明飞禽和蝴蝶都为梅花之神韵所折服。

尾联的“幸有微吟可相狎”采取波峰类语势，“微吟”二字处于语句的高点，并适当延长时值；“不须檀板共金樽”低起呼应，语速放慢。

第六章 古体诗的朗诵

古体诗是中国古代文学中一类特殊的体裁，它“包括乐府等，长短不拘，句势不定，可以较自由地抒情、叙事，韵律也不那么严格”①。

就这类特殊的文学体裁而言，它既有常规的节奏韵律，又突破常规自由舒展，不同于其他诗词那般受到约束，因此朗诵起来疏密张弛变换丰富，语气灵动洒脱恣肆。但同时，此类体裁必须根据内容和思想感情的变化，加强整体结构设计和细节处理，尤其是要在了解背景、确定基调、规中求变和体现诗风等方面给予特别的关注。

一、了解背景

古体诗形式相对自由，没有了格律诗那样严格限制的同时，却也失去了格律诗固有形式提供给我们的创作惯性，因此在朗诵古体诗之前要做更多的准备工作，了解诗歌的创作背景对于某些没有明确表明心迹的诗歌朗诵创作非常有帮助。

具体来说，了解诗歌创作背景的原因可以体现在以下几方面：

（一）容量丰厚

中国古典诗歌虽然总的来说都相当精练，富于概括，但其容量却并不小，这在古体诗中体现得更加明显。

古体诗除了像格律诗一样有辞约义丰的特点以外，其篇幅也相对较大。比如白居易的《琵琶行》八十八句共六百一十六字，与现代的文学作品相比似乎文字并不多，但在古典诗歌体裁中也属篇幅较大的了；同时，在这样的篇幅里面，诗歌竟还可以分为送客、弹琴、讲诉、感怀等几个部分，不仅描写了旧日乐伎精湛的琵琶演奏技艺，倾听乐伎叙说身世，而且还抒发了诗人心中的酸楚愤懑。如此，对于朗诵

① 张颂编著：《播音员主持人训练手册·诗歌朗诵》，北京广播学院出版社，2001 年 1 月版，第 197 页。

者来说，难度自然就加大了，朗诵前的准备工作也就必须做得更多。

了解诗歌的创作背景，包括了解诗人的经历，对于全面把握诗歌的主旨，具有很大的帮助。我们在欣赏阅读古典诗歌时，总喜欢看一看诗人的生平介绍，熟悉一下诗人在创作诗歌时的处境和心情，这往往会使我们很快把握住诗歌的精髓，甚至于在朗诵时可以与诗人的心理和精神世界高度贯通融合，在理性分析和感性了悟两个方面达到进行诗歌创作的最佳状态。

（二）题材众多

言志抒情，这在格律诗中体现得最为明显，这与诗歌体裁本身有关系，同时也与其篇幅有关。这也引出了另外一个论题：古体诗解除了篇幅的限制，其表现的题材日益丰富，除了常见的言志抒情以外，还大量出现了叙事诗，如《木兰诗》《长恨歌》等，有的诗歌情节曲折，人物鲜明，这都要花费相对较多的笔墨，也对朗诵者的理解感受工作提出了更高的要求。

与之俱进的是言志抒情类的诗歌，这类诗歌较之格律诗也有很大的不同，单纯的言志抒情诗当然有，此外还有就景抒情的诗（如《敕勒歌》通篇写景，情在景中）、借景抒情的诗（如《登幽州台歌》以景起兴，重在抒情）、边叙述边抒情的诗（如《兵车行》情景交融，交织推进），等等。

所涉及的题材众多，要求朗诵者对于相关的背景、知识要有一定的了解，而且这种了解不厌其多，朗诵者储备的相关知识越丰厚，朗诵创作时就越得心应手，轻松到位。

（三）手法灵活

由于古体诗容量丰厚、题材众多，写作手法则更加灵活。叙述、抒情、描写等手法都可以运用，而且运用的方式也复杂多变，可以单独使用，也可以穿插进行，不一而足。

比如，《木兰诗》几乎是从头到尾进行叙述的。诗歌写了木兰替父从军的故事，从忧虑父亲、决心从军、十年苦战、谢绝恩赏到归乡见闻等，事件发展的脉络清晰，叙述语言平实流畅，在这个过程中虽然没怎么抒情，但我们却可以体会到木兰的心理状态，感受到诗歌内在的情感律动。其中，把握女儿替父从军这一事件线索是进行朗诵创作的关键。

再如，《长恨歌》则是叙述、描写和抒情穿插进行的，各种手法综合运用，虽说较为详细，但是如果我们不了解唐明皇和杨贵妃的爱情故事，则对于某些文字依然有不甚了了之感，也就不能在各种手法穿插运用的过程中把握主线。

二、确定基调

基调是一部作品总的感情色彩和分量①。朗诵诗歌的时候，我们对于情感的酝酿与抒发，对于音色的选择与调制，对于节奏的把握与控制，诗歌所体现出来的或深沉、或高亢、或喜悦、或悲愤、或细腻、或豪放的色彩，都在一定程度上与基调有关。

确定基调要对诗歌总体色彩进行把握，既要突出主色，又要显现辅色。

（一）突出主色

古体诗的篇幅不定，一般来说都比较长，诗歌表现的内容较为丰富，写作手法也灵活多样，朗诵时极易出现的一个毛病就是陷于对细节的着力处理之中，而忽略了对全篇的把握，最后导致有字无句，有段无章现象的出现。

比如李白的《梦游天姥吟留别》结尾几句：

世间行乐亦如此，古来万事东流水。
别君去兮何时还，且放白鹿青崖间，须行即骑访名山。
安能摧眉折腰事权贵，使我不得开心颜！

诗人实际上是想抒发自己政治理想破灭后的忧愤之情，并且展现了自身的高尚人格，因此，“世间行乐亦如此，古来万事东流水。别君去兮何时还，且放白鹿青崖间，须行即骑访名山。”这几句不同于一般的寄情山水诗那样有较多的亮色，实际上隐含着深深的无奈，有“不得不如此”之意，所以处理时不能就文字表面将其坐实。“安能摧眉折腰事权贵，使我不得开心颜！”最能表明诗人的心迹，这也进一步为全诗思想内涵的揭示提供了佐证。

（二）显现辅色

显现辅色是对突出主色的一个补充要求。

诗歌整体的感情色彩主要来自于主色的建构，表现主色文字的篇幅比例、色彩分量一般来说比较大，但这并不排斥辅色文字的加入和辅色的显现。一部诗歌作品是由一个字一个字组成的，是由一个诗句一个诗句连缀成篇的，没有基本的字词和诗句就没有完整的篇章。朗诵时，对于细节的处理也是很重要的，有时也要点染和突出，不过关键是将其点染和突出到什么程度，其难度不在于是否对其调制色彩，而难在对其分寸火候的把握。

---

① 参见张颂：《播音创作基础》，北京广播学院出版社，1990年3月版，第32页。

比如白居易在《长恨歌》中对杨玉环形象的描绘：

天生丽质难自弃，一朝选在君王侧。

回眸一笑百媚生，六宫粉黛无颜色。

单就这几句文字来说，朗诵者处理的空间是比较大的，甚至于可以倾注极强的赞美之情来朗诵，不过由于需要突出爱情悲剧的主要色彩，显然不能简单地进行赞美。但是如此形象描绘杨玉环美貌的文字又不可能不着力量地轻松带过，因此就要在理解诗歌主要色彩的基础上把握分寸火候：其一是要给予一定的关注，体现出一定的分量；其二是把握“如此美貌最终却香销玉殒”的事实所给人带来的怜悯怅惘之感，语气中有赞美，有怜惜。这样，辅色既不会影响到主要色彩的营造，同时自身的色彩也得到了恰当的显现。

三、规中求变

朗诵古体诗，既要把握诗作的规律，同时又要敢于突破诗歌形式的束缚，发挥朗诵者个体的优势，既中规中矩，又灵动飘逸。

（一）把握内在规律

不少古体诗的句式长短不一，韵律平仄的要求也相对宽松，我们经常会看到诗作的句子时长时短，似乎诗歌的节奏和诗句的疏密变化不容易把握。

实际上，我们细加分析就会发现，古体诗的诗句也存在音步（即语节）节奏，将诗句划分出音步来，就能将看似变化自由的句式化为相对整齐的小单位，当我们在整体节奏的统帅下处理这些小单位的词句时，难度相对就降低了，其内在的规律也更容易把握。

下面，我们以李白《蜀道难》中几句任意驰骋想象的诗句为例划分一下音步：

西当/太白/有鸟道，可以/横绝/峨眉巅。

地崩/山摧/壮士死，然后/天梯石栈/相钩连。

上有/六龙回日/之高标，下有/冲波逆折/之回川。

黄鹤之飞/尚不得过，猿猱欲度/愁攀援。

这几句诗的句式变化丰富，每句字数长短不一，似乎没有一个统一的规律可循，可是在划分出音步之后，我们发现每个音步内的字数大体上在两到四个之间，一般来说，每个音步内部在朗诵时所占的时值相对接近，即字数少的音步可以适当拉开字的幅度，放慢语速，而字数多的音步则可以适当压缩密度，加快语速，这样就会使诗歌朗诵依然能有一个比较规整的形式，节奏感也在一定程度上得以体现和加强。

当然，这只是一般的规律，具体到每一首诗的朗诵则还要根据内容、诗句形式和诗歌统一的节奏而做调整，不必强求一律。

（二）突破单一形式

并非所有古体诗都是形式灵活多样、句式变化多端的，有些诗就采取了比较单一的写作形式，这时就要突破这种单一形式所给人的刻板印象，在语句的疏密变化、语势的高低起伏、声音的虚实强弱、情感的浓淡收放等方面加强对比，突出变化。

比如唐朝诗人张若虚的《春江花月夜》，全诗共三十六句，每句七个字，如果自始至终不紧不慢地以一种速度和一种节奏朗诵下来，则诗歌内容的传达就会因听众产生“听觉疲劳”而受到阻碍，语意的清晰度和重点的突出变化也会受到影响。但是如果在处理时突破这种单一形式的束缚，则情况就会大不一样了。试看篇首这八句：

春江潮水连海平，（中度音量，中速，语势平起平收，气定神闲）
海上明月共潮生。（波峰类语势，“生”字调值顺语势由55变为445）
滟滟随波千万里，（上山类语势，语速加快）
何处春江无月明！（下山类语势，语速渐慢）
江流宛转绕芳甸，（吐字轻盈有力，音量不必大，语速稍快，视野收缩）
月照花林皆似霰。（同上）
空里流霜不觉飞，（音量适当增大，语速放慢）
汀上白沙看不见。（声音渐收，语速更慢，可增加一些虚声成分）

通过语速、疏密、音量、音色、情绪、视域的一些变化，看似整齐划一的句式产生了丰富的变化，不仅在声音形式、表达手段上变得更为多样，而且在内容传达和情感抒发上也更为丰富，诗歌朗诵的艺术魅力进一步得到展现。

（三）发挥个体优势

古体诗自由的写作形式为朗诵者开拓了广阔的创作空间，遵循一定的创作规律为朗诵者提供了一套创作范例，每一个具体的朗诵者都是按一定的规律在广阔的空间中进行着独特创作的，从理论上来说，每一位朗诵者的创作都是不一样的。

不过从实践的角度来看，诗歌朗诵创作样态的单一化还是普遍存在的，每个人和每个人都相似，一个人的每一首诗歌朗诵创作也都相似，而创作一旦形成模式的话，也就意味着创作活力的终结。因此，发挥个体优势，追求合规矩而又有特色的表达方式应该是对朗诵者高标准的要求。

就同一首诗歌来说，朗诵者可以根据自身的条件、阅历和感受，调制不同的音色，使用不同的音量，酝酿不同分量火候的情感，采取不同的表达方式（特别是情理之中、意料之外的表达方式），这应该是诗歌朗诵创作的题中应有之义。

四、体现诗风

诗歌朗诵创作不能完全无拘无束进行天马行空般的创作，它受诗歌文本的制约并体现着诗歌文本的风格特点。古体诗所具有的风格特征，所体现的社会风气和不同时代的印记，都要在朗诵中有所体现。

（一）人格特征

诗人的人格特征在其诗作中有着鲜明的甚至是一贯的体现，抓住了诗人的人格特征，也就抓住了诗歌的风格特色。在某种程度上可以说，诗歌是一个全息的系统，我们通过诗歌看到了诗人，通过诗人也可以想见到其诗作特点。

在李白的诗歌中，无论是《蜀道难》《梦游天姥吟留别》，还是《宣州谢朓楼饯别校书叔云》等，其跳脱的笔法，奇崛的想象，往来奔突的思绪，都反映了李白其人浪漫飘逸、豪放不羁的性格特征；而杜甫的诗歌，无论是《兵车行》，还是《茅屋为秋风所破歌》，其犀利的笔触，沉郁顿挫的诗风，都反映了诗人心中的愤懑、忧郁和不平之气。

了解诗人的经历和处境，体会诗人的心境和感受，抓住诗歌的风格特色，这是体现诗风的重要一环。

（二）社会风气

社会风气影响着诗风，并在诗歌中有着鲜明的体现。

曹操的诗歌蕴含着建安风骨，陶渊明的诗歌体现着魏晋风度，北朝民歌纯朴大气、粗犷雄浑，李白的诗歌有盛唐之风，宋朝的诗歌理性凸显。与之同时代的其他诗人的诗作也体现着类似的社会风气。

社会风气影响着诗人的行为准则和意识形态，并渗透在其诗作中，无论是诗歌的主题内容、诗歌的结构形式、诗风的格调特色、笔法的细腻豪放，都清晰地反映着作者及其所处社会的风貌。

因此若想在朗诵中体现诗风，了解诗人所处时代的社会风气会有很大的帮助。

（三）时代印记

这里所说的时代印记，除了诗歌作者所处时代遗留的痕迹外，更主要的是指朗诵者所处时代对其朗诵艺术创作的影响。

诗歌朗诵创作的背景包括诗人写作时的背景，也包括朗诵者在进行有声语言艺术创作时的背景。如果说上文所指的社会风气是诗歌的写作背景的话，则当今社会的时代性就是朗诵时所依据的背景。

比如，我们今天朗诵李白的《月下独酌》，虽然诗作本身并未变化，但在朗诵时却可能会少了几分诗人原有的不可排遣的苦闷，而多了些许欣赏月色的美感。这也说明，我们在朗诵诗歌时，一方面应去体会诗人的感受，另一方面却不能简单地扮演诗人，而应该融入自己当下的理解和感受，加强创作主体的自我意识。

指要：作品朗诵解读

蒹葭（诗经·秦风）

蒹葭苍苍，白露为霜。所谓伊人，在水一方。
溯洄从之，道阻且长。溯游从之，宛在水中央。
蒹葭萋萋，白露未晞。所谓伊人，在水之湄。
溯洄从之，道阻且跻。溯游从之，宛在水中坻。
蒹葭采采，白露未已。所谓伊人，在水之涘。
溯洄从之，道阻且右。溯游从之，宛在水中沚。

[朗诵解读]

《诗经》是我国第一部诗歌总集，共收录自西周初年至春秋中叶大约五百多年的诗歌三百零五篇。《诗经》分风、雅、颂三大部分。《蒹葭》选自“风”中的“秦风”，是秦国民歌，也是一首爱情诗，写恋爱中痴情人的心理和感受，真实动人，曲折婉约。

这首诗由三章组成，都以“蒹葭”开章，并分别写之“苍苍”“萋萋”“采采”的特点，用水岸边凄清的秋景起兴，简洁明了地勾勒了水乡清秋的景色，并把暮秋特有的景色与人物委婉惆怅的相思感情交织在一起，渲染了凄清幽冷的气氛，创造了一个扑朔迷离、情景交融的意境。全诗意象清晰而意境迷茫，具有一种朦胧的美感，生发出韵味无穷的艺术感染力。

诵读时既要对三章中相似的笔触有所强调，以便给人以一唱三叹的节奏感，又要对不同的文字加以区别，区分出不同的结构层次，此外还要层层推进，将暗含的情感逐渐加浓。

全诗用气发声虚实结合，不求明亮，在低回婉转的语气中激荡感人肺腑的真挚情感。

橘颂（楚辞）

屈原

后皇嘉树，橘徕服兮。
受命不迁，生南国兮。
深固难徙，更壹志兮。
绿叶素荣，纷其可喜兮。
曾枝剡棘，圆果抟兮。
青黄杂糅，文章烂兮。
精色内白，类任道兮。
纷缊宜修，姱而不丑兮。
嗟尔幼志，有以异兮。
独立不迁，岂不可喜兮？
深固难徙，廓其无求兮。
苏世独立，横而不流兮。
闭心自慎，终不过失兮。
秉德无私，参天地兮。
愿岁并谢，与长友兮。
淑离不淫，梗其有理兮。
年岁虽少，可师长兮。
行比伯夷，置以为像兮。

[朗诵解读]

《橘颂》选自《楚辞》。“楚辞”既是一部作品集的名称，又是一种文体的名称。楚辞是战国时代伟大诗人屈原创造的一种诗体，作品运用楚地（今两湖一带）的文学样式、方言声韵，叙写楚地的山川人物、历史风情，具有浓厚的地方特色。汉代时，刘向把屈原的作品及宋玉等人“承袭屈赋”的作品编辑成集，名为《楚辞》。《楚辞》成为继《诗经》以后，对中国文学具有深远影响的一部诗歌总集，也是中国第一部浪漫主义诗歌总集。

《橘颂》是屈原早年的一篇作品，是中国文人写的第一首咏物诗，诗人以橘树为喻，表达了自己追求美好品质和理想的坚定意志。这首咏物抒情诗的前半部分缘情咏物，以描写为主；后半部分缘物抒怀，以抒情为主。两部分各有侧重，而又互相勾连，融为一体。诗人用拟人的手法塑造了橘树的美好形象，并从各个侧面对其进行描绘和歌颂，橘树的形象是诗人用以激励自己坚守节操的榜样。

诵读此诗有以下三点值得注意：

一是明确作者重咏物更重抒怀，因此诗的后半部分是重点，除了在层次推进上重心后置外，后半部分的重点语句也宜加以强调，如“深固难徙，廓其无求兮。苏世独立，横而不流兮”。

二是把握作品的“神”，亦即内在的神韵，橘的美好品质、作者的坚定意志在神韵层面是高度融合的，因此语气上应着力刻画出诗作形象的铮铮傲骨。

三是注意诗作的节奏韵味，四个字起头，并以“兮”字结尾，句式整齐而不乏变化，回环往复而又自由飘逸。

步出夏门行（其一）

观沧海

曹操

东临碣石，以观沧海。
水何澹澹，山岛竦峙。
树木丛生，百草丰茂。
秋风萧瑟，洪波涌起。
日月之行，若出其中。
星汉灿烂，若出其里。
幸甚至哉，歌以咏志。

［朗诵解读］

作者曹操，汉献帝建安时任大将军、丞相，后封魏王。曹操今存作品都是乐府歌辞，风格苍劲雄浑，尤擅四言诗。

建安年间，曹操在消灭袁绍集团势力后的凯旋途中，经过河北，登临碣石山观海，写下了这首气势壮阔的诗。

朗诵这首诗应注意诗歌氛围的营造与情绪的变化。

诗的开头写诗人登高而望、景色尽览，这种高远的视角要求我们要有一种胸纳天地的气概，音量不必大，可以增加一些虚声成分，初步营造出一种苍茫浩瀚的氛围。

接下来具体写了登临碣石所见到的景象，朗诵时注意体现出不同景物给人的心理变化造成的影响。从水流与山岛，到树木和百草，再到秋风与洪波，景物由静而动，气势由弱而强，风格渐趋豪放。

用日月星辰的运行赞颂大海的辽阔无垠，这也表现了诗人的胸怀与抱负。“日月之行，若出其中”与“星汉灿烂，若出其里”的句子结构相近，因此应变化语势避免刻板，前者为上山类语势，后者为下山类语势，前后既相区别，又相呼应，语意连贯。

“幸甚至哉，歌以咏志”两句是诗歌为配合演唱时所用的，与诗歌内容关系不大，但在朗诵时要作为整体的一部分加以处理，可以将气息下沉，放慢语速，结尾有收束感。

短歌行（其一）

曹操

对酒当歌，人生几何？
譬如朝露，去日苦多。
慨当以慷，幽思难忘。
何以解忧？唯有杜康。
青青子衿，悠悠我心。
但为君故，沉吟至今。
呦呦鹿鸣，食野之苹。
我有嘉宾，鼓瑟吹笙。
明明如月，何时可掇？
忧从中来，不可断绝。
越陌度阡，枉用相存。
契阔谈讌，心念旧恩。
月明星稀，乌鹊南飞，
绕树三匝，何枝可依？
山不厌高，海不厌深，
周公吐哺，天下归心。

[朗诵解读]

此诗是曹操的代表作之一，大约写于赤壁大战之后。大战的失败和三国鼎立之势的形成，使诗人忧心如焚，因此特别渴求贤才以完成统一大业理想。

全诗共三十二句，八句一层，可以分为四个层次。

第一层，诗人慨叹人生苦短，不禁借酒浇愁。作为开篇之句，诗人胸怀阔达，诵读时节奏舒缓，情感深沉。

第二层作者以恋人相思、麋鹿食草比拟，表达了诗人眷恋贤才、求贤若渴的愿望。诵读时情感由内而外逐渐加浓，节奏也逐步加强，特别是“我有嘉宾，鼓瑟吹笙”句更表达了作者由衷的欣喜之情。

第三层既写贤士不至的忧思，又写期待良才的急切愿望。诵读时情感应先伏后起，语气语势则先抑后扬。

第四层通过乌鹊寻枝的比喻反映了贤士择主的困惑处境，而作者通过山海不辞土石细流的比喻以及周公礼贤下士的典故，劝勉天下贤士尽早选择归既，表明了自己招揽贤士的态度。诵读时内心要充满憧憬，语气诚恳，反映了作者一展雄心大略的愿望。

饮酒（其五）

陶渊明

结庐在人境，而无车马喧。
问君何能尔，心远地自偏。
采菊东篱下，悠然见南山。
山气日夕佳，飞鸟相与还。
此中有真意，欲辩已忘言。

[朗诵解读]

陶渊明是东晋文学家，我国历史上著名的诗人之一。由于对当时黑暗的社会有较深的认识，他辞官不做，归田隐居，安于贫寒。陶渊明长于诗文辞赋，喜欢自然景色、农村生活以及自己的劳动感受。

陶渊明的这首诗是其代表作。诗歌将田园题材和人生追求相契合，诗风恬淡自然。

朗诵时关键是对诗人出世心境要有细腻体验，可寻找自问自答、自得其乐的感觉。

朗诵用声做到音色明朗，节奏舒缓，偶句的句尾可适当延长并稍扬，以增强韵味。不过要注意变化，避免句与句的处理趋于雷同。

末尾句“此中有真意，欲辩已忘言”在情绪色彩和节奏处理上要与前几句有明显的区别，以此表明作者的心境和对人生境界的追求。

归园田居

陶渊明

少无适俗韵，性本爱丘山。误落尘网中，一去三十年。
羁鸟恋旧林，池鱼思故渊。开荒南野际，守拙归园田。
方宅十余亩，草屋八九间。榆柳荫后檐，桃李罗堂前。
暧暧远人村，依依墟里烟。狗吠深巷中，鸡鸣桑树颠。
户庭无尘杂，虚室有余闲。久在樊笼里，复得返自然。

[朗诵解读]

《归园田居》共五首，形成一组，被认为是陶渊明的代表作，该作品大概写于作者辞去彭泽县令归田隐居的次年。

这里选择的这首诗描述了作者辞职归田的欣慰和乡居之乐，不过分析当时的社会背景和作者的政治经历可知，本诗不是单纯描写闲适之乐，而是反映了脱离尘网重返自然之慰，因此诵读时对于“误落尘网中，一去三十年”与“久在樊笼里，复得返自然”要有意地对比呼应，显露出诗歌的内在含义。

另外，篇首的“少无适俗韵，性本爱丘山”一句要诵读出自身高洁的秉性追求，而这与结尾处的“户庭无尘杂，虚室有余闲”也同样产生了遥相呼应的艺术效果。

总之，本诗字面上写的都是田园场景，但其处处都蕴含着作者的境界格调与人生追求，诵读时既要深入情景又要跳出字面，反映出超然物外的人生况味。

敕勒歌

北朝民歌

敕勒川，
阴山下，
天似穹庐，
笼盖四野。
天苍苍，
野茫茫，
风吹草低见牛羊。

[朗诵解读]

这是我国南北朝时传唱于北方敕勒部族间的一首民歌，描绘了北国塞外的草原风光，诗风雄浑质朴，语言自然流畅。这种写作手法的特点是就景抒情，通篇写景，情在景中，情感质朴，浑然天成。

前四句采用了一种实景描绘的手法，朗诵时的用气发声可以根据视角的变化而调整，如“阴山下”一句语势下抑，合于语意的同时也起到欲扬先抑的作用；“天似穹庐”在四句中的音高最高，一方面使画面更形象，另一方面也使得音韵更加和谐。

后三句由静而动，过渡自然。“天苍苍，野茫茫”极写天地之辽阔，用声音色偏暗，虚实结合，气脉充溢，语势平缓。“风吹草低见牛羊”一句适当加强吐字力度，“见”字延长时值以增强动作感和形象感。

木兰诗

北朝民歌

唧唧复唧唧，
木兰当户织。
不闻机杼声，
唯闻女叹息。
问女何所思？
问女何所忆？
女亦无所思，
女亦无所忆。
昨夜见军帖，
可汗大点兵。
军书十二卷，
卷卷有爷名。
阿爷无大儿，
木兰无长兄。
愿为市鞍马，
从此替爷征。
东市买骏马，

西市买鞍鞯，
南市买辔头，
北市买长鞭。
旦辞爷娘去，
暮宿黄河边。
不闻爷娘唤女声，
但闻黄河流水鸣溅溅。
旦辞黄河去，
暮至黑山头。
不闻爷娘唤女声，
但闻燕山胡骑声啾啾。
万里赴戎机，
关山度若飞。
朔气传金柝，
寒光照紫衣。
将军百战死，
壮士十年归。
归来见天子，
天子坐明堂。
策勋十二转，
赏赐百千强。
可汗问所欲，
“木兰不用尚书郎。
愿借明驼千里足，
送儿还故乡。”
爷娘闻女来，
出郭相扶将。
阿姊闻妹来，
当户理红妆。
小弟闻姊来，
磨刀霍霍向猪羊。

开我东阁门，
坐我西阁床。
脱我战时袍，
着我旧时裳。
当窗理云鬓，
对镜帖花黄。
出门看伙伴，
伙伴皆惊惶：
“同行十二年，
不知木兰是女郎！”
雄兔脚扑朔，
雌兔眼迷离。
双兔傍地走，
安能辨我是雄雌？

[朗诵解读]

这首诗是北朝时期的作品，描写了木兰女扮男装替父从军的故事，刻画了女英雄木兰的形象。语句递接紧凑，语言自然流畅。

朗诵时要注意理清诗作的故事脉络。

开篇描写木兰无心当户织，原因是忧虑父亲被征兵；而一句“愿为市鞍马，从此替爷征”反映了木兰替父从军的坚定决心。语气上要有由忧到壮的转变。

接下来备办行装、辞别亲人家乡，则从多个侧面反映了木兰复杂的心理，既有从军的奔忙，又有别离的伤感，更有征途的劳苦。短短几句反映了一个女子细腻的心理变化。

而十年苦战仅用了寥寥六句，虽然词句不多，但表达时要有一定的力度，以反映征战之艰辛与雄壮。

诗歌的后半部分从谢绝恩赏、归乡见闻到重着红妆等事件反映了木兰功成身退的可贵品质和女子当有的性格心理，节奏或紧张或舒缓，语气或雄浑或跳脱。诵读时要注意语气变化和细节处理。

作为一首长诗，虽然句式间有长短变化，但因诗歌节奏的固有设定，容易有形式相对单一之嫌，因此从通篇处理的角度来看，诵读时要因情节发展、情感起伏等因素而在层次、主次、轻重、疏密等方面加强变化。

春江花月夜

张若虚

春江潮水连海平，海上明月共潮生。
滟滟随波千万里，何处春江无月明！
江流宛转绕芳甸，月照花林皆似霰。
空里流霜不觉飞，汀上白沙看不见。
江天一色无纤尘，皎皎空中孤月轮。
江畔何人初见月？江月何年初照人？
人生代代无穷已，江月年年只相似。
不知江月待何人，但见长江送流水。
白云一片去悠悠，青枫浦上不胜愁。
谁家今夜扁舟子：何处相思明月楼？
可怜楼上月徘徊，应照离人妆镜台。
玉户帘中卷不去，捣衣砧上拂还来。
此时相望不相闻，愿逐月华流照君。
鸿雁长飞光不度，鱼龙潜跃水成文。
昨夜闲潭梦落花，可怜春半不还家。
江水流春去欲尽，江潭落月复西斜。
斜月沉沉藏海雾，碣石潇湘无限路。
不知乘月几人归，落月摇情满江树。

[朗诵解读]

初唐诗人张若虚仅流传下来两首诗存于《全唐诗》中，这首《春江花月夜》被闻一多誉为“诗中的诗，顶峰上的顶峰”①，达到了同类诗的最高水平。全诗生思古之幽情，发人生之感慨。

诗歌的前半部分写春江月夜的景色，勾勒出一幅壮阔绮丽的画面；同时又反映了诗人对自然的探索和对人生的思考，在淡淡的愁怨氛围下有着积极的追求，特别是“不知江月待何人，但见长江送流水”的诗句将自然的江月之景与对人生历史的

① 闻一多：《宫体诗的自赎》。转引自王洪主编：《古代诗歌鉴赏辞典》，北京燕山出版社，1989年8月版，第178页。

思索紧密结合，情景完美交融。朗诵时既要展现出春江月夜的景象，同时又要跳出对自然的观照，进入到对宇宙和人生的思索中，情感深沉，气息充溢，重点词句不能局限于对景色的单纯描写中。

诗歌的后半部分写了离妇思夫，游子思归的情态和心理，这种人类共同的情感感受进一步加深了诗的意境。朗诵时注意愁怨情绪和思乡情感的抒发。

全诗由月起到月落，每个画面都带有月光的印记，同时由于具体意象的不同，对于天上明月和水中月光的感受也有差异。朗诵时注意整体基调的和谐和具体意象的特点，做到整体风格统一，细节变化丰富。

登幽州台歌

陈子昂

前不见古人，
后不见来者。
念天地之悠悠，
独怆然而涕下。

[朗诵解读]

这首诗将宇宙意识和人生感慨相结合，时间上有“前”有“后”，空间上有“天”有“地”，“古人”和“来者”都不见，在天地之间只能抒发孤寂怆然之情，辽阔时空更强烈地烘托出自身的孤独寂寞和悲哀苦闷。诗风苍凉悲壮，雄浑朴拙，用语自然浅近，音韵悠长。

诗歌前两句平稳诵读出来，气息深沉，音色较暗。其中“前”字之后可以适度延长并略作停顿，也可将“前不见”三字顺畅地连接起来，总之以与全诗节奏和谐匹配为标准，第二句的“后不见”处理方式亦同。

第三句满含着苍凉之感，“念”字延长以领起后文，“天地”二字语势顿起，有如向苍天呼号，“悠悠”二字延长以显语意并引领下句。

尾句又从对宇宙的观照转而返观自身，悲哀苦闷的情绪强烈地抒发出来，其中“怆然”二字气足声强，强化悲苦的感情色彩。全句语速放慢，气沉声控，结尾处气息弥散，发人深思。

蜀道难

李白

噫吁嚱，危乎高哉！

蜀道之难，难于上青天！
蚕丛及鱼凫，开国何茫然！
尔来四万八千岁，不与秦塞通人烟。
西当太白有鸟道，可以横绝峨眉巅。
地崩山摧壮士死，然后天梯石栈相钩连。
上有六龙回日之高标，下有冲波逆折之回川。
黄鹤之飞尚不得过，猿猱欲度愁攀援。
青泥何盘盘，百步九折萦岩峦。
扪参历井仰胁息，以手抚膺坐长叹。
问君西游何时还？畏途巉岩不可攀。
但见悲鸟号古木，雄飞雌从绕林间。
又闻子规啼夜月，愁空山。
蜀道之难，难于上青天，使人听此凋朱颜！
连峰去天不盈尺，枯松倒挂倚绝壁。
飞湍瀑流争喧豗，砯崖转石万壑雷。
其险也如此，嗟尔远道之人，胡为乎来哉！
剑阁峥嵘而崔嵬，一夫当关，万夫莫开。
所守或匪亲，化为狼与豺。
朝避猛虎，夕避长蛇，磨牙吮血，杀人如麻。
锦城虽云乐，不如早还家。
蜀道之难，难于上青天，侧身西望长咨嗟！

[朗诵解读]

这首诗是唐代诗人李白的代表作之一。

这首诗写了蜀道的奇、险、凶，同时借蜀道之难，暗喻了仕途之艰险，抒发了心中的愤懑。

朗诵时注意对诗歌形象的描绘和氛围的渲染。描绘蜀道之高、之险时，语势的起伏变化相对较大，特别要运用好欲扬先抑等对比手法来加强这种效果，不要字字用力。

诗中三次自思自忖，表现了诗人的心理状态及其变化：“问君西游何时还？畏途巉岩不可攀”表现了对蜀道的畏惧心理；“其险也如此，嗟尔远道之人，胡为乎来哉”表现了后悔走蜀道的心理；“锦城虽云乐，不如早还家”表现了蜀道难行、败兴而返的心理。这种心理变化的线索要理清把握。

诗歌还三次重复了“蜀道之难，难于上青天”这个主题句，朗诵时注意区别其不同的情绪状态。第一次是发出的惊叹，气足声强，振聋发聩；第二次表现诗人行路艰难，故而肠断愁绝，气沉声收；第三次是败兴而返后的一声无奈长叹，气涌声放，音量不必大，音色较暗，有虚声成分，加之紧接着的诗句“侧身西望长咨嗟”，更应顺势叹出人生的感慨。

将进酒

李白

君不见黄河之水天上来，奔流到海不复回。
君不见高堂明镜悲白发，朝如青丝暮成雪。
人生得意须尽欢，莫使金樽空对月。
天生我材必有用，千金散尽还复来。
烹羊宰牛且为乐，会须一饮三百杯。
岑夫子，丹丘生，将进酒，杯莫停。
与君歌一曲，请君为我倾耳听。
钟鼓馔玉不足贵，但愿长醉不复醒。
古来圣贤皆寂寞，惟有饮者留其名。
陈王昔时宴平乐，斗酒十千恣欢谑。
主人何为言少钱，径须沽取对君酌。
五花马，千金裘，呼儿将出换美酒，与尔同销万古愁。

[朗诵解读]

这首诗是唐代诗人李白的名篇。

这并不仅仅是一首劝酒诗，而是抒发诗人内心积蓄已久的酸甜苦辣情感的抒情诗。诗中既表现了青春易逝、功业未成的愁绪，又表现了旷达豪放、洒脱不羁的性情，悲中有乐，乐中有悲，气势豪迈，不拘束缚。

朗诵时要根据内容和情绪的变化而收纵自如，直抒胸臆的文字要奔涌而出，表现酒醉时可以不拘小节，对比起伏要鲜明突出，增强艺术感染力。

“君不见黄河之水天上来，奔流到海不复回”这句的处理要注意在变化中突出气势，“君不见”三字可以低一些，声音弱一些，“天”字可以异军突起，音域陡然提高，音量加大，欲纵之而先抑之。

作为抒情性很强的诗歌来说，情感浓烈而有起伏变化，用气发声虚实相生、强弱结合，避免字字用力，也要避免声嘶力竭。

值得一提的是，这首名篇有不少成功朗诵的范例，朗诵者对作品的感受会因个人的阅历、性格、创作习惯等因素而不同，因此朗诵创作的呈现样态也不一而足。创作者可以在秉持基本的基调节奏的前提下，有独特的感受和独特的表达。

行路难（其一）

李白

金樽清酒斗十千，玉盘珍馐直万钱。
停杯投箸不能食，拔剑四顾心茫然。
欲渡黄河冰塞川，将登太行雪满山。
闲来垂钓碧溪上，忽复乘舟梦日边。
行路难！行路难！多歧路，今安在？
长风破浪会有时，直挂云帆济沧海！

[朗诵解读]

唐玄宗天宝年间，李白在朝廷里颇受嫉妒和诽谤，于是愤然辞别朝廷而去。之后不久，写就此诗。

篇首写诗人面对美酒佳肴却无心饮食，揭示了诗人的悲哀心理。朗诵时注意要有一种沉闷、萧瑟之感。

接下来说了世路的艰难，并表明了诗人欲去还留的矛盾心理。分析诗文的情感脉络要注意加强矛盾的对比，如“欲渡黄河”“将登太行”的愿望都因种种障碍而不可行，不得已“闲来垂钓”，但内心的理想并未泯灭，朗诵时或明朗声放，或隐忍声收，同时辅以音色刚柔明暗的调整。

结尾处的四个三字句节拍短促，内心情感中蕴有一股不平之气。

而“长风破浪会有时，直挂云帆济沧海”则表明了诗人的坚定信念，有积极浪漫的色彩，语气色彩明朗。

梦游天姥吟留别

李白

海客谈瀛洲，烟涛微茫信难求。
越人语天姥，云霞明灭或可睹。

天姥连天向天横，势拔五岳掩赤城。
天台四万八千丈，对此欲倒东南倾。
我欲因之梦吴越，一夜飞渡镜湖月。
湖月照我影，送我至剡溪。
谢公宿处今尚在，渌水荡漾清猿啼。
脚着谢公屐，身登青云梯。
半壁见海日，空中闻天鸡。
千岩万转路不定，迷花倚石忽已暝。
熊咆龙吟殷岩泉，慄深林兮惊层巅。
云青青兮欲雨，水澹澹兮生烟。
列缺霹雳，山峦崩摧。
洞天石扉，訇然中开。
青冥浩荡不见底，日月照耀金银台。
霓为衣兮风为马，云之君兮纷纷而来下。
虎鼓瑟兮鸾回车，仙之人兮列如麻。
忽魂悸以魄动，恍惊起而长嗟。
惟觉时之枕席，失向来之烟霞。
世间行乐亦如此，古来万事东流水。
别君去兮何时还，且放白鹿青崖间，须行即骑访名山。
安能摧眉折腰事权贵，使我不得开心颜！

[朗诵解读]

唐代诗人李白作此诗于天宝五载，时年46岁。

诗人二入长安，本想辅佐天子以实现报国宏愿，然而诗人对玄宗的进谏未被采纳，现实使诗人失望和忧惧，于是再次离开长安，寄情世外。这首诗明写梦游天姥，实则抒发了诗人政治理想破灭后的忧愤之情。

朗诵时注意把握内容结构，开篇由他人谈瀛洲起笔，情绪状态宜缓入，语势平稳大气。中间部分写梦游天姥的见闻，朗诵时注意纵横驰骋、亦真亦幻的变化，风格上清丽与雄浑交相辉映。

对诗歌语意的理解与处理不必处处坐实，要体现出通篇的梦境色彩和诗句的言外之意。

本诗并非是游仙诗和留别诗，而是比兴言志，寓情于景，诗歌的最后一句“安能摧眉折腰事权贵，使我不得开心颜”明白地表明了诗人的心迹，同时也是诗歌的强音，朗诵时要予以突出。

月下独酌四首（其一）

李白

花间一壶酒，独酌无相亲。
举杯邀明月，对影成三人。
月既不解饮，影徒随我身。
暂伴月将影，行乐须及春。
我歌月徘徊，我舞影零乱。
醒时同交欢，醉后各分散。
永结无情游，相期邈云汉。

[朗诵解读]

这首诗表达了诗人孤独苦闷的思想感情，不过在艺术手法上层层转折，波澜起伏，特别是以乐写哀，以旷达写忧郁，风格独特。

朗诵时要想表达出苦闷的情绪，就要对旷达与行乐做深入的理解和处理。这种旷达是酒后无奈情绪的发泄，这种行乐是含着愁苦的逃避，因此情感抒发不要只着眼于字面上畅饮歌舞的放达洒脱，而应落实在文字背后孤寂苦闷的总体基调上。

在音色的处理上注意明暗的对比变化，诗中的几处“月”字的明暗色彩根据具体诗句的语意而不尽相同，“花”“影”的明暗色彩也同样有此差别，在注意整体流畅的同时，又要注意细腻之处的描画。

宣州谢朓楼饯别校书叔云

李白

弃我去者，昨日之日不可留；
乱我心者，今日之日多烦忧。
长风万里送秋雁，对此可以酣高楼。
蓬莱文章建安骨，中间小谢又清发。
俱怀逸兴壮思飞，欲上青天揽明月。
抽刀断水水更流，举杯消愁愁更愁。
人生在世不称意，明朝散发弄扁舟。

［朗诵解读］

这首诗既写出了诗人心中的烦忧，又表现了其心中遏抑不住的豪情，两种情感穿插突出，文势大开大合。

诗歌开头忧思浓重，“昨日”“今日”皆“弃我去”“乱我心”，愁苦至极。

“长风万里送秋雁”一句舒展爽朗，令人的精神也为之一爽。

“抽刀断水水更流，举杯消愁愁更愁”又一次陷入愁苦境地。

“人生在世不称意，明朝散发弄扁舟”的抒发则再一次将诗歌的格调提升。

为表现这种波澜起伏的情感变化，除了要在内心准确把握文势的发展脉络以外，还要在音色的明暗、音量的大小、气息的盈亏、语势的起伏、节奏的舒张上加强对比，并能做到转换迅捷，不着痕迹。

兵车行

杜甫

车辚辚，马萧萧，行人弓箭各在腰。
耶娘妻子走相送，尘埃不见咸阳桥。
牵衣顿足拦道哭，哭声直上干云霄。
道旁过者问行人，行人但云点行频。
或从十五北防河，便至四十西营田。
去时里正与裹头，归来头白还戍边。
边庭流血成海水，武皇开边意未已。
君不闻汉家山东二百州，千村万落生荆杞。
纵有健妇把锄犁，禾生陇亩无东西。
况复秦兵耐苦战，被驱不异犬与鸡。
长者虽有问，役夫敢申恨？
且如今年冬，未休关西卒。
县官急索租，租税从何出？
信知生男恶，反是生女好。
生女犹得嫁比邻，生男埋没随百草。
君不见青海头，古来白骨无人收。
新鬼烦冤旧鬼哭，天阴雨湿声啾啾。

［朗诵解读］

这首诗大约作于唐天宝年间，诗人借一位老兵的怨诉，反映了连年战乱给人民带来的深重灾难。

篇首写了出师时的景象：车轮滚滚，尘土漫天，亲人相送，哭声遍野。朗诵时注意对这一景象的描绘，开始时语速不要太快，以把画面和事件的缘由交代清楚。

诗歌的中间部分是老兵对战乱及其所带来后果的直接描述，泣诉相伴，语气中有质问，有怨愤，对象感强。

结尾部分抒情色彩浓厚，情感深沉，节奏低沉，音色较暗。

白雪歌送武判官归京

岑参

北风卷地白草折，胡天八月即飞雪。
忽如一夜春风来，千树万树梨花开。
散入珠帘湿罗幕，狐裘不暖锦衾薄。
将军角弓不得控，都护铁衣冷难着。
瀚海阑干百丈冰，愁云惨淡万里凝。
中军置酒饮归客，胡琴琵琶与羌笛。
纷纷暮雪下辕门，风掣红旗冻不翻。
轮台东门送君去，去时雪满天山路。
山回路转不见君，雪上空留马行处。

[朗诵解读]

唐代诗人岑参以边塞诗著称，其诗想象丰富，气势磅礴，富于热情，常有“奇”句。其中“忽如一夜春风来，千树万树梨花开”已是千古传诵的名句。

朗诵时注意宏观景象的渲染与微观细节的勾勒。如“北风卷地白草折，胡天八月即飞雪”画面宏大，笔力矫健，语流可以舒展一些；而“纷纷暮雪下辕门，风掣红旗冻不翻”则观察细微，笔法细腻，吐字要有一定的力度，但语势的幅度变化不必大。

诗的尾句“山回路转不见君，雪上空留马行处”要将声画结合，语速放慢，用声迂回深沉，给人余音不绝之感，同时也给人留下了想象的空间。

游子吟

孟郊

慈母手中线，游子身上衣。
临行密密缝，意恐迟迟归。
谁言寸草心，报得三春晖。

［朗诵解读］

这首诗平白如画，言简意赅，短短的六句诗生动地传达出慈母深爱游子和游子心怀拳拳赤诚的深厚情感。

前四句注意突出“线”“衣”“密密”“迟迟”几个字词，用最能表现慈母舍不得儿子但又不得不让儿子出行的细节表现这种伟大的母爱。气息充盈，吐字力度强，但音量不必大，用声内敛。

结尾两句用反问的语气，表达了游子难报慈母厚爱之意。可以加强气息控制，声音外送，将真挚的感情充分表达出来。

从结构层次处理角度看，前四句合为一个整体，篇首两句舒缓入句，叙中带情；第三四句节奏趋紧，有助于描摹母亲不舍游子的心理；结尾两句用声放开，直抒游子情怀。

长恨歌

白居易

汉皇重色思倾国，御宇多年求不得。
杨家有女初长成，养在深闺人未识。
天生丽质难自弃，一朝选在君王侧。
回眸一笑百媚生，六宫粉黛无颜色。
春寒赐浴华清池，温泉水滑洗凝脂。
侍儿扶起娇无力，始是新承恩泽时。
云鬓花颜金步摇，芙蓉帐暖度春宵。
春宵苦短日高起，从此君王不早朝。
承欢侍宴无闲暇，春从春游夜专夜。
后宫佳丽三千人，三千宠爱在一身。
金屋妆成娇侍夜，玉楼宴罢醉和春。
姊妹弟兄皆列土，可怜光彩生门户。
遂令天下父母心，不重生男重生女。
骊宫高处入青云，仙乐风飘处处闻。
缓歌慢舞凝丝竹，尽日君王看不足。
渔阳鼙鼓动地来，惊破霓裳羽衣曲。
九重城阙烟尘生，千乘万骑西南行。
翠华摇摇行复止，西出都门百余里。

六军不发无奈何，宛转蛾眉马前死。
花钿委地无人收，翠翘金雀玉搔头。
君王掩面救不得，回看血泪相和流。
黄埃散漫风萧索，云栈萦纡登剑阁；
峨眉山下少人行，旌旗无光日色薄。
蜀江水碧蜀山青，圣主朝朝暮暮情。
行宫见月伤心色，夜雨闻铃肠断声。
天旋地转回龙驭，到此踌躇不能去；
马嵬坡下泥土中，不见玉颜空死处。
君臣相顾尽沾衣，东望都门信马归。
归来池苑皆依旧，太液芙蓉未央柳。
芙蓉如面柳如眉，对此如何不泪垂！
春风桃李花开日，秋雨梧桐叶落时。
西宫南内多秋草，落叶满阶红不扫。
梨园弟子白发新，椒房阿监青娥老。
夕殿萤飞思悄然，孤灯挑尽未成眠。
迟迟钟鼓初长夜，耿耿星河欲曙天。
鸳鸯瓦冷霜华重，翡翠衾寒谁与共？
悠悠生死别经年，魂魄不曾来入梦。
临邛道士鸿都客，能以精诚致魂魄。
为感君王辗转思，遂教方士殷勤觅。
排云驭气奔如电，升天入地求之遍。
上穷碧落下黄泉，两处茫茫皆不见。
忽闻海上有仙山，山在虚无缥缈间。
楼阁玲珑五云起，其中绰约多仙子。
中有一人字太真，雪肤花貌参差是。
金阙西厢扣玉扃，转教小玉报双成。
闻道汉家天子使，九华帐里梦魂惊。
揽衣推枕起徘徊，珠箔银屏迤逦开；
云髻半偏新睡觉，花冠不整下堂来。
风吹仙袂飘飖举，犹似霓裳羽衣舞。
玉容寂寞泪阑干，梨花一枝春带雨。

含情凝睇谢君王："一别音容两渺茫。
昭阳殿里恩爱绝，蓬莱宫中日月长。
回头下望人寰处，不见长安见尘雾。
唯将旧物表深情，钿合金钗寄将去。
钗留一股合一扇，钗擘黄金合分钿。
但令心似金钿坚，天上人间会相见。"
临别殷勤重寄词，词中有誓两心知。
七月七日长生殿，夜半无人私语时。
"在天愿作比翼鸟，在地愿为连理枝。"
天长地久有时尽，此恨绵绵无绝期。

[朗诵解读]

这首诗叙述了唐明皇和杨贵妃的爱情故事，情节曲折感人，人物鲜明生动，情感缠绵悱恻，流转回环，令人黯然神伤。

诗歌从明皇重色和杨家有女写起，接着叙述了得宠恩泽、举家富贵、安史之乱、马前赐死、睹物思人、梦中相见、临别发誓等情节，而贯穿其中的是男女主人公深挚的爱情。

朗诵时注意全诗内在贯穿的情感，无论是对情节的叙述，还是对人物形象的描绘，都是在这种情感的统领之下进行的，不能"一叶障目，不见泰山"。

另外，情节的行进要以后人反观的角度来叙述，带有咏史的味道，以舒缓的节奏为主，不要极尽铺排之能事。

琵琶行

白居易

浔阳江头夜送客，枫叶荻花秋瑟瑟。
主人下马客在船，举酒欲饮无管弦。
醉不成欢惨将别，别时茫茫江浸月。
忽闻水上琵琶声，主人忘归客不发。
寻声暗问弹者谁？琵琶声停欲语迟。
移船相近邀相见，添酒回灯重开宴。
千呼万唤始出来，犹抱琵琶半遮面。
转轴拨弦三两声，未成曲调先有情。
弦弦掩抑声声思，似诉平生不得志。

低眉信手续续弹，说尽心中无限事。
轻拢慢捻抹复挑，初为《霓裳》后《六幺》。
大弦嘈嘈如急雨，小弦切切如私语。
嘈嘈切切错杂弹，大珠小珠落玉盘。
间关莺语花底滑，幽咽泉流冰下难。
冰泉冷涩弦凝绝，凝绝不通声暂歇。
别有幽愁暗恨生，此时无声胜有声。
银瓶乍破水浆迸，铁骑突出刀枪鸣。
曲终收拨当心画，四弦一声如裂帛。
东船西舫悄无言，唯见江心秋月白。
沉吟放拨插弦中，整顿衣裳起敛容。
自言本是京城女，家在虾蟆陵下住。
十三学得琵琶成，名属教坊第一部。
曲罢常教善才伏，妆成每被秋娘妒。
五陵年少争缠头，一曲红绡不知数。
钿头云篦击节碎，血色罗裙翻酒污。
今年欢笑复明年，秋月春风等闲度。
弟走从军阿姨死，暮去朝来颜色故。
门前冷落车马稀，老大嫁作商人妇。
商人重利轻别离，前月浮梁买茶去。
去来江口守空船，绕船月明江水寒。
夜深忽梦少年事，梦啼妆泪红阑干。
我闻琵琶已叹息，又闻此语重唧唧。
同是天涯沦落人，相逢何必曾相识。
我从去年辞帝京，谪居卧病浔阳城。
浔阳地僻无音乐，终岁不闻丝竹声。
住近湓江地低湿，黄芦苦竹绕宅生。
其间旦暮闻何物，杜鹃啼血猿哀鸣。
春江花朝秋月夜，往往取酒还独倾。
岂无山歌与村笛，呕哑嘲哳难为听。
今夜闻君琵琶语，如听仙乐耳暂明。
莫辞更坐弹一曲，为君翻作琵琶行。

感我此言良久立，却坐促弦弦转急。
凄凄不似向前声，满座重闻皆掩泣。
坐中泣下谁最多？江州司马青衫湿。

[朗诵解读]

这首诗写了诗人送客时偶遇旧日京城乐妓，听其演奏琵琶和叙说身世的情节，抒发了诗人心中的酸楚愤懑和对朝政的不满。笔墨朴素，自然流畅，对音乐的描述奇崛细腻。诗中“千呼万唤始出来，犹抱琵琶半遮面”“嘈嘈切切错杂弹，大珠小珠落玉盘”“别有幽愁暗恨生，此时无声胜有声”“同是天涯沦落人，相逢何必曾相识”已是人所传诵的名句。

全诗大概可以分为送客、弹琴、讲诉、感怀等几个部分，朗诵时要抓住这条脉络，并注意各个部分的区别与统一，即送客之惆怅，乐曲之奇崛，讲诉之悲苦，感怀之神伤，既各有重点，又统一归于凄清酸楚的整体基调中。

本诗为深沉舒缓型的整体节奏，间有高亢紧张型的局部节奏。

朗诵重点在于引发酸楚的情感、营造清冷的语境，吐字轻巧有力，字音清朗，总体音量不可大而无当。

第七章

词的朗诵

词，是中国古典文学作品中重要的组成部分。早在唐代的时候就已经有许多优秀的词作了，在宋代其艺术达到了顶峰。

许多朗诵者都喜欢选择优秀的词作进行朗诵，其长短错落的句式、多样的表达手法、或豪放或婉约的词风都成了人们将其选为朗诵作品的重要原因。

词的朗诵，可以从以下几方面入手进行创作：

一、了解词牌

词，从表面上看似乎有着自由的句式，而且也不易看出格律上的要求，但实际上词的写作是要遵循相当复杂严格的规律的，不同规律的组合便构成了词牌，如我们常见的《念奴娇》《蝶恋花》《江城子》等都是词牌。

了解了词牌，可以帮助我们熟悉其句式的铺排、对仗写作手法的运用、韵律的编配等，这样，在朗诵时，我们就有可能比较容易地掌握作品的思想内容、抓住其主旨、安排停连、控制节奏。可以说，了解词牌是朗诵好词作的基础性工作。

比如说《浣溪沙》这一词牌，共有上下两阕，每阕各三句，每句都是七个字。请看宋代词人晏殊的同词牌作品：

一曲新词酒一杯，
去年天气旧亭台，
夕阳西下几时回。

无可奈何花落去，
似曾相识燕归来。
小园香径独徘徊。

我们在朗诵时遇到的最大困难就是对其节奏的控制，因为大家都比较熟悉七言诗的格式，比如七言绝句，大家在朗诵到第三句时往往会将语势扬起，句尾适当延长以引领最后一句。可是《浣溪沙》上下阕的第三句就是结束句，如果按照习惯性的语气、节奏来朗诵，人们在读完每一阕的第三句时，往往会有一种没有完结的感觉。因此，要熟悉这种词牌的格式要求，并运用适当的表达方法进行创作。一般来说，可以通过节奏和语速的控制来改变这种没有完结的感觉。常见的办法如：每一阕第三句的语速可以慢于前两句；同时，前两句的语流可以连贯一些，而每阕第三句除放慢语速外还可以根据语意适当安排停顿，这样可以平衡前两句和第三句的分量，完成节奏的调控，在朗诵创作时，我们才会觉得每一阕都是完整和谐的。

再比如，有些词中是使用领字的，即某一句或某几句之前用一个字作为发语词，发语词领属其后面的若干字词和句子，并将这些字词和句子连缀起来。宋代词人柳永《雨霖铃》中有这样几句：

念去去，
千里烟波，
暮霭沉沉楚天阔。

从文字上看，这是三个句子，但朗诵时不能一句一句简单罗列起来。因为“念”字是领字，它领属着其后的文字，直到“楚天阔”为止，所以应该在“念”字后安排一个较长的停顿，接下来的文字则不必受标点符号的限制而连贯地诵读出来，这样，语意才能更加清晰。

二、熟悉内容

熟悉词作内容，是从根本上把握作品主旨的途径，对于词的朗诵创作至关重要。

熟悉内容主要是受词作的写作形式的影响而提出来的。

其一，虽说古典词作除小令以外，篇幅较之格律诗来说往往都要长一些，但其篇幅毕竟有限，因此词人在写作时用语依然简练，思维跳跃，不事先尽可能地熟悉词作，则往往会出现不知所云的状况。

其二，抒情是词作主要的艺术特点，许多优秀的词作中都蕴含着丰富的情感，无论是羁旅情愁，还是怀古幽思，其含量都是非常丰富的，可以说，相对短小的篇幅中蕴含着无尽的情思，这对于朗诵者来说，挖掘文字背后的情感也是一个巨大的挑战。

其三，不少词人都善于用典，甚至有的一首词中就有多处典故，不熟悉内容，不了解典故，朗诵时往往就会流于表面化。

比如宋代词人辛弃疾《永遇乐·京口北固亭怀古》中就使用了较多的典故，并抒发了深沉丰厚的情感：

千古江山，
英雄无觅，
孙仲谋处。
舞榭歌台，
风流总被，
雨打风吹去。
斜阳草树，
寻常巷陌，
人道寄奴曾住。
想当年，
金戈铁马，
气吞万里如虎。

元嘉草草，
封狼居胥，
赢得仓皇北顾。
四十三年，
望中犹记，
烽火扬州路。
可堪回首，
佛狸祠下，
一片神鸦社鼓。
凭谁问，
廉颇老矣，
尚能饭否？

“孙仲谋”，说的是三国时的孙权，然而历经变迁，物人皆非，连“舞榭歌台”也早已荡然无存了。作者抒发了对世事变迁、沧海桑田的感慨。

“寄奴”指的是南北朝的宋武帝刘裕（寄奴是刘裕的小名），他出生于京口，后来从这里起兵北伐，并收复洛阳、长安等地。词人对其声威表示了极大的赞赏和钦佩。

“元嘉草草，封狼居胥，赢得仓皇北顾”三句，说的是南朝刘义隆北伐失败的史实。南朝宋文帝刘义隆派王玄谟率兵北伐，由于草率出兵，结果大败而逃。句中凝聚着词人以古鉴今之意。

“佛狸祠下，一片神鸦社鼓”，是说北魏太武帝在击败王玄谟之后，一直追击到瓜步山，建立了佛狸祠庙，然而如今的人们却在那里祭神敲鼓，忘记了民族耻辱。词人抒发了自己忧伤慨叹之情。

“廉颇”是战国时赵国名将。词人以廉颇自比，表明自己虽已年老，但壮志犹在。

试看，在这首词中，作者使用典故竟达五个之多，并且抒发的情感也非常丰富，不了解作品，不熟悉内容，不把握典故的精要，是很难充分理解并朗诵作品的。

其他词人的词作虽然未必使用这么多典故，但同样有用典的情况，而且抒发的情感也是复杂多样的。所以，朗诵者应尽可能多地了解背景、尽可能深入地熟悉词作。

三、处理句群

词的句式长短不一，特别是在有些作品中有许多短句相继而出。不过这些短句不是各自孤立存在的，而是根据一定的意思组合在一起，这时就涉及句群划分与朗诵处理问题。句群划分，就是把那些构成一个完整意思的若干分句结合在一起形成一个相对完整的单位；而句群处理则是把划分的结果体现在词的朗诵创作中的过程。

划分句群并不仅仅具有理论上的意义，它对于朗诵创作实践也很有帮助，并在实践中得到充分地体现。一般来说，句群内部各个分句之间的语势应彼此呼应连缀，使得语意更加连贯清晰；句群内部各个分句之间的停顿相应缩小，以便加强分句间结合的紧密度，便于朗诵和欣赏；句群与句群之间的层次要通过停顿连接、改变情绪状态和改变语言表达样态等方式来加以体现和转换，等等。如果说熟悉词的内容是从宏观角度分析作品并进行朗诵创作的话，那么处理句群则是从微观角度进一步对作品进行分析和整理，并体现在朗诵创作的过程中。

下面以苏轼的《江城子·乙卯正月二十日夜记梦》为例来看一看句群处理问题（句群间的界限用“/”来表示）：

十年生死两茫茫，（句尾平收，时值延长，以引领下文）
不思量，（语势平起，但要与上文呼应，句尾稍扬）
自难忘。/（紧接上句，句尾渐弱渐收）
千里孤坟，（句尾稍扬，以引领下文）
无处话凄凉。/（与上句连贯起来，“无处”后稍停）
纵使相逢应不识，（语速加快，句尾上扬，语气悲切）

尘满面，（高起以承接上句，“面”字延长字尾，声不断紧接下句）
鬓如霜。/（声音渐强，与上句贯通）

夜来幽梦忽还乡，（气息调匀后再开口，语气色彩较上句淡一些）
小轩窗，（用声柔和，色彩淡雅）
正梳妆。/（同上）
相顾无言，（句尾上扬，以引领下文）
惟有泪千行。/（音高降低，低回婉转）
料得年年肠断处，（上山类语势，“处”字字尾扬起并夸张延长）
明月夜，（语速渐慢）
短松冈。（语速放慢，声弱渐收）

这首词上下两阕虚实相衬。上阕写作者对亡妻的思念，直接抒情，朗诵时语多悲凉，情感浓烈；下阕写自己由思念而于深夜梦回故乡，并与爱妻梦中相见。篇首几句色彩淡雅，篇尾处色彩渐浓。每个句群都是靠感情色彩和语言表达形式的变化和转换来显现并与其他句群相区别的。

四、确定风格

词有豪放和婉约之分，由此可以将词的风格加以区分确定。确定了词的风格，也就为朗诵基调的设定、用气发声的控制、语言表达技巧的运用提供了一个可资借鉴的标准。

一般来说，豪放风格的词，朗诵时的基调多高亢、凝重、热情、舒展，气息充沛，声响音高，语言表达大起大落，大开大阖，沉郁顿挫。

婉约风格的词，朗诵时的基调多深沉、低迷、凄婉、清寒，弱控制气息，声柔音暗，语言表达低回婉转，欲放还收。

当然，这是从宏观角度对词的风格作的一个粗略的划分。在每一个主要的风格类型之内，还可以根据其色彩浓淡和力度强弱分出更多的级别，每个级别的用气发声、语言表达、情感抒发都有自身的区别特征，这也为朗诵类型的多样化和创作空间的广阔化提供了必要性和可能性。

比如说，岳飞的《满江红》和辛弃疾的《永遇乐·京口北固亭怀古》两首词，从主体风格色彩角度来说，都具有豪放雄浑的特点，但在朗诵时却应该有不同的处理。《满江红》是岳飞在南宋初建、身负重任的时候写就的，表现了抗金将领反抗外族入侵的强烈愿望和坚定信念，故而豪气干宵，壮志凌云，字里行间散发着一种积极向上的精神气质。《永遇乐·京口北固亭怀古》是词人辛弃疾空怀报国之志但却不被重用时借怀古而发出的不平之鸣，因此有伤感慨叹之状，沉郁沧桑，雄浑悲怆。

此外，词作中还有一些清新淡雅、意境清丽的小令，或传达偶发的情怀，或抒写优美的景色，令人诵而忘忧，怡然自得。如张志和《渔歌子》中的“青箬笠，绿蓑衣，斜风细雨不须归”为人们描绘了一幅秀美的风景画；李清照《如梦令》中的“知否？知否？应是绿肥红瘦”表现了一种惜春、伤春的心情，语出清丽，意出含蓄。这些不同的词作在朗诵时都应根据其具体的感情色彩给以不同的分量，并在情感抒发、语言表达、风格定位上有所体现。

五、凸显特色

犹如文学创作要以典型化为创作标准一样，词的朗诵创作也应凸显自己的特色。这当然包括朗诵者自身的气质风度、发声条件问题，同时也体现在对作品个性特征的发掘和处理上。这里我们主要谈后一个问题。

凸显特色，就是对作品个性特征的深入挖掘和细致处理。不同的作品当然有不同的特色，但是由于词作数量众多，而且多以抒情感怀为主要内容，这就难免造成类型的雷同和色彩的单一，即使小有特点，往往也会由于朗诵者未加区别地草率处理而耽于平凡。因此如若发现了词作中的特点，就有必要将这一特点加以强化和突出，以使其特色凸显出来。

强化有正向强化和反向强化两种。

所谓正向强化，是指为表现词作内容和抒发词人强烈的情感而加大语言表达的力度、强度、亮度、幅度、尺度等。如苏轼《江城子·密州出猎》中的词句：

老夫聊发少年狂，
左牵黄，
右擎苍，
锦帽貂裘，
千骑卷平冈。

这是苏轼豪放词风典范之作中的句子。朗诵时，“老夫”如“少年”般的狂态、“牵黄”和“擎苍”的架势、“千骑卷平冈”的气势和动感，都可以靠加强吐字力度、加大语势起伏变化幅度，以及转换音色虚实等方法表现出来。

所谓反向强化，是指为了表现词作内容和抒发词人细腻温婉的情感而减小语言表达的力度、强度、亮度、幅度、尺度等。注意，反向强化并非不强化，它是采取与常规强化相反的方式，加强了这种方式与人们的强化定势之间的对比，如此产生了特殊的强化效力。如李煜《相见欢》中的词句：

无言独上西楼，
月如钩，
寂寞梧桐深院锁清秋。

这几句写的西楼、残月、梧桐、深院无不体现出一种孤独寂寞之感，抒发词人国亡家败、身为囚徒时无尽的凄婉愁思。朗诵时，可以使用弱气息控制，声音的走向、幅度等都处于一种含蓄内敛的状态中，甚至于语速也要放慢，但词作抒发的抑郁苦闷的情感却给人以异常深刻的印象。

总的来说，凸显特色的关键就是改变表达的定势，表达的方式方法甚至于风格格调既在情理之中，又在意料之外。

指要：作品朗诵解读

忆秦娥

李白

箫声咽，
秦娥梦断秦楼月。
秦楼月，
年年柳色，
灞陵伤别。

乐游原上清秋节，
咸阳古道音尘绝。
音尘绝，
西风残照，
汉家陵阙。

[朗诵解读]

《忆秦娥》是中国古典诗词中的一个词牌名称，经常用于表现离愁别恨之类的哀伤感情。李白的这首词将离人眼中具有伤感色彩的事物、景物置于清秋、黄昏的时间段里，更增强了伤感和愁绪。

朗诵时不应只局限于个人的愁绪抒发，而应提升到具有普遍意义的人生感和历史沧桑感的高度，这是受“年年”“灞陵”“乐游原”“咸阳古道”“汉家陵阙”等字词的影响并反映在整个作品中的。当然，在朗诵时这些字词的表达处理分量还是要有差别的。

朗诵整体基调深沉，用声虚实结合，有伤古悼今之意。

渔歌子

张志和

西塞山前白鹭飞，
桃花流水鳜鱼肥。
青箬笠，
绿蓑衣，
斜风细雨不须归。

[朗诵解读]

这首词以清丽自然的笔调，描绘了江南水乡的优美景色，并生动地刻画出了一位悠然自在的渔翁形象。

朗诵的难点在于词作朗朗上口，语流顺畅，这反而容易令人在诵读时仅考虑到顺畅性，而忽视了感受的细腻、语势的起伏和节奏的变化。

作品首行轻缓入句，交代清楚地点（西塞山前）和全景（白鹭高飞的场面），视野辽阔，节奏舒展。

第二行语势起伏加大，上有桃花，下有流水，还有游动的鳜鱼，朗诵时要描摹出形象的画面。

“青箬笠，绿蓑衣”注重细节描写，有注视之感，用声轻灵。

尾句再次将场景拉大，“斜风细雨”描摹出一幅柔和的烟雨画面，而“不须归”三字则将节奏拉开，加强悠然自在的洒脱气质。

全词基调清新，节奏既舒展又明快，要运用情景再现的方法描摹出清晰的画面，并运用自由洒脱的语气突出韵味。

谒金门

冯延巳

风乍起，
吹皱一池春水。
闲引鸳鸯香径里，
手挼红杏蕊。

斗鸭阑干独倚，

碧玉搔头斜坠。
终日望君君不至，
举头闻鹊喜。

［朗诵解读］

这首词由风而水，由景而人，写了一位佳人思念爱人的情态和心理，属于婉约风格的词作。其中，“风乍起，吹皱一池春水”是为人所传诵的名句。

朗诵时注意对一些动词的处理，如“吹皱”“挪”等要在语流中加以强调以促成语势的起伏变化。

下阕的“斗鸭阑干独倚，碧玉搔头斜坠”要反映出一种百无聊赖的情态和细腻婉转的愁绪。

“终日望君君不至”则是最能体现作品主题的句子，情绪加浓，分量加大，语势加大起伏，句尾扬起以引领下文。

尾句“举头闻鹊喜”情绪收敛，语速趋缓，给人回归现实、仿如隔世之感。

山花子

李璟

菡萏香销翠叶残，
西风愁起绿波间。
还与韶光共憔悴，
不堪看。

细雨梦回鸡塞远，
小楼吹彻玉笙寒。
多少泪珠何限恨，
倚阑干。

［朗诵解读］

李璟是南唐的一位君王，同时也是一位很有才华的词人。这首词的上阕写庭院深秋萧索的景色，下阕写楼中思妇无尽的愁绪，实际上寄托了作者家国凋零的感慨，情思幽怨。

朗诵时不能把情思局限于思妇的愁思哀怨层面上，应上升到对家国人生体悟的高度上。

上阕突出一种萧索的特点，并表达出不堪回首之意；下阕则突出凄寒悲凉的感觉，要细细体味，感同身受。

其中“小楼吹彻玉笙寒”形象生动，并通过形象画面透露出作者内心的苦楚，是广为传诵的名句，诵读时要通过放慢语速、善用停连（可以处理成鲜明的四三音步）、调节节奏变化等方式予以突出。

基调深沉悲凄，整体节奏低沉，用声内收，虚实声结合，有独白以发人生感慨的味道。

相见欢（林花谢了春红）

李煜

林花谢了春红，
太匆匆，
无奈朝来寒雨晚来风。

胭脂泪，
相留醉，
几时重？
自是人生长恨水长东！

[朗诵解读]

这首词是南唐后主李煜的作品，是他在失掉皇位、沦为宋朝囚徒后写就的。

上阕写林花受风雨侵袭而匆匆凋零，借自然界中的现象抒发了人生感慨。“春红”二字代指花。

下阕抒发了情人离散之恨如流水东去一样不可改变的无奈愁绪。“自是人生长恨水长东”一句将人生比作东流水，唤起了人们的普遍情感。

朗诵时，要有一种凄婉惆怅的情绪，上阕的情绪突出无奈感，下阕的情绪以“自是”引领表明人生不如意的不可抗拒感。短句语速放慢，如沉吟而出；长句可以有停顿，但要注意其内在语意的连贯。结尾一句有如长叹般诵出，气息弥散，句尾延长。

相见欢（无言独上西楼）

李煜

无言独上西楼，
月如钩，
寂寞梧桐深院锁清秋。

剪不断，

理还乱，
是离愁，
别是一番滋味在心头。

[朗诵解读]

这首词上阕着重写景，西楼、残月、梧桐、深院无不体现出一种孤独寂寞之感。下阕直接抒情，将“不断”且“乱”的离愁抒写得形象深刻。

这首词善于将抽象的精神活动具体化，朗诵时注意描绘出这一具体化的过程。如，一个“锁”字将深院清秋的景色形象地描绘出来，应该适当加强吐字力度，并延长其时值。

下阕注意各句语势的高低起伏变化和句与句间的语势呼应。“剪不断，理还乱”两句语势渐升；“是离愁”一句高起低落，与上句呼应；“别是一番滋味在心头”采取波峰类语势，“滋味”一词处于语句的最高点，之后延长字尾并稍稍停顿，“在心头”三字弱起承接，语速放慢，结束时声音渐弱渐消。

浪淘沙

李煜

帘外雨潺潺，
春意阑珊。
罗衾不耐五更寒。
梦里不知身是客，
一晌贪欢。

独自暮凭栏，（一本作“独自莫凭栏”）
无限江山，
别时容易见时难。
流水落花春去也，
天上人间。

[朗诵解读]

这首词从阴雨、晚春、寒夜入手，用流水落花作比，将天上和人间相对照，抒发词人国亡家败之痛，凄婉哀伤。

朗诵时，上阕前三句开口要慢，有如吟诵，语速宜缓，语势平起平落。“梦里不知身是客”一句采取上山类语势，“客”字提高音高，延长时值；“一晌贪欢”承接上句语势开口，音量要小。

下阕的“无限江山”一句可将语速放慢，用四个字高度概括家国两失的感慨；“天上人间”四个字要突出今昔境遇之迥异，语速极慢，其中，“天上”与“人间”两个词之间可以夸张地停顿，前高后低的语势对比也可加大一些。

虞美人

李煜

春花秋月何时了？
往事知多少！
小楼昨夜又东风，
故国不堪回首月明中。

雕栏玉砌应犹在，
只是朱颜改。
问君能有几多愁？
恰似一江春水向东流！

[朗诵解读]

这首词以自然界的景物切入，然后极写了不堪回忆的家国往事，抒写了无尽的哀伤感慨。

朗诵时注意对问句的处理。实际上，词中的问句几乎都是直接抒情，并采取自问自答的方式，越答越愁，愁绪不断。

这首词用语浅近，语言流畅，不过在朗诵时，可不必一气呵成，而是故意切分词句，靠停顿、延长字音等方式，突出重点词句，并形象描摹词人的情绪状态。

整首词颇多感慨，颇多长叹，无法排解的愁苦情绪处处弥漫。

苏幕遮

范仲淹

碧云天，
黄叶地，
秋色连波，
波上寒烟翠。
山映斜阳天接水，
芳草无情，
更在斜阳外。

黯乡魂，
追旅思，
夜夜除非，
好梦留人睡。
明月楼高休独倚。
酒入愁肠，
化作相思泪。

[朗诵解读]

这首词通过对深秋景物的描绘，抒发了旅人思念家国的一片深情。

上阕着重写景，景中含情，朗诵时要有一种迷蒙之感，怅惘之绪。“芳草无情”一句应放慢语速，加强吐字力度，但音量不要大，可有虚声成分。

下阕重在抒情，抒发了旅途中的思乡之苦和去国之恨。“夜夜除非，好梦留人睡”应两句并作一句处理，这样才符合语意。“酒入愁肠，化作相思泪”应着意处理，“愁肠”二字加强吐字力度并延长字音时值，字尾上扬，以引领下句；“相思泪”三字放慢语速，以突出形象并增强感人的力量。

浣溪沙

晏殊

一曲新词酒一杯，
去年天气旧亭台，
夕阳西下几时回。

无可奈何花落去，
似曾相识燕归来。
小园香径独徘徊。

[朗诵解读]

这首词从表面上看平白如话，但它的主旨却众说纷纭，这里我们不作探究，不过从词的感情色彩角度来说，通篇散发出一股淡淡的愁绪，给人以孤寂无奈之感。

《浣溪沙》这一词牌朗诵起来最大的难度在于通篇节奏的控制上：上下阕各三句，每句都是七个字，通常情况下，人们在读完每一阕的第三句时，往往会有一种没有完结的感觉，因此要通过节奏和语速的控制来改变这种不适感。常见的办法如：每一阕第三句的语速可以慢于前两句，同时，前两句的语流可以连贯一些，而每阕第三句除放慢语速外还可以根据语意适当安排停顿，这样可以平衡前两句和第三句的分量，完成节奏的调控。

以下阕为例，“小园香径独徘徊”一句可以采取波峰类语势，“径”字处于语句的高点，延长字音时值并停顿；“独徘徊”三字顺语势渐落，语速放慢。

蝶恋花（槛菊愁烟兰泣露）

晏殊

槛菊愁烟兰泣露，
罗幕轻寒，
燕子双飞去。
明月不谙离恨苦，
斜光到晓穿朱户。

昨夜西风凋碧树，
独上高楼，
望尽天涯路。
欲寄彩笺无尺素，（一本作“欲寄彩笺兼尺素”）
山长水阔知何处。

[朗诵解读]

这首词以情蕴景，以物写心，深入细致地刻画了为离愁所苦的内心世界，秋意萧瑟，孤寂凄寒。“明月不谙离恨苦，斜光到晓穿朱户”一句更是以眼望月光彻夜难眠的情态来表明诗人内心的愁苦孤寂，将眼前之景与内心之情有机地结合起来。其中，“昨夜西风凋碧树，独上高楼，望尽天涯路”是为大家所传诵的名句。

朗诵时注意场景、景物的转换与视域的变化：由庭院的菊兰，到室内的明月光，再到高楼和天涯长路，视域由近而远，思绪也由此时此地而无限延展。

作品心绪凝重，上阕心思细腻，笔法婉约，下阕苍郁旷远，词风粗豪，朗诵时用气发声、语气节奏乃至情感基调都要有所区分。

雨霖铃

柳永

寒蝉凄切，
对长亭晚，
骤雨初歇。
都门帐饮无绪，

留恋处，
兰舟催发。
执手相看泪眼，
竟无语凝噎。
念去去，
千里烟波，
暮霭沉沉楚天阔。

多情自古伤离别，
更哪堪冷落清秋节。
今宵酒醒何处，
杨柳岸，
晓风残月。
此去经年，
应是良辰好景虚设。
便纵有千种风情，
更与何人说。

［朗诵解读］

柳永，北宋词人，婉约派最具代表性的人物之一，《雨霖铃》是其代表作之一。宋仁宗年间进士，官至屯田员外郎，故世称柳屯田。他自称“奉旨填词柳三变”，以毕生精力作词，并以“白衣卿相”自诩。

这首词以离别羁旅为主题，抒发了词人留恋伤感的凄情愁绪。

由于这类词的篇幅较长，句子参差不齐，节奏富于变化，因此在朗诵中容易显得散乱，影响句子连贯性，并影响到语意的清晰。因此，注意句群的划分、语势呼应连贯、加强领字的领属作用，是朗诵中的关键问题。

词的上下阕可以按句号所标注的位置各划分为四个句群；每个句群内部的语流可以连贯一些，句群内部各分句之间的停顿适当缩短，并且各句语势要彼此承接映照；“念去去，千里烟波，暮霭沉沉楚天阔”一句中，“念”字是领字，可以在其后延长停顿时间，接下来的文字则不必受标点符号的限制而连贯地诵读出来。

八声甘州（对潇潇暮雨洒江天）

柳永

对潇潇暮雨洒江天，

一番洗清秋。
渐霜风凄紧，
关河冷落，
残照当楼。
是处红衰翠减，
苒苒物华休。
惟有长江水，
无语东流。

不忍登高临远，
望故乡渺邈，
归思难收。
叹年来踪迹，
何事苦淹留？
想佳人妆楼颙望，
误几回，
天际识归舟？
争知我，
倚栏杆处，
正恁凝愁。

[朗诵解读]

此词是作者柳永的代表作之一。该词抒写羁旅悲秋，相思愁恨，大约作于游宦江浙时。

上阕写景，以暮雨、霜风、江流描绘了一幅风雨急骤的秋江雨景。下阕抒情，“不忍登高”乃是对登楼临远的反应，后文层层描摹了“不忍登高”的情景及原因。

诵读此词可从如下三方面入手：

一是基调悲而不惨，有悲秋之意，无惨淡之状，分寸把握是关键。

二是虽为婉约之词，但不厌开阖，“江天”“关河”“长江水”“登高临远”“天际”等用语视界辽阔，不宜狭隘拘束。

三是重点词句可渲染强调，特别是“渐霜风凄紧，关河冷落，残照当楼”这几句得到了苏东坡的赏识，认为“此语于诗句不减唐人高处”，诵读时不妨着重予以关注和强调，语速也可适当放慢些。

玉楼春

宋祁

东城渐觉风光好，
縠皱波纹迎客棹。
绿杨烟外晓寒轻，
红杏枝头春意闹。

浮生长恨欢娱少，
肯爱千斤轻一笑。
为君持酒劝斜阳，
且向花间留晚照。

［朗诵解读］

宋祁这首词中的“红杏枝头春意闹”一句早在北宋时期就已为大家所传诵，任工部尚书的宋祁为此而得到“红杏尚书”的雅誉。

这首词上阕写景，描绘了初春在淡淡寒意中所显露出来的抑制不住的勃勃生机，色彩明丽，意境清新。朗诵时要着意烘托出内心的喜意，“红杏枝头春意闹”更是要做到语气跳脱灵动。

下阕边议论边抒情，有惜春慨叹之意。其中“长恨”“轻”都要着意加以强调以突出人生感慨，尾句“且向花间留晚照”语势低缓、情态洒脱，小有“今朝有酒今朝醉”的无奈感。

整体的朗诵创作要注意凸显上下两阕的特色，同时又要过渡自然，和谐统一。

踏莎行（候馆梅残）

欧阳修

候馆梅残，
溪桥柳细，
草薰风暖摇征辔。
离愁渐远渐无穷，
迢迢不断如春水。

寸寸柔肠，
盈盈粉泪，
楼高莫近危栏倚。

平芜尽处是春山，
行人更在春山外。

[朗诵解读]

这首词上阕写行人思家，下阕写家人念远，两厢思念，愁思不断，感情深挚。

分析词作时要注意上下两阕所表现人物的性别和心理。上阕表现的是男主人公的羁旅离愁，其愁如春水般迢迢不断；下阕表现的是女主人公的思念情肠，不过却是从男主人公的视角写起，描绘了想象中闺人的情态，并表现了男主人公对闺人的关心（“楼高莫近危栏倚”）。

朗诵时要区分上下两阕人物性别心理的差别，这一方面依靠情绪基调的粗豪与细腻进行对比，另一方面体现在具体字词的表达处理上，如“摇征辔”三字加以强调有助于突出羁旅情状，而“盈盈粉泪”着意点染则有助于细腻描摹心怀思念的女子形象。

词作通篇节奏舒缓，用声柔和，气韵悠长，字里行间充溢着无奈的叹息。

蝶恋花（庭院深深深几许）

欧阳修

庭院深深深几许，
杨柳堆烟，
帘幕无重数。
玉勒雕鞍游冶处，
楼高不见章台路。

雨横风狂三月暮，
门掩黄昏，
无计留春住。
泪眼问花花不语，
乱红飞过秋千去。

[朗诵解读]

这首词写了闺中思妇伤春怀人的愁苦心情。上阕用景物从空间上烘托氛围，表现愁绪；下阕从时间的角度选择意象，春欲去，渐黄昏，加之风雨大作，更增添了几层悲哀。

“庭院深深深几许”一句采取波峰类语势，第三个“深”字处于语句的高点，同时加强该字的吐字力度，并适当延长时值，不过音量不要大，音色可以暗一些。

“帘幕无重数”一句中的“无重”二字拉开字腹，放慢语速，以示强调。

“泪眼问花花不语”采取上山类语势，句尾顺语势扬起并延长，以引领下文。

“乱红飞过秋千去”采取下山类语势，要有一种无可奈何的语气。

生查子·元夕

欧阳修

去年元夜时，
花市灯如昼；
月上柳梢头，
人约黄昏后。

今年元夜时，
月与灯依旧，
不见去年人，
泪满春衫袖。

[朗诵解读]

这首词就元宵佳节这一特定节日抒写了青年男女的恋情，展现了主人公在恋爱过程中的心态。用语平白，格调清新，温婉清丽。

上阕的重心在最后一句，不过在朗诵时却不是响鼓重槌地加大音量，相反，前三句语势渐提，音量可以大一些，而第四句则突然将音量减弱，语势降低，整体音高低于前三句。通过对比，使第四句的语意显现出来，表现了恋爱中人无限的甜蜜和温馨。

下阕的重心在最后两句。朗诵时突出句意的方法在于情绪情感的变化上，一句“泪满春衫袖”表现了主人公浓重的愁绪。

两阕以“去年元夜”与“今年元夜”对比，在时间的流逝中表现了主人公处境的变化和心理的变化，这种上下两阕用语相似而情态迥异的情况并不多见，因此在朗诵中要有明显的对比变化。

临江仙（梦后楼台高锁）

晏几道

梦后楼台高锁，
酒醒帘幕低垂。
去年春恨却来时，
落花人独立，

微雨燕双飞。

记得小蘋初见，
两重心字罗衣。
琵琶弦上说相思。
当时明月在，
曾照彩云归。

［朗诵解读］

这首词抒发了追思忆旧的深情，意境清丽，词意婉转。

上下两阕的句式字数一致。朗诵时注意每一阕语势高低起伏的变化和语势之间的呼应。

以上阕为例：

“梦后楼台高锁，酒醒帘幕低垂”两句于思绪恍惚中平淡道出，语速较慢，语势变化不大，“高锁”和“低垂”稍有高低的对应变化即可，音色稍暗。

“去年春恨却来时”采取上山类语势，语速加快，句尾顺语势扬起，并把“时”字的字尾延长，以引领下文，音量适当加大。

“落花人独立，微雨燕双飞”再次将音高降低，放慢语速，音量稍收。

下阕在语言表达形式的变化与上阕类似。

江城子·乙卯正月二十日夜记梦

苏轼

十年生死两茫茫，
不思量，
自难忘。
千里孤坟，
无处话凄凉。
纵使相逢应不识，
尘满面，
鬓如霜。

夜来幽梦忽还乡，
小轩窗，
正梳妆。
相顾无言，

惟有泪千行。
料得年年肠断处，
明月夜，
短松冈。

[朗诵解读]

这是一首悼亡词，抒发了作者对亡妻的深深思念之情，委婉曲折，令人肝肠寸断；同时，字里行间还流露出作者仕途失意，饱经沧桑的伤感和悲凉。

这首词使用了虚实相衬的手法，上阕写实，下阕写虚。

上阕写作者对亡妻的思念，直接抒情，朗诵时语多悲凉，情感浓烈。

下阕写自己由思念而于深夜梦回故乡，并与爱妻梦中相见。“夜来幽梦忽还乡，小轩窗，正梳妆”几句色彩淡雅，注意加强吐字力度，但字腹不必拉得太开，音量也相对收一些。“料得年年肠断处”采取上山类语势，以引领下文，音量加大，语速加快，情感趋浓。“明月夜，短松冈”两句语速渐慢，音量渐收。

江城子·密州出猎

苏轼

老夫聊发少年狂，
左牵黄，
右擎苍，
锦帽貂裘，
千骑卷平冈。
为报倾城随太守，
亲射虎，
看孙郎。

酒酣胸胆尚开张，
鬓微霜，
又何妨。
持节云中，
何日遣冯唐。
会挽雕弓如满月，
西北望，
射天狼。

［朗诵解读］

这首词是苏轼最早的一首成熟的豪放词，也是其豪放词风的典范之作。

词的上阕写了围猎的场面，渲染出词人外在的“狂”态。朗诵时，“老夫聊发少年狂，左牵黄，右擎苍，锦帽貂裘，千骑卷平冈”几句气息充沛，语气连贯，语速适当加快。“为报倾城随太守”一句平起，不必着力。“亲射虎”一句音高提高，吐字有力。“看孙郎”中的“看”字可以增加较强的虚声成分，并延长时值，给人以动作感，并体现出一股豪放之气。

下阕写了诗人饮酒后所表现出来的“狂”态。朗诵时注意对关键字词的强化，而不必字字用力。如“又何妨”三字气脉充沛，语势挥洒不羁，以表现词人的豪情壮志；“会挽雕弓如满月”应有一定的气势，不过这种气势还不要完全挥洒出来，蓄势待发；而“西北望”一句采取上山类语势，句尾稍扬，顿停；“射天狼”三字可以一字一顿，增强阳刚之美。

水调歌头

苏轼

明月几时有？
把酒问青天。
不知天上宫阙，
今夕是何年。
我欲乘风归去，
又恐琼楼玉宇，
高处不胜寒。
起舞弄清影，
何似在人间。

转朱阁，
低绮户，
照无眠。
不应有恨，
何事长向别时圆。
人有悲欢离合，
月有阴晴圆缺，

此事古难全。
但愿人长久，
千里共婵娟。

[朗诵解读]

这首词是北宋文学家苏轼的代表作之一，也是中秋赋词中的名篇。意境阔大深远，情感低回婉转，洒脱自在，词情通达。

上阕具有浪漫主义色彩，用语飘逸。朗诵时注意对韵律的把握，同时可以顺语势的变化而作高低、疏密以及时值长短的处理，以增强韵味。其中，“明月几时有？把酒问青天”一句有多种不同的处理方式，或处理成豪饮之后的畅达，或处理成酒后“悲从中来”的慨叹，可结合前后文基调的设定而灵活选择。

下阕由中秋的圆月联想到人间的别离，词境明朗，格调健康，词中没有局限于表现人们的相思之苦，而是在结尾处向人们表示了美好的祝愿，当然也可理解为参透人生后的智慧与达观。朗诵时应把握其主要基调，情感深厚，情致放达，不要陷于愁苦状态而无法自拔。

念奴娇·赤壁怀古

苏轼

大江东去，
浪淘尽
千古风流人物。
故垒西边，
人道是，
三国周郎赤壁。
乱石穿空，
惊涛拍岸，
卷起千堆雪。
江山如画，
一时多少豪杰。

遥想公瑾当年，
小乔初嫁了，
雄姿英发。
羽扇纶巾，

谈笑间
樯橹灰飞烟灭。
故国神游，
多情应笑我，
早生华发，
人生如梦，
一樽还酹江月。

[朗诵解读]

这首词是北宋文学家苏轼的代表作之一。该词纵论千古，抚今追昔，既追述了赤壁之战的历史，发思古之豪情，又饱含着对自己岁月蹉跎、华发早生的深沉感慨。文章大开大阖，大起大伏，豪放雄浑。

朗诵时应注意骋怀历史与抒发情感的分量调配。写赤壁景色和周瑜气概的文字虽然占了大部分篇幅，但文章的主旨却在抒发自己的情感，因此不能陷入到对景象的写实性描绘中去，而时刻要有一切“景语”皆“情语”的概念，如“乱石穿空，惊涛拍岸，卷起千堆雪”虽然景象浩大，气势凌厉，但其情势的归结点却是“江山如画，一时多少豪杰”的人生感慨，注意不能本末倒置。

而结尾处虽有“人生如梦”的感慨，但考虑到这首词豪放雄壮的基调以及作者恢宏放达的胸怀，也应少些个人愁苦，多些历史感怀。

朗诵时情态稳健沉着，声音响亮坚实，语气舒缓悠长。

蝶恋花（花褪残红青杏小）

苏轼

花褪残红青杏小，
燕子飞时，
绿水人家绕。
枝上柳棉吹又少，
天涯何处无芳草。

墙里秋千墙外道，
墙外行人，
墙里佳人笑。
笑渐不闻声渐消，
多情却被无情恼。

[朗诵解读]

这首词的上阕写了暮春的景色，预示着时光易逝，青春不再，语意缠绵哀婉。下阕写多情的行人为无情所恼，表现了惆怅的心境。

整首词语意浅近，清丽哀婉。朗诵时总体节奏深沉低缓，间有轻快紧凑的语态。在淡淡的却又是挥之不去的怅惘情绪统帅之下，注意加强对重点词句处理的分量。“天涯何处无芳草”看似达观却暗含无奈，“多情却被无情恼”则在结尾处给人留下了无法排解的惆怅感，这两句都宜放慢语速，降低音高，使用较暗的音色，气韵悠长，有如长叹。

卜算子

李之仪

我住长江头，
君住长江尾，
日日思君不见君，
共饮长江水。

此水几时休，
此恨何时已。
只愿君心似我心，
定不负相思意。

[朗诵解读]

这首词抒发了强烈的相思之情，句短情长，词淡意浓。

上阕由景入情。其中，我与君分住长江头尾，共饮一江水却无法相见的描述真切感人，令人唏嘘。朗诵时应放慢语速，字斟句酌，每一个看似平淡的字中都应浸润着深厚的情感，语势变化相对平缓，“日日思君不见君”可以作为重点句加以强调。

下阕以抒情为主。“此水几时休，此恨何时已”两句是一种含悲带愤的质问，实则抒发了主人公无法排遣的思念。“只愿君心似我心”采取上山类语势，句尾延长以引领下文，语气中含有殷切的期盼，语速适当加快。“定不负相思意”一句语速放慢，情动于心，语气坚决，吐字有力，不过音高不必太高，音量也不必太大。

鹊桥仙

秦观

纤云弄巧，

飞星传恨，
银汉迢迢暗度。
金风玉露一相逢，
便胜却人间无数。

柔情似水，
佳期如梦，
忍顾鹊桥归路。
两情若是久长时，
又岂在朝朝暮暮。

[朗诵解读]

这首词赋予牛郎织女鹊桥相会的古老题材以新的立意：只要爱情忠贞不渝，哪怕不能朝朝暮暮相处在一起，两人也同样是心心相印，心灵相通的。这是一部境界全新、立意高远之作。

朗诵时，上阕要满含着对这种美好爱情的赞美之情，情感发自肺腑，吐字清晰，气息充溢。

下阕的“柔情似水，佳期如梦，忍顾鹊桥归路”三句，既要表现出爱情的柔婉，又要表现出离别时的难舍难分。“两情若是久长时，又岂在朝朝暮暮”是为大家所传诵的名句，它既表现了恋人彼此间的深情劝慰，又表达了对忠贞爱情的热情赞美，语气坚定，充满企盼。

踏莎行（雾失楼台）

秦观

雾失楼台，
月迷津渡，
桃源望断无寻处。
可堪孤馆闭春寒，
杜鹃声里斜阳暮。

驿寄梅花，
鱼传尺素，
砌成此恨无重数。
郴江幸自绕郴山，
为谁流下潇湘去。

［朗诵解读］

这首词写于作者贬居郴州期间，表达了作者对于被贬斥的怨恨和独在他乡的孤寂之感。

上阕和下阕的前三句或以景传情，或直接抒情，都表达了这种极度苦闷的情绪。朗诵时要放慢语速，可以使用较暗的音色，加强吐字力度，不过音量不要大，关键是要以情带声，以声传情。其中“桃源望断无寻处”和“砌成此恨无重数”都是各阕中的重点，皆采取“四三”的音步划分方式，情感浓烈，语势起伏大，重音突出。

结尾两句“郴江幸自绕郴山，为谁流下潇湘去”则是词人突发奇想，诘问江水之无情，其实则倾注了自己对离乡远谪的怨恨。朗诵时可以适当加快语速，并强化这种诘问的语气。

如梦令

李清照

昨夜雨疏风骤，
浓睡不消残酒。
试问卷帘人，
却道海棠依旧。
知否？
知否？
应是绿肥红瘦。

［朗诵解读］

这首词表现了一种惜春、伤春的心情，语句清丽，意蕴含蓄，是一首颇具兴味的小令。其中“绿肥红瘦”说的是绿叶茂盛、红花凋落，笔法新颖，为人所称道。

“昨夜雨疏风骤，浓睡不消残酒”描绘了夜雨疾风和酒后浓睡的情态。语势平出，语速较慢，音色偏暗，以适应词意。

“试问卷帘人”一句，采取半起类语势，句尾急停，有较强的对象感，是问话的语气。

“却道海棠依旧”一句，放慢语速，语流平缓，是答话的语气。

“知否？知否？应是绿肥红瘦”这几句，吐字力度适当加强，语速稍快，表达跳脱活泼，清新纯净。

醉花阴

李清照

薄雾浓云愁永昼，
瑞脑消金兽。
佳节又重阳，
玉枕纱厨，
半夜凉初透。

东篱把酒黄昏后，
有暗香盈袖。
莫道不消魂，
帘卷西风，
人比黄花瘦。

[朗诵解读]

这首词是宋代女词人李清照以居人身份，怀念远游他乡的丈夫赵明诚而作的，全词虽只字未提怀念远人，但却处处透露出一种离索寂寞、凄凉惆怅的气氛。

作品下阕更有名句为大家所熟悉和传诵，如“东篱把酒黄昏后”只一句话就交代清楚了时间、地点和情境，既高度概括又表述清晰；如“帘卷西风”用语新奇，事实上应该是西风卷帘，但作者恰恰将主宾倒置，赋予垂帘以生命感；而“人比黄花瘦”就更成为人们描述形销骨立的形象说法，为人所谙熟。

朗诵时，上文所提到的重点词句要着意强调处理，同时注意氛围的营造，语速舒缓，语势平稳，音色偏暗，在深沉蕴藉中抒发思念之情。

声声慢

李清照

寻寻觅觅，
冷冷清清，
凄凄惨惨戚戚，
乍暖还寒时候，

最难将息。
三杯两盏淡酒，
怎敌他晚来风急。
雁过也，
正伤心，
却是旧时相识。

满地黄花堆积，
憔悴损，
如今有谁堪摘？
守着窗儿，
独自怎生得黑！
梧桐更兼细雨，
到黄昏点点滴滴。
这次第，
怎一个愁字了得。

［朗诵解读］

这首《声声慢》是李清照的代表作。该词紧扣悲秋之意，表现了词人的空虚寂寞和凄情愁绪，情感悲怆，笔力凝重。

朗诵时，情绪的酝酿要深沉，可以有较大的起伏变化；吐字力度要加强；有较强的气息控制，但音量不必大。

同时，由于篇幅较长，句式变化多端，因此在处理时应划分好句群，将语势呼应起来，使语意连贯，如“乍暖还寒时候，最难将息”这两句就应该连得较紧。

再如“守着窗儿独自，怎生得黑”这两句应贯通起来处理，重新安排停顿和连接：“窗儿”后面可以安排一个停顿，而“独自怎生得黑”则可以重新组合成为一个句子，使语意更为明了。

满江红

岳飞

怒发冲冠，
凭栏处，

潇潇雨歇。
抬望眼，
仰天长啸，
壮怀激烈。
三十功名尘与土，
八千里路云和月。
莫等闲，
白了少年头，
空悲切。

靖康耻，
犹未雪。
臣子恨，
何时灭！
驾长车，
踏破贺兰山缺。
壮志饥餐胡虏肉，
笑谈渴饮匈奴血。
待从头，
收拾旧山河，
朝天阙。

[朗诵解读]

这首词是南宋名将岳飞的代表作，写于南宋初建时期，全篇洋溢着激越的爱国主义情怀，充满了抗金雪耻的豪迈气势，情辞慷慨，气壮山河。

朗诵时要把握昂扬的基调和高亢的节奏。要想体现出豪迈的气势，除了要有充沛的气息、有一定力度和响度的用声、有激越澎湃的情感动力以外，还要注意加强控制，运用对比突出等表达技巧，有时要使用欲扬先抑、欲重先轻、欲强先弱等方法，不能一强到底，更不能声嘶力竭。

另外注意句群的划分和句式的重新组合。比如，“莫等闲，白了少年头，空悲切”这三句，应将前两句贯通起来，“头”字后面扬停，然后一字一顿诵读出“空悲切”三字。“待从头，收拾旧山河，朝天阙”这三句也要如此处理。“驾长车，踏破贺兰山缺”这两句同样应该贯通起来处理，而将停顿的位置安排在“破”字之后。

诉衷情

陆游

当年万里觅封侯，
匹马戍梁州。
关河梦断何处，
尘暗旧貂裘。

胡未灭，
鬓先秋，
泪空流。
此生谁料，
心在天山，
身老沧州。

[朗诵解读]

这首词表明了作者矢志不忘抗金复宋、重振国威的报国信念，同时抒发了词人报国无门的无比凄凉之情。

词分上下两阕，但只有上阕的前两句“当年万里觅封侯，匹马戍梁州”抒发了作者意气风发、驰骋疆场的豪情，并反映了其重振国威的信念；其他词句都饱含着满腔的悲愤和遗憾之情，尤其是“心在天山，身老沧州”的遗憾无奈更令人伤感唏嘘。

朗诵时要通过音量的调控、气势的变化、情绪色彩的调制将豪放与遗憾两种情感对比鲜明地表现出来。

细节处理上注意节奏疏密的变化，如下阕“胡未灭”三字虽表明壮志未酬的现实，但毕竟还透露着报国豪情，节奏紧密，语气雄浑，而接下来的“鬓先秋，泪空流”则分明已是满含着无奈凄凉之感了，节奏极缓，气弱情衰。

钗头凤

陆游

红酥手，

黄藤酒，
满城春色宫墙柳。
东风恶，
欢情薄，
一怀愁绪，
几年离索。
错，错，错！

春如旧，
人空瘦，
泪痕红浥鲛绡透。
桃花落，
闲池阁。
山盟虽在，
锦书难托。
莫，莫，莫！

[朗诵解读]

这首词写的是陆游的爱情悲剧，表达了词人思念前妻的真挚之情和悔恨被迫离异的切肤之痛。陆游与唐婉本是一对恩爱夫妻，然而由于陆游母亲不喜欢这个媳妇，他们终于被迫离婚，并各自再成家室。后来陆游在沈园游玩时巧遇唐婉，回首往事，悲苦难忍，于是在沈园的墙上提下了这首词。唐婉看后伤心过度，不久辞世。

这首词上下两阕句式相同，朗诵时应避免因太过雷同而显刻板之态。

上阕的“错，错，错”三个字表明作者对被迫离婚的态度，这一态度是明确的，因此，三个“错”字可以连缀起来，一气呵成，中间不停顿。

而下阕的“莫，莫，莫”三个字则表明了作者对绵绵深情无可挽回的遗憾无奈的痛楚之情，因此朗诵时，三个“莫”字拉开距离，放慢语速，给人以抱恨终天之感。

卜算子·咏梅

陆游

驿外断桥边，

寂寞开无主。
已是黄昏独自愁，
更着风和雨。

无意苦争春，
一任群芳妒。
零落成泥碾作尘，
只有香如故。

［朗诵解读］

这首咏梅词写梅花即使在极其恶劣的环境下依然表现出高尚的品格，赞美了梅花的高洁和坚贞。全词带有自喻的性质和象征的意味。

上阕极写了梅花处境之恶劣。朗诵时应描画出这种寂寞的境遇，营造出惨淡的气氛，基调低沉，色彩沉重。

下阕由衷地赞美了梅花高尚的品格。朗诵时要将明朗的格调体现出来，体会并表现出梅花那种不为外物所动的高洁品质，正义凛然，语气洒脱。

需要说明的是，上下阕的第三句都在语势、节奏上为之一变以示强调，不同的是前者突出其孤独愁苦之感，后者突出其明朗乐观之态，程度加强，但色彩迥异。

菩萨蛮·书江西造口壁

辛弃疾

郁孤台下清江水，
中间多少行人泪。
西北望长安，
可怜无数山。

青山遮不住，
毕竟东流去。
江晚正愁余，
山深闻鹧鸪。

［朗诵解读］

宋朝爱国词人辛弃疾与苏轼并称“苏辛”，其词风激昂慷慨，悲壮豪放。

这首词抒发了词人深沉的历史感慨，其收复中原的愿望与现实对理想压抑之间的矛盾渗透在字里行间，情多愁苦。

“郁孤台下清江水，中间多少行人泪”两句，从怀古入手，语势平起平收，要有深沉的历史沧桑感和无尽的幽思。

“西北望长安，可怜无数山”两句由历史回到现实，应充满忧虑和愤懑，语气的感情色彩要浓于前两句。

“青山遮不住，毕竟东流去”以不可遏止的愤怒和自信，透出一点希望之光，表现了词人心中希冀恢复中原的凌云壮志。朗诵时，气势增强，语气豪迈。

“江晚正愁余，山深闻鹧鸪”两句，表现了诗人的理想再一次被现实打破，朗诵时要有愁苦的感情色彩，气沉声收。

青玉案·元夕

辛弃疾

东风夜放花千树，
更吹落，
星如雨。
宝马雕车香满路。
凤箫声动，
玉壶光转，
一夜鱼龙舞。

蛾儿雪柳黄金缕，
笑语盈盈暗香去。
众里寻他千百度，
蓦然回首，
那人却在灯火阑珊处。

[朗诵解读]

这首词描写了元宵佳节灯火之夜的景象和词人在熙熙攘攘的人群中寻找意中人的情景，同时还突出了一位孤高自赏、自甘寂寞的女性形象。词采绚丽，又温婉情深。

上阕要极力渲染出元宵灯节人流如潮、热闹非凡的氛围，气息充沛，语气洒脱，语势变化大开大阖，尤其是“东风夜放花千树”一句开篇即给人以异彩炫目、热闹喧嚣之感，因此要着意加以强调。

下阕不仅要描绘出美人绰约的风姿，更要突出意中人高洁的形象。用声柔和，语调低回婉转，以增加深长的情韵。其中“笑语盈盈”四字语气轻快跳脱，要突出其动态特征；“众里寻他千百度，蓦然回首，那人却在灯火阑珊处”是大家竞相传诵的名句，应着意予以强调，方法是于“那人却在”后面安排一个较长的停顿，既突出“灯火阑珊处”这一方位，又以舒缓的节奏给人以收束感。

破阵子·为陈同甫赋壮词以寄之

辛弃疾

醉里挑灯看剑，
梦回吹角连营。
八百里分麾下炙，
五十弦翻塞外声，
沙场秋点兵。

马作的卢飞快，
弓如霹雳弦惊。
了却君王天下事，
赢得生前身后名，
可怜白发生。

[朗诵解读]

这首词抒发了词人梦回沙场、英勇抗敌的雄心壮志，并反衬了现实年老悲切之情。全词气势飞动，慷慨悲壮。

渲染沙场景象和战争场面时，语气要威武雄壮，气势豪迈，畅快淋漓。

“八百里分麾下炙，五十弦翻塞外声，沙场秋点兵”正是极具气势的部分，气息充盈，语势大起大落，节奏大开大阖。

“马作的卢飞快，弓如霹雳弦惊”又以特写的方式生动描绘了战场上最具标志性的卢马和硬弓响箭，结合具体事物本身的特点，力度弹动跳脱，节奏宜紧，情态逼真。

篇首的“醉里挑灯看剑，梦回吹角连营”两句和篇尾的“可怜白发生”一句要显现出空幻色彩，在雄壮的整体气势中增添悲怆的色彩。

西江月·夜行黄沙道中

辛弃疾

明月别枝惊鹊，
清风半夜鸣蝉。
稻花香里说丰年，
听取蛙声一片。

七八个星天外，
两三点雨山前。
旧时茅店社林边，
路转溪桥忽见。

［朗诵解读］

这是一首田园词作，描绘了明月、清风、稻香、蛙声、淡星、疏雨、茅店、溪桥，境界清丽，意象美好。

作品突出的特点是静中忽动，动静结合。本是明月疏朗，突然鹊惊疾飞；本是夜半宁谧，忽又蝉鸣声声；稻花香里甘醇美好，蛙声又来凑趣。上阕的动静相宜恰恰突出了月夜的美好。

下阕本是清朗阔约的天外天、山外山，忽又见到茅店、社林、弯路、溪桥，清朗的景致别有风貌，平和的情绪暗蓄惊喜。

朗诵时要满怀着美好的情致和含蓄喜悦之情，吐字清晰灵动，音韵和谐悦耳，语流流畅婉转，音量适中。

丑奴儿·书博山道中壁

辛弃疾

少年不识愁滋味，
爱上层楼。
爱上层楼，
为赋新词强说愁。

而今识尽愁滋味，
欲说还休。
欲说还休，
却道天凉好个秋。

[朗诵解读]

写作这首词时词人刚被弹劾卸职，于是闲居游览即兴而作。

上下阕采取映衬的手法，虽然每阕都写了愁，但上阕在字面之外透露出少年时的满怀壮志，由此反衬出如今的满腔愁苦。词作还揭示了人生不同发展阶段的行为特点，少年时无愁强说愁，以愁写志；阅尽人间沧桑后有愁却不再直白表述，而是在感慨中自然流露出来，以赞写愁。

朗诵时也要注意上下两阕的对比。上阕的语气带有一种稚气，语气直白，语势以上扬为主，节奏相对轻快，“愁”字分量轻，愁绪较淡；下阕的语气中带有一种阅尽人间沧桑后的感慨，情感内敛含蓄但却浓郁厚重，语势以下抑为主，有如长叹，节奏低沉舒缓。

永遇乐·京口北固亭怀古

辛弃疾

千古江山，
英雄无觅，
孙仲谋处。
舞榭歌台，
风流总被，
雨打风吹去。
斜阳草树，
寻常巷陌，
人道寄奴曾住。
想当年，
金戈铁马，
气吞万里如虎。

元嘉草草，

封狼居胥，
赢得仓皇北顾。
四十三年，
望中犹记，
烽火扬州路。
可堪回首，
佛狸祠下，
一片神鸦社鼓。
凭谁问，
廉颇老矣，
尚能饭否？

[朗诵解读]

这首词题为怀古，实际是借古伤今。词人当时任镇江知府，当他登上北固山，俯视长江水时，缅怀往事，心潮澎湃，写就这首词。全词气势雄浑，慷慨悲壮，表明了自己报效国家的愿望，同时也流露出壮志难酬的无限伤感。

朗诵时要能体会典故的精要，孙仲谋、廉颇等英雄人物都在作者心中得以映射，紧扣“怀古”情怀。同时，词作大开大阖的气势也表现为主次、轻重、浓淡、悲壮的多重转换，这要求语气中的声音形式和情感主线要有机结合，恰当转换，时悲时壮，时强时弱。

该词结尾处“凭谁问，廉颇老矣，尚能饭否”表现了作者老骥伏枥、壮志凌云的气魄，悲凉中不乏英雄豪气，诵读时要在内心中调动充盈的干霄豪气。

扬州慢

姜夔

淮左名都，
竹西佳处，
解鞍少驻初程。
过春风十里，
尽荠麦青青。
自胡马窥江去后，

废池乔木，
犹厌言兵。
渐黄昏，
清角吹寒，
都在空城。

杜郎俊赏，
算而今重到须惊。
纵豆蔻词工，
青楼梦好，
难赋深情。
二十四桥仍在，
波心荡，
冷月无声。
念桥边红药，
年年知为谁生。

[朗诵解读]

这首词的词牌为扬州慢，实际的内容也直写扬州，题目与内容贴合度紧密。

词的上阕写了扬州城昔日繁盛，如今却变得萧索凄寒，下阕借杜牧的扬州诗意，抚今追昔，伤乱悼时。全词展现了扬州战乱后的景色，抒发了作者深沉悲痛之情。其中，“渐黄昏，清角吹寒，都在空城”意境空阔，为传诵的名句，而“二十四桥仍在，波心荡，冷月无声”说明古迹犹存，但物是人非，令人感怀。

朗诵时注意加强对比反衬，如扬州本是名都，如今却成为空城，以此抒发沉痛之情。另外，上下阕都可突出冷寒、凄清之意，以生理上的感觉促心理感受的深化和表现，艺术感染力强烈。

临江仙（滚滚长江东逝水）

杨慎

滚滚长江东逝水，
浪花淘尽英雄。
是非成败转头空。

青山依旧在，
几度夕阳红。

白发渔樵江渚上，
惯看秋月春风。
一壶浊酒喜相逢。
古今多少事，
都付笑谈中。

［朗诵解读］

这篇作品是杨慎所作《廿一史弹词》中的一段开场词。此词把对历史的见解和咏叹融汇在对具体景物的描绘中，以实写虚，抒发了深沉感慨之情。

上阕借景咏史，写了长江、浪花、青山、夕阳，景象阔大，气势雄浑，朗诵时，前三句用长江水“淘尽英雄”做比抒发“是非成败”不过尔尔的人生感慨，语气情感超脱中含有悲怆，也有历史沧桑之感；而“青山依旧在，几度夕阳红”则又以宏大的史观视野看淡人生成败，发怀古之幽思。

下阕以人咏史，写了渔樵的饮酒、笑谈，展现世事的沧桑。朗诵时，语气洒脱，气质超脱，但其实却反映了一种无奈酸楚的感伤，气息深沉悠长，有长叹之感。

第八章

自由体诗歌的朗诵

自由体诗歌是与古典格律诗相对的一种诗歌体裁。它不受押韵、平仄、字数的限制，写作、表达更自由，为朗诵者的有声语言艺术创作提供了广阔的创作空间。但这并不是说自由体诗歌朗诵没有规律可循，也并非没有限制，只不过表现形式不同而已。同时，受诗歌体裁的影响，这类诗歌朗诵也同样需要注重情感的抒发和节奏的变化。

朗诵自由体诗歌有以下环节需要关注：

一、熟悉作品

熟悉作品是朗诵好一切诗歌的必备基础性工作。

较之中国古典诗歌所具有的固有的文化特征和表达手法，自由体诗歌产生的文化背景、写作方式、题材内容更加多样，这对于朗诵者熟悉作品来说是一个挑战。

比如说，当我们拿到一首七言律诗时，即便没有通读全篇，也能知道诗歌共分四联八句，偶句押韵，诗句的音步一般是“二二三”或者“四三”，而且由于我们耳濡目染了中国的古典文化，对诗人的气质性情有了相对全面深入的了解，所以只要在内容上对诗歌进一步加以熟悉，确定基调，把握节奏，就能够进行初步的创作了。

可是，当我们拿到一首自由体诗歌时，对于其行文的方式，句式的变化，音步的划分，诗作的写作背景和文化背景（如外国诗歌）等，未必能够在瞬间掌握殆尽，因此就需要花费较多的时间去熟悉作品。

熟悉作品不外乎是熟悉作品的内容和形式。

熟悉作品的内容，要了解诗人的经历、写作背景、诗歌字面的意义以及诗歌蕴含的本意，等等。比如，俄罗斯诗人莱蒙托夫的《帆》是一首象征主义的诗歌：

蔚蓝的海面雾霭茫茫，
孤独的帆儿闪着白光！……
它到遥远的地方寻求什么？
它把什么抛弃在故乡？……

呼啸的海风翻卷着波浪，
桅杆弓着身子嘎吱作响……
唉！它不是要寻找幸福，
也不是逃避幸福的乐疆。

下面汹涌着清澈的碧流，
上面洒着金色的阳光……
不安分的帆儿却祈求风暴，
仿佛风暴里才有安宁之邦！

从表面上看，诗歌大部分篇幅都是以帆作为抒写的对象，但实际上帆只是一个意象，作品实际上表明诗人不愿在平庸安逸中生活，而愿意到风暴中去追求理想，这才是诗人的本意。这个理解准备工作就要在熟悉作品内容的阶段来完成。

熟悉作品的形式，包括熟悉作品的段落或诗节的安排、诗行的编排组织、句式的长短等方面。有时，为了改变诗歌行进的节奏，有些语意完整的诗句被人为地分割成若干单元，并被划分在不同的诗行中，而熟悉作品时，就应该把这些分散的单元重新组合起来，以复原诗句的原意，从而为理解稿件、划分结构、确定基调节奏等环节做准备。比如舒婷《祖国呵，我亲爱的祖国》中的诗句：

我是贫困，
我是悲哀。
我是你祖祖辈辈
痛苦的希望啊，
是“飞天”袖间
千百年来未落在地面的花朵；

这一节的每一个诗行都很短小，这有助于提示在朗诵时突出节奏感，但具体处理时则要将“我是你祖祖辈辈/痛苦的希望啊”原本分属两个诗行的语句并作一句，以使语句更完整，语意更明了；同理，“是‘飞天’袖间/千百年来未落在地面的花朵”也要两行并作一句来朗诵。

由此可见，熟悉作品的工作直接影响对诗作内容的深入理解和对诗歌形式的精准把握，并进一步影响着后续的朗诵艺术创作。

二、划分层次

自由体诗歌有单节（段）的，也有多节（段）的。单节诗歌有时因篇幅较长、容量较大而要划分成若干个小层次；多节的诗歌有时又要根据内容关联的紧密程度而重新归并成若干个大的部分。划分和归并的目的都是为了使诗歌的层次更加分明，语意更加清晰。

前者如莎士比亚的《十四行诗（第54首）》（层次如“/”所示）：

呵，美如果有真来添加光辉，
它就会显得更美，更美多少倍！/
玫瑰是美的，不过我们还认为
使它更美的是它包含的香味。
单看颜色的深度，那么野蔷薇
跟含有香味的玫瑰完全是一类，
野蔷薇自从被夏风吹开了蓓蕾，
也挂在枝头，也玩得如痴如醉：
但是它们的好处只在容貌上，
它们活着没人爱，也没人观赏
就悄然消亡。玫瑰就不是这样，
死了还可以提炼出多少芬芳：/
可爱的美少年，你的美一旦消亡，
我的诗就把你的真提炼成奇香。

这首诗至少可以划分为两个层次：前两行为一个层次，概括地说出有了“真”的“美”才更显得美；其余的为另一个层次，以玫瑰和蔷薇作比，来证明自己的观点。当然，从朗诵的角度来说，后两行也可以划分出来单独成为一个层次，表明诗人对美少年的赞美。

后者如徐志摩的《再别康桥》（层次如“/”所示）：

轻轻的我走了，
正如我轻轻的来；
我轻轻的招手，
作别西天的云彩。/

那河畔的金柳，
是夕阳中的新娘；
波光里的艳影，
在我的心头荡漾。

软泥上的青荇，
油油的在水底招摇；
在康河的柔波里，
我甘心做一条水草！

那榆荫下的一潭，
不是清泉，是天上虹
揉碎在浮藻间，
沉淀着彩虹似的梦。

寻梦？撑一支长篙，
向青草更青处漫溯，
满载一船星辉，
在星辉斑斓里放歌。

但我不能放歌，
悄悄是别离的笙箫；
夏虫也为我沉默，
沉默是今晚的康桥！/

悄悄的我走了，
正如我悄悄的来；
我挥一挥衣袖，
不带走一片云彩。

这首诗共七节，可以归并为三个部分：第一节和最后一节各为一个部分，第二到六节为一个部分。开头和结尾这两节句式相同，文字相似，遥相呼应，起到了反复咏叹的作用，加深了诗歌的美感。中间一部分描绘了康桥柔美的景色，同时蕴含着诗人无尽的眷恋之情。当然，中间部分为适应朗诵的需要也还可以再划分，如第六节就可以单独划分为一个层次，表明诗人当时当地的心境。

三、安排停连

自由体诗歌有时会根据节奏的要求而重新编排诗行，这就使我们在原有作品的一个诗行中有可能看不到完整的句子，而需要上下句子重新组合，以便形成一个完整的单位；另外标点符号所在位置也要根据内容情感的需求来考虑是处理成停顿还是连接；在没有标点符号的地方有时则根据语意安排停顿。有了以上这些情况，安排停连就成了自由体诗歌朗诵中重要的一环了。

比如戴望舒《雨巷》的第一节（“——”表示连接，“/”表示停顿）：

撑着油纸伞，/ 独自
彷徨在 /悠长，悠长 /
又寂寥的雨巷，/
我希望逢着
一个 / 丁香一样地/
结着愁怨的姑娘。

在这节诗中，多处停连关系被改变了：“独自”与“彷徨在”相连；两个“悠长”相连；“我希望逢着”和“一个”相连；同时，原来几处没有标点符号的地方反而安排了停顿，如，为了突出我逢着的对象，则可以在“姑娘”之前稍作停顿，以唤起听众的注意。重新组合了停连关系之后的诗句可以用如下的诗行来显示：

撑着油纸伞，
独自彷徨在
悠长，悠长
又寂寥的雨巷，
我希望逢着一个
丁香一样地
结着愁怨的
姑娘。

这样处理后，则朗诵时语流更加流畅，语意更加清晰。当然，这只是为了朗诵的方便而进行的处理，其前提是在尽可能不改变原诗节奏的情况下进行的微调，既尊重原作的风格，又适合朗诵创作的要求。

四、确定基调

基调是一篇作品“总的感情色彩和分量”①。朗诵时是深沉坚定，还是悲愤凝重，是喜悦明快，还是豪放舒展，都属基调范畴，也都应在分析稿件设计朗诵时确定，这对于音色的调制、语气的变化等都有强烈的指向作用。

比如殷夫的《血字》写于1929年“五卅”运动四周年前夕。诗歌写了人们不会忘记血液写就的大字，人民将以更饱满的激情参加战斗，以此歌颂了“五卅”运动。诗歌的基调是雄浑激越的，以下几节诗句集中体现出来这种基调：

五卅哟！
立起来，在南京路走！
把你血的光芒射到天的尽头，
把你刚强的姿态投映到黄浦江口，
把你洪钟般的预言震动宇宙！

今日他们的天堂，
他日他们的地狱，
今日我们的血液写成字，
异日他们的泪水可入浴。

我是一个叛乱的开始，
我也是历史的长子，
我是海燕，
我是时代的尖刺。

当然，确定基调后并不是说每一个诗句都保有这样的感情色彩和分量，因为它只是从总的角度来说的，诗歌的其他诗句还可以体现出次要的色彩和分量。比如，同样是《血字》中的文字，还具有凝重悲愤的色彩，请看其前几节：

---

① 参见张颂：《播音创作基础》，北京广播学院出版社，1990年3月版，第32页。

血液写成的大字，
斜斜地躺在南京路，
这个难忘的日子——
润饰着一年一度……

血液写成的大字，
刻画着千万声的高呼，
这个难忘的日子——
几万个心灵暴怒……

血液写成的大字，
记录着冲突的经过，
这个难忘的日子——
狞笑着几多叛徒……

所以说，基调可以帮助人们更恰切地进行诗歌朗诵创作，为朗诵者指出一个大致的创作方向；同时，确定基调不是束缚朗诵者的创造力，朗诵者可以在掌握基调的分寸火候上下功夫，对基调的精准拿捏正是朗诵者可以精心打造的环节；此外，基调以外的局部诗句的色彩和分量把握能力也是对朗诵者创作水平的考验。

五、感同身受

自由体诗歌的朗诵创作，要求朗诵者在身心两方面都要发生巨大的变化，要感同身受。

诗歌朗诵创作包含着理性的分析过程，但主要的还是感性的展现过程，这在自由体诗歌的创作中体现得尤为明显。

其一，与理性的分析过程相比，朗诵时特别强调朗诵者要有心灵震动和筋肉感觉。心灵震动，表明朗诵者的心理受到了巨大的触动，其情绪或难以遏制，或无法排遣，朗诵者本人浸润在一种强烈的情绪变化状态中，这才是最佳的创作状态。筋肉感觉，则说明朗诵者心理上的巨大变化在其生理上也产生了相应的影响，投入创作的朗诵者都有这样的感觉，当心潮澎湃到情绪不可遏抑时，会产生心房犹如小鹿撞墙般“嗵嗵”作响的直观创作体验，这也是感同身受的一个重要注解。

其二，与古典诗词的朗诵创作相比，自由体诗歌朗诵更强调切身感受。古典诗词的朗诵往往要唤起和引发朗诵者的历史感、宇宙感和时光的回溯感，朗诵者大多有一种“我就在”的创作心理。而现代自由体诗歌朗诵则要求朗诵者有更强的现代感和主体性①，朗诵者要立足当下，感同身受，于是会有一种“我就是”的创作心理。这同样要求朗诵者认真分析作品文本，并努力通过设身处地等思维方式调动情绪情感。

指要：作品朗诵解读

相隔一层纸

刘半农

屋子里拢着炉火，
老爷吩咐开窗买水果，
说“天气不冷火太热，
别任它烤坏了我”。
屋子外躺着一个叫化子，
咬紧了牙齿对着北风喊“要死”！
可怜屋外与屋里，
相隔只有一层薄纸！

[朗诵解读]

这首诗通过两个反差极大场景的对比描写，揭示了旧社会不平等的现象和贫富的悬殊对立，具有很强的批判性。

作为一首独立的作品，该诗很难被纳入常见的诵读选材范围。不过正是因为屋里与屋外、老爷与叫化子、热与冷、傲慢与凄苦的对比极其强烈，而这种深层的对比又集中表现为“相隔只有一层薄纸”的浅层表象差别，因此就更具讽刺性和冲击力。

朗诵时注意体会老爷和叫化子心理状态的不同和一冷一热生理感觉上的差异，这种差异化表现越明显，艺术感染力就会越强。

---

① 参见张颂编著：《播音员主持人训练手册·诗歌朗诵》，北京广播学院出版社，2001 年 1 月版，第 292 页。

诗歌的前半部分是叙述性的语言，外部表现形式冷峻，内在心理则明确鲜明。最后两句具有议论的语气和抒情的语气，纸之薄与生活境况差异之大的强烈对比令人震惊。

炉中煤

——眷念祖国的情绪

郭沫若

一

啊，我年青的女郎！
我不辜负你的殷勤，
你也不要辜负了我的思量。
我为我心爱的人儿
燃到了这般模样！

二

啊，我年青的女郎！
你该知道了我的前身？
你该不嫌我黑奴卤莽？
要我这黑奴底胸中，
才有火一样的心肠。

三

啊，我年青的女郎！
我想我的前身
原本是有用的栋梁，
我活埋在地底多年，
到今朝才得重见天光。

四

啊，我年青的女郎！
我自从重见天光，
我常常思念我的故乡，

我为我心爱的人儿
燃到了这般模样！

[朗诵解读]

这首诗作于1920年，写作这首诗时，作者远在日本，但他却时时关注着祖国发生的一切。这首诗表达了诗人对祖国火热深厚的眷恋之情。

诗歌风格豪放明朗，直抒胸臆。诗歌四小节，每节都是以“啊，我年青的女郎”开头，尤其是第一节和第四节更有多个诗行相同，形式整齐，回环往复，情感与内容的推进紧密契合。

朗诵时要调动火热的情绪情感，既深情真挚，又热烈明朗，在直抒胸臆的同时要保持一定的力度，突出情感气势，并注意在不断重复强化过程中表现出回环往复的诗歌韵律。

死　水

闻一多

这是一沟绝望的死水，
清风吹不起半点漪沦。
不如多扔些破铜烂铁，
爽性泼你的剩菜残羹。

也许铜的要绿成翡翠，
铁罐上锈出几瓣桃花；
再让油腻织一层罗绮，
霉菌给他蒸出些云霞。

让死水酵成一沟绿酒，
漂满了珍珠似的白沫；
小珠笑一声变成大珠，
又被偷酒的花蚊咬破。

那么一沟绝望的死水，
也就夸得上几分鲜明。
如果青蛙耐不住寂寞，

又算死水叫出了歌声。

这是一沟绝望的死水，
这里断不是美的所在，
不如让给丑恶来开垦，
看他造出个什么世界。

[朗诵解读]

这是一首社会批判性很强的诗歌。全诗运用隐喻的手法，将那个黑白颠倒、美丑混乱、完全丧失了生命力的旧社会比作死水，并运用反语的手法描绘了死水令人作呕的形象。

朗诵时要体现出强烈的讽刺意味，前四节要语出双关，通过延长关键字的字音时值、夸张突出重音、强化讽刺轻蔑的态度、显露内心的不满与愿望等表达方法来凸显反语和讽刺的意味。

最后一节更是鲜明地表明了作者的态度，死水“断不是美的所在”，直批死水的丑恶，朗诵时有“罢了，看死水能有怎样的下场”的内在语，吐字力度强，态度鲜明，掷地有声。

一句话

闻一多

有一句话说出就是祸，
有一句话能点得着火。
别看五千年没有说破，
你猜得透火山的缄默？
说不定是突然着了魔，
突然青天里一个霹雳
爆一声：
“咱们的中国！”

这话叫我今天怎么说？
你不信铁树开花也可，
那么有一句话你听着：
等火山忍不住了缄默，

不要发抖，伸舌头，顿脚，
等到青天里一个霹雳
爆一声：
“咱们的中国！”

［朗诵解读］

这首诗写于20世纪20年代，是诗人爱国主义情怀的结晶。诗歌节奏紧凑，气势雄阔。

诗歌仅两节，每节起始笔法并不一样，但每节结尾时都是相同的一句“青天里一个霹雳/爆一声：‘咱们的中国’”。起句不弱，结尾更强，通篇都如同是发自心底的呐喊，充满了激情与力量。

作品基调前后统一，因此朗诵时要在节奏上加以变化以避免给人一喊到底的感觉。如开篇的“有一句话”四个字要缓慢而字字有力地表达出来，其后作一个较长的停顿，这种节奏一直保持到“你猜得透火山的缄默”，然后再加快语速将语意表明，并将情绪和力量释放出来。

通篇充满激情的前提下，语气和语势的运用要善于蓄势，为了将那一句霹雳般的话语淋漓尽致地表达出来，可以采取欲扬先抑的手法，然后将整个民族意识觉醒的声音爆发出来，产生撼人心魄的艺术感染力。

我是一条小河

冯至

我是一条小河，
我无心由你的身边绕过——
你无心把你彩霞般的影儿
投入了我软软的柔波。

我流过一座森林，
柔波便荡荡地
把那些碧翠的叶影儿
裁剪成你的裙裳。

我流过一座花丛，
柔波便粼粼地

把那些凄艳的花影儿
编织成你的花冠。

无奈呀，我终于流入了，
流入那无情的大海——
海上的风又厉，浪又狂，
吹折了花冠，击碎了裙裳！

我也随了海潮漂漾，
漂漾到无边的地方——
你那彩霞般的影儿
也和幻散了的彩霞一样！

[朗诵解读]

这是一首色彩明丽而情调凄美的爱情诗。诗歌线索清晰，格式规整。

朗诵时注意对整体结构的设计。全诗的总体色彩柔和温婉而又深情款款，即便是最后一节“我”与恋人再不能相见的现实也被描绘得凄美动人。

只有第四节的感情色彩比较特殊，“无情的大海”“风又厉，浪又狂”等词句要表现出风浪击碎诗人美好愿望的无情，以此愈加衬托出人物的多情，同时也增强了诗歌的悲剧意味。

再别康桥

徐志摩

轻轻的我走了，
正如我轻轻的来；
我轻轻的招手，
作别西天的云彩。

那河畔的金柳，
是夕阳中的新娘；
波光里的艳影，
在我的心头荡漾。

软泥上的青荇，

油油的在水底招摇；
在康河的柔波里，
我甘心做一条水草！

那榆荫下的一潭，
不是清泉，是天上虹
揉碎在浮藻间，
沉淀着彩虹似的梦。

寻梦？撑一支长篙，
向青草更青处漫溯，
满载一船星辉，
在星辉斑斓里放歌。

但我不能放歌，
悄悄是别离的笙箫；
夏虫也为我沉默，
沉默是今晚的康桥！

悄悄的我走了，
正如我悄悄的来；
我挥一挥衣袖，
不带走一片云彩。

［朗诵解读］

这首诗是徐志摩的诗歌代表作，也是许多朗诵者喜欢诵读的作品。本诗是诗人在欧游归国途中写就的，表达了诗人对母校深深的眷恋。全诗幽静柔美，别绪绵绵，令人心驰神往，遐思无限。

诗歌前五节在描绘康桥柔美景色的同时蕴含着诗人无尽的眷恋之情。朗诵时要体会和酝酿淡淡的离愁别绪，以此为基调，则面对美丽的景色时，始终都有一种怅惋的情绪弥散其间。

第六节要表现出转折的意味，心理变化则由此前愁绪的释放转为深沉收敛，情绪低落，神情落寞。

结尾与篇首遥相呼应，而情感更为浓厚和深沉，绘景似幻似真，声音渐隐渐消，意境悠远，回味悠长。

雨　巷

戴望舒

撑着油纸伞，独自
彷徨在悠长，悠长
又寂寥的雨巷，
我希望逢着
一个丁香一样地
结着愁怨的姑娘。

她是有
丁香一样的颜色，
丁香一样的芬芳，
丁香一样的忧愁，
在雨中哀怨，
哀怨又彷徨。

她彷徨在这寂寥的雨巷
撑着油纸伞
像我一样，
像我一样地
默默彳亍着
冷漠，凄清，又惆怅。

她静默地走近
走近，又投出
太息一般的眼光，
她飘过
像梦一般地，
像梦一般的凄婉迷茫。

像梦中飘过
一枝丁香地，
我身旁飘过这女郎；
她静默地远了，远了，
到了颓圮的篱墙，
走尽这雨巷。

在雨的哀曲里，
消了她的颜色，
散了她的芬芳，
消散了，甚至她的
太息般的眼光，
丁香般的惆怅。

撑着油纸伞，独自
彷徨在悠长，悠长
又寂寥的雨巷，
我希望飘过
一个丁香一样地
结着愁怨的姑娘。

[朗诵解读]

这首诗是诗人戴望舒的代表作，具有一种悲剧感和孤独感。

诗歌中丁香一样的姑娘既是一个实体，同时又象征了诗人心中的理想。诗人通过对雨巷、篱墙、细雨等环境的渲染和对丁香一样姑娘的期待的描绘，表现出了自己的彷徨不安和孤独怅惘。

诗歌整体色彩深沉凄婉，要表达出低回迷茫的感觉。特别是这首诗突出地给人以视觉意象（丁香一样的颜色）、嗅觉印象（丁香一样的芬芳）和内心感受（丁香一样的忧愁），通过多种感官给人以感知和触动，朗诵时可综合运用感受、情景再现、内在语等方法来调动思想情感的运动。

诗歌在诗行安排上重叠、回环，强化了诗人彷徨彳亍的情态，朗诵时要打破诗行和标点符号的限制，根据语意、语气和节奏的需要重新组织句子，并安排停顿和连接。

我用残缺的手掌

戴望舒

我用残缺的手掌
摸索这广大的土地：
这一角已变成灰烬，
那一角只是血和泥；
这一片湖该是我的家乡，
（春天，堤上繁花如锦幛，
嫩柳枝折断有奇异的芬芳。）
我触到荇藻和水的微凉；
这长白山的雪峰冷到彻骨，
这黄河的水夹泥沙在指间滑出；
江南的水田，你当年新生的禾草
是那么细，那么软……现在只有蓬蒿；
岭南的荔枝花寂寞地憔悴，
尽那边，我蘸着南海没有渔船的苦水……
无形的手掌掠过无限的江山，
手指沾了血和灰，手掌粘了阴暗，
只有那辽远的一角依然完整，
温暖，明朗，坚固而蓬勃生春。
在那上面，我用残损的手掌轻抚，
像恋人的柔发，婴孩手中乳。
我把全部的力量运在手掌
贴在上面，寄予爱和一切希望，
因为只有那里是太阳，是春，
将驱逐阴暗，带来苏生，
因为只有那里我们不像牲口一样活，
蝼蚁一样死……那里，永恒的中国！

［朗诵解读］

1942 年，诗人被日本宪兵逮捕入狱，受尽酷刑的折磨，但他并没有屈服，并在狱中写就此诗。

这首诗可以分为两个部分。

第一部分表现了诗人对祖国命运的关注。自己的手掌虽已“残缺”，但仍要摸索祖国的土地，并感受到祖国深重的苦难。

第二部分写诗人的手终于摸到了依然完整的“辽远的一角”并感受到了那里的温暖、明朗和生机。对于那象征着“永恒的中国”的土地，诗人发出了由衷的赞美。

这首诗运用了虚实结合的写作手法，结合着隐喻和暗喻，抒发了深挚的爱国情怀。朗诵时要将深厚的情感体现在蕴藉的语言表达中，前半部分内心痛楚，声涩语迟，后半部分希望“苏生”，声情并茂，感情深挚。

除了确定整体基调外，还要注意对细节的感受与把握，比如“我触到荇藻和水的微凉；这长白山的雪峰冷到彻骨，这黄河的水夹泥沙在指间滑出；江南的水田，你当年新生的禾草是那么细，那么软”，文字细腻，描述细微，诵读时亦须运用情景再现等方法，仔细揣摩，感同身受。

血　字

殷夫

血液写成的大字，
斜斜地躺在南京路，
这个难忘的日子——
润饰着一年一度……

血液写成的大字，
刻画着千万声的高呼，
这个难忘的日子——
几万个心灵暴怒……

血液写成的大字，
记录着冲突的经过，
这个难忘的日子——

狞笑着几多叛徒……

五卅哟！
立起来，在南京路走！
把你血的光芒射到天的尽头，
把你刚强的姿态投映到黄浦江口，
把你洪钟般的预言震动宇宙！

今日他们的天堂，
他日他们的地狱，
今日我们的血液写成字，
异日他们的泪水可入浴。

我是一个叛乱的开始，
我也是历史的长子，
我是海燕，
我是时代的尖刺。

“五”要成为报复的枷子，
“卅”要成为囚禁仇敌的铁栅，
“五”要分成镰刀和铁锤，
“卅”要成为断铐和炮弹！……

四年的血液润饰够了，
两个血字不该再放光辉，
千万的心音够坚决了，
这个日子应该即刻消毁！

［朗诵解读］

这首诗写于1929年“五卅”运动四周年前夕。全诗以饱满的激情歌颂了“五卅”运动这一中国革命史上反帝斗争的光辉一页。

其实，对比中外表现历史前进和革命精神的诗作，几乎都是充满了不可阻抑的激情的，行文奇崛，情感激烈。在这首诗中，我们也同样看到了这样的文字，感受到了奔涌不羁的情感。

朗诵时，应随着诗情的发展由开始的缓慢沉重逐渐发展到雄浑激越，形成一种震撼人心的节律，引导人们去开创新的天地。

结尾一节要坚决有力，语速可以放慢，但语气中要体现出一种不可遏抑的力量。

三　代

臧克家

孩子
在土里洗澡；
爸爸
在土里流汗；
爷爷
在土里埋葬。

［朗诵解读］

这首诗创作于抗战期间，文字简洁明了，手法质朴写实，但视角和态度则冷峻深刻，是反映农民生活的一首杰作。

诗人对旧社会农民怀着深厚的同情，对这祖孙三代的描述，反映了农民和土地之间不可分割的关系，同时也深层次地反映了旧社会农民生活境遇的悲苦。

诗歌格式规整，在朗诵时要打破这种单一化的格式，以不同的感情色彩和感情分量、不同的语气和节奏，表现出祖孙三代人不同的生存境况。

第一句可以连贯诵出，节奏轻快，表现孩童的无忧无虑，但也透露出其贫苦的生活背景。

第二句要增强力度，适当放慢语速，节奏渐沉，表现父亲劳作的辛苦和生活的不易。

第三句则在基本延续之前的语速和节奏基础上加强变化，适当安排停顿并将停顿时间夸张延长，节奏趋缓，而情感既内敛又深沉，用无比真切的现实在听众心中产生巨大的震撼力。

我爱这土地

艾青

假如我是一只鸟，

我也应该用嘶哑的喉咙歌唱：
这被暴风雨所打击着的土地，
这永远汹涌着我们的悲愤的河流，
这无止息地吹刮着的激怒的风，
和那来自林间的无比温柔的黎明……
——然后我死了，
连羽毛也腐烂在土地里面。

为什么我的眼里常含泪水？
因为我对这土地爱得深沉……

[朗诵解读]

这首诗作于抗战初期。在国难当头、山河沦亡的年代，诗人歌唱土地、河流、风、黎明，具有格外动人的力量，而“我死了，连羽毛也腐烂在土地里面”的描述，则抒发出作者杜鹃啼血般悲怆的情感。

朗诵这首诗要重新对停顿与连接进行组合安排，以便使语句更为贯通晓畅。“我也应该用嘶哑的喉咙”之后应设计一个停顿，“咙”字的字尾稍扬并延长；“歌唱”二字与下面的文字连起来朗诵；“这被暴风雨所打击着的土地，这永远汹涌着我们的悲愤的河流，这无止息地吹刮着的激怒的风，和那来自林间的无比温柔的黎明……”这几句要连贯呼应，一气呵成。

结尾一节虽只有两行，但朗诵时的处理变化则异常鲜明，“为什么我的眼里常含泪水”似问非问，重在展现自己的情态，气足声提，语势上扬，情感释放；“因为我对这土地爱得深沉……”则似答非答，重在抒发内心深厚的情感，气沉声抑，语势下落，语速趋缓，情感却反而更加浓厚。

五月的鲜花

光未然

五月的鲜花开遍了原野，
鲜花掩盖着志士的鲜血。
为了挽救这垂危的民族，
他们曾顽强地抗战不歇。

如今的东北已沦亡了四年，

我们天天在痛苦中煎熬！
失掉自由也失掉了饭碗，
屈辱地忍受那无情的皮鞭！

敌人的铁蹄越过了长城，
中原大地依然歌舞升平；
“亲善”！“睦邻”！啊！卑污的投降！
忘掉了国家更忘掉了我们！

再也忍不住满腔的愤怒，
我们期待着这一声怒吼；
吼声惊起这不幸的一群，
被压迫者一齐挥动拳头！
（副歌）
震天的吼声惊起这不幸的一群，
被压迫者一齐挥动拳头！

[朗诵解读]

这首诗是诗人为独幕剧《阿银姑娘》所作的序曲。《阿银姑娘》反映了东北人民反抗日本帝国主义的英勇斗争，谴责了反动派投降卖国的卑劣行径。这首诗因此也具有强烈的鼓动性和战斗性。

这首诗讲究节奏和韵律，非常适合有声语言表达。

诗歌首句即与题目相扣，除了“五月的鲜花”给人以美丽热烈的形象外，接下来基本都是慷慨激愤之辞，不过这反而更加突出了五月鲜花的意象——既与烈士鲜血相映成辉，又暗含了中华民族不屈的斗志和一定会战胜敌人的胜利前景。朗诵时，“五月的鲜花开遍了原野”一句要着意强调，以与下文痛苦、沉抑的文字形成鲜明对照。

第四节和结尾的副歌集中反映了华夏民族的反抗斗志，“怒吼”之声铿然爆发，给人以鞭策和力量。需要注意的是对于副歌的处理，因为副歌只有两句，不同于前几节每节四句的安排，加之又处于结尾处，所以可以适当放慢语速，并在“被压迫者一齐”的后面将语势扬起，并留有较长的停顿，然后字字铿锵、掷地有声地诵出“挥动拳头”四字，收束有力，以增强其分量。

乡　愁

[台湾] 余光中

小时候
乡愁是一枚小小的邮票
我在这头
母亲在那头

长大后
乡愁是一张窄窄的船票
我在这头
新娘在那头

后来呵
乡愁是一方矮矮的坟墓
我在外头
母亲呵在里头

而现在
乡愁是一湾浅浅的海峡
我在这头
大陆在那头

[朗诵解读]

这首诗以乡愁为主题，情深意长，音韵幽婉，深挚动人，既表达了生活中常见的情感，又具有深厚的历史感，同时也反映了血脉相连的民族情感。

朗诵时要突出代表乡愁的四个意象："邮票"、"船票"、"坟墓"和"海峡"，四个意象单纯而丰富，能令人清晰地认识和感知，又能令人产生丰富的联想。

前三节的情感越来越浓烈，体现在有声语言中则气息越来越充盈，音域越来越高；而第四节可以突然转低声音，但却反衬出情感愈加深厚，将一种不可排遣的乡愁引向更绵长的思绪中，犹如一声长叹，叹出无尽的感慨与思念。

寻李白

[台湾] 余光中

——痛饮狂歌空度日
飞扬跋扈为谁雄

那一双傲慢的靴子至今还落在

高力士羞愤的手里，人却不见了
把满地的难民和伤兵
把胡马和羌马交践的节奏
留给杜二细细地苦吟
自从那年贺知章眼花了
认你做谪仙，便更加佯狂
用一只中了魔咒的小酒壶
把自己藏起，连太太都寻不到你
怨长安城小而壶中天长
在所有的诗里你都预言
会突然水遁，或许就在明天
只扁舟破浪，乱发当风
——而今，果然你失了踪

树敌如林，世人皆欲杀
肝硬化怎杀得死你？
酒入豪肠，七分酿成了月光
余下的三分啸成剑气
绣口一吐就半个盛唐
从开元到天宝，从洛阳到咸阳
冠盖满途车骑的嚣闹
不及千年后你的一首
水晶绝句轻扣我的额头
当地一弹挑起的回音

一贬世上已经够落魄
再放夜郎毋乃太难堪
至今成谜是你的籍贯
陇西或山东，青莲乡或碎叶城
不如归去归哪个故乡？
凡你醉处，你说过，皆非他乡
失踪，是天才唯一的下场
身后事，究竟你遁向何处？

猿啼不住，杜二也苦劝你不住
一回头囚窗下竟已白头
七仙，五友，都救不了你了
匡山给雾锁了，无路可入
仍炉火未纯青，就半粒丹砂
怎追蹑葛洪袖里的流霞？

樽中月影，或许那才是你故乡
常得你一生痴痴地仰望？
而无论出门向西笑，向西哭
长安都早已陷落
这二十四万里的归程
也不必惊动大鹏了，也无须招鹤
只消把酒杯向半空一扔
便旋成一只霍霍的飞碟
诡绿的闪光愈转愈快
接你回传说里去

[朗诵解读]

这首诗以“寻李白”为题，而诗人余光中在这首诗中的笔法本身也颇有太白遗风，想象奇特，神思驰骋。

诗歌共分四节。

首节的诗句中暗含了李白生平著名的典故和诗歌名作中的佳句，如太尉高力士为其脱靴的典故和“明朝散发弄扁舟”的名句，开篇即描绘出了李白的不羁与飘逸。而首节结尾处的“而今，果然你失了踪”一句则紧扣本诗题目“寻李白”定下了主题和基调。朗诵时由开篇的放达旷远、“壶中天长”的奇妙到“果然失了踪”的寻觅，语意不断转换，文脉曲折跌宕，情感色彩缤纷。

第二节极写李白的剑气干霄和才气横溢。酒入豪肠，剑气吞吐，刻画了李白内心中的侠之风范；绝句传诵，千年不朽，烘托出李白满溢的才情。这一节进一步刻画了李白形象的典型特征。朗诵时要区分出此节中的两个层次，尤其是要提炼出第二层长句的中心意思，即途中车骑的嚣闹不及绝句对后世的影响之大。

第三节叙写李白屡遭贬斥放逐、醉梦人生的际遇，流露出无奈与愁苦的情绪。

朗诵时神思内敛，不堪苦楚，用声表达犹如独白，成为全诗最为沉郁的段落。

第四节从苦闷的神思中跳脱出来，表明李白并非能够做到达观，但亦因无可奈何而不得不“随风飘去”。朗诵此节不求诡谲奇特的色彩，而追求飘然世外的诗风，这也与李白放达随性的一生交相呼应。

总的朗诵要求：一是语气洒脱，自由舒展，不受羁绊；二要在对诗歌内容理解的基础上梳理情绪脉络，结合作品结构层次加以变化；三是对书面色彩浓厚的语句进行口语风格的转化，以使内容表述更加明晰。

车 祸

[台湾] 罗门

他走着　双手翻找着那天空
他走着　嘴边仍吱咕着炮弹的余音
他走着　斜在身子的外边
他走着　走进一声急刹车里去

他不走了　路反过来走他
他不走了　城里那尾好看的周末仍在走
他不走了　高架广告牌
　　　　　将整座天空停在那里

[朗诵解读]

诗人罗门1942年从军，此后非常关注退伍士兵，尤其是伤残士兵的生活状态，并对他们寄予深深的同情。

这首诗所反映的是一场车祸，遇难者似乎就是一个老兵（“嘴边仍吱咕着炮弹的余音”）。全诗句句出奇，只能通过意象大概地去理解，但是每一句都能给人留下深刻的印象。在这首诗中隐约表现出诗人对旦夕祸福的人生和变幻无常的命运发出的慨叹。

朗诵时应该用一种看似平淡的语气表达人们内心中的深度困惑；放慢语速，力求将每一句诗所能表现出来的意图表达清楚。

从整体要求角度看，朗诵时上节的节奏相对紧凑些；下节则因为有“他不走了”这样的诗句内容而将节奏放缓，突出静态特征，并放大车祸场景效果，产生令人唏嘘的艺术感染效果。

情 思

白桦

历史上有多少哲人都是为爱而生，
为爱而一世凄凉……
他们本来就不是为了得到爱，
爱，就够了，就如愿以偿。
屈原和汨罗江水的拥抱，
在故国的江河里溅起两千多年欢乐的波浪；
两千多年鼓乐齐鸣的龙舟竞渡，
两千多年中华民族的沉思默想。

李白扔掉了官锦袍和唐明皇，
纵饮在酒旗儿飘荡的路上；
他把爱沉浸在酒泉和泪泉之中，
生命的最后瞬间是在水里捕捉月光……

贫困潦倒的杜子美，
却在破碎的国土上终生栽种着希望；
在颠沛流离的人群中的叹息和歌吟，
成为传诵千古的绝唱。

辛弃疾拍遍栏杆无人领会他的衷情，
满腹韬略的将军不能血染沙场；
头枕宝剑在春江花月夜里做厮杀的梦，
至死都听见幻觉中的铁矛金戈铮铮响。

壮怀激烈的岳武穆，
正气浩然的文天祥；
并不因为国破而有丝毫的退缩，
他们的爱正如他们的死一般坚强。

正因为中国在受辱、受难，
方志敏才自动地投入情网；

他深情地喊着“可爱的中国”，
走上阵地——法庭——刑场。

我还能举出一长串光辉的名字，
我还能把无数爱的故事写成诗来歌唱；
但是，我能像他们那样勇敢地爱吗？
把生命当作保卫爱的权利的投枪？

我要回答，这就回答，
在回答之前允许我回忆一下以往：
一个在人前说话还会脸红的少年，
眼神里充满了美好的幻想。

截断自己身后的一切退路，
走上血与火的战场；
由于战友们的英勇我才能幸存，
三十多年以后我还能沐浴着阳光。

在弹雨中冲锋会流血，
在阳光下前进也可能有伤亡；
生命的价值是爱的深与浅，
绝不是时间的短和长。

有些人为了一分钟的苟延残喘，
恨不能一把火把世界烧光；
让中国的未来和他们同归于尽，
就像拉着美丽的少女为死人去殉葬。

我们只不过请他们睁一睁眼睛，
看一看今天中国和世界的现状；
我们只不过请他们挪动一下地位，
别躺在我们前进的路上。

我们只不过请他们松一松手，

别死死地抓住历史的车轮不放;
我们能容忍他们这些恶劣的嗜好吗?
牺牲中国的未来去怜悯他们垂死的渴望?!

为了适应黑暗，蒙上八亿人民的眼睛?!
为了迁就落后，剪掉伟大中国的翅膀?!
不！我们迫切需要的是一条宽阔的跑道，
伟大的中华民族要展翅飞翔！

我坚决站在捍卫未来的行列里，
用我的脊骨去加固通往未来的桥梁;
只要我的生命之火不熄，
我就要去点燃千万次失望中的希望。

爱恋着的人总是那样如醉如痴，
爱恋着的心总是那么单纯善良;
我们非常容易被欺骗，
又不善于防备暗箭冷枪。

我伸开双臂去拥抱我的祖国和人民，
多么好的靶子呀！为爱而敞开的胸膛！
我只不过是个正在爱着的普通的中国人，
而且已经爱了很久、很久，两鬓如霜。

有人会说：你太悲观了！
不！悲观和我从来不交往;
我天天收获着前人连同生命一起播种的爱，
难道不该歌唱着丢一颗种子在亲爱的故土上?

历史上有多少哲人都是为爱而生，
为爱而一世凄凉……
他们本来就不是为了得到爱，
爱，就够了，就如愿以偿。

［朗诵解读］

这首诗视野宽阔，叙事宏大，自古至今，由人而己，抒发了作者以“爱”为主题的情思。

诗歌可以分为前后两个部分。

前半部分以“爱”作为一个绵长不绝的主题，列举了一系列历史人物，将作者对“爱”的理解和感受向纵深铺展。从屈原、李白、杜甫、辛弃疾、岳飞、文天祥到方志敏，或忧思，或纵饮，或叹息，或长啸，但无不表现出与“死”一样坚强的“爱”。朗诵时把握爱的主题和主线，结合不同的历史人物际遇将基调和节奏进行起伏变化处理。

后半部分诗人以一个满怀赤子之心的抒情形象，展现了自己对祖国或深沉或热烈的爱。如“我伸开双臂去拥抱我的祖国和人民，多么好的靶子呀！为爱而敞开的胸膛”，更表现出抒情主人公因爱国情怀而不惜牺牲的真挚情感。朗诵时虽不乏起伏跌宕，但情感的浓烈则是一以贯之的。

诗歌富于哲理，满含激情。朗诵时要将冷静的思索和热烈的抒情结合起来，总体基调是热烈激昂的。

最后的飞翔

宫玺

一只受伤被缚的鹰，
终于挣脱绳索，
奋力冲上了天空！

可是绳索撕去它一条腿，
鲜血淋漓，
心肝如迸！

为了重获自由，
即使只有片刻，
它也甘愿付出被缚的生命；

为了最后的飞翔，
它聚集起周身的力量，

忍受着难以忍受的剧痛！

盘旋着，盘旋着，
一圈、一圈、一圈……
向大地倾洒无尽的柔情！

啊！……
山河收留了它的羽毛和血肉，
蓝天拥抱了它不死的魂灵！

[朗诵解读]

这是一首悲壮的自由之歌，短小精悍，内涵丰富。诗歌歌颂了鹰为获得自由不惜损伤自己的身体，甚至付出生命的代价，鹰的刚烈形象和追求自由的精神给人以启示和激励。

首节首句欲扬先抑，凝重缓慢但字字着力，而“终于”一词则情绪倏忽而起，节奏加紧，语势上扬。

第二节刻画了雄鹰腿裂血流的惨烈画面，突出表现了鹰追求自由的精神，朗诵时不吝情感地加以生动描摹，感同身受，以痛楚之感烘托追求自由愿望之强烈。

之后的几节情理结合，直抒胸臆，朗诵时要充满赞美和崇敬之情。

爱情的故事

张天民

年青的白杨，绿色的长椅，
湖畔上并肩坐着我和你，
我们的双脚埋进青草窝，
我们的影子映在明镜里。

你磨着我讲一个故事，
还指定要关于爱情的，
我猛然想起一对夫妻，
好像和我们差不多年纪。

他们的身边也有一排白杨，
可是白杨树上缠着铁蒺藜，

他们也坐过一条长椅，
是老虎凳，啊，斑斑血迹！

他们的脚下没有青草窸窣，
只有那铁镣在沉重的叹息，
他们把爱人无邪的眼睛，
当作能照见心灵的镜子。

他们的情话是“同志，坚持！”
他们的誓言是“不屈，胜利！”
放风的时候远远一望，
把万千情意彼此赠与。

就在他们第一个孩子降生时，
丈夫被拖到荒郊野地，
婴儿的呐喊是生命的破晓鸡啼，
“共产党万岁”的呼叫响彻在金鸡声里！

婴儿周年生日是母亲的刑期，
临刑前夜她把血书缝在婴儿衣襟里，
地下党的同志拆开血书，
闪灼光芒的是坚贞的意志！

有了他们的生死别离，
幸福和青春才有权并肩坐这长椅！
如果建设需要我爬冰卧雪，
分离那天让我们想想过去！

[朗诵解读]

这首诗作于20世纪60年代，反映着明显的时代主题。这里没有表现爱情的美妙，而是将我们带入一个庄严而富有激情的战争历史环境中，讲述了革命先烈的爱情故事。

诗歌以爱情为主题，但表现出来的爱情却与寻常的爱情迥异，特别是本来美好的“白杨树”上却缠着“铁蒺藜”，同坐的“长椅”是“老虎凳”，爱情中的美好事物与战争中的残酷事物形成的鲜明对照更使主题得以深化。

结尾一节的思考令人印象深刻，“有了他们的生死别离，幸福和青春才有权并肩坐这长椅”，将“幸福”“青春”这两个抽象的词语形象化地并列在一起，既给人以相爱的人并肩而坐的视像，又突出表现了相爱之人的幸福和美好。于是顺理成章地引出最后的诗行，“如果建设需要我爬冰卧雪，分离那天让我们想想过去”，既回归爱情的主题，又使主题得以升华。

没有不下台的演员

刘湛秋

没有不下台的演员
也没有不散场的观众
鼓掌一百零一次
还是有一百零二次的落幕

走吧，雨点在无声飘落
泥土并不是它的墓园
只有长长的路是真实的
快乐地、热情地、认真地走吧

[朗诵解读]

这首诗精辟、洗练，表现了一种乐观的人生态度，诗行中充满了对世界、对人生的挚爱。

朗诵时注意上下两节的对比。

上节用一种平实的语气说明人生道路的必然规律，让人不得不静下心来思索人生。诗句以“没有不下台的演员”作比，预示人生的旅途有起有伏，得意和失意其实都是一种常态和必然，甚至仅仅存在于人们对待它的观念之中。朗诵的基调在冷峻中不乏达观和洒脱。

下节以更富于哲理的语言表明了人应该选择的生活态度，如“泥土”并不是“雨点”的墓园，这表明人生的起落并不能简单地理解为生存价值的变化。于是结尾一句“快乐地、热情地、认真地走吧”就成了一种真诚的劝勉和乐观的鼓舞。朗诵时态度真诚，情绪饱满，有很强的心灵交流愿望。

这是四点零八分的北京

食指（郭路生）

这是四点零八分的北京
一片手的海浪翻动
这是四点零八分的北京
一声尖厉的汽笛长鸣
北京车站高大的建筑
突然一阵剧烈地抖动
我吃惊地望着窗外
不知发生了什么事情

我的心骤然一阵疼痛，一定是
妈妈缀扣子的针线穿透了心胸
这时，我的心变成了一只风筝
风筝的线绳就在妈妈的手中

线绳绷得太紧了，就要扯断了
我不得不把头探出车厢的窗棂
直到这时，直到这个时候
我才明白发生了什么事情

——一阵阵告别的声浪
就要卷走车站
北京在我的脚下
已经缓缓地移动

我再次向北京挥动手臂
想一把抓住她的衣领
然后对她亲热地叫喊：
永远记着我，妈妈啊北京

终于抓住了什么东西
管他是谁的手，不能松

因为这是我的北京
这是我的最后的北京

1968 年 12 月 20 日

[朗诵解读]

诗人食指（郭路生）这首诗将历史的厚重感和个人的伤感结合起来，诗人告别的是母亲，是北京，更是一个时代。

诗歌设定的时间是黎明前，设定的地点是车站，设定的场景是群体的告别场面，如此时间、地点和场景的告别凸显了当时的时代主题和社会特征，而个人的命运也由此卷入了国家和民族的命运之中，视角小但视野大，不禁令人深思。

诗中将我的心比作“一只风筝”，而“风筝的线绳就在妈妈的手中”，如此比喻恰切且令人揪心，加剧了情感的浓度。朗诵时要感同身受，将人类普遍的情感与特殊的表述手法有机结合，使思想感情的调动有依据，使思想感情的表达有落点。

诗中将我的离别表述为“北京在我的脚下/已经缓缓地移动”，用语新奇。朗诵时一方面要通过着意的强调表现出诗歌新奇的写作手法，另一方面不忘表达技巧之于情感抒发的作用，有技巧而不陷于技巧，技巧服务于内容传达和情感表达的需要。

此外，朗诵时要将宏观与微观两种视角结合起来，基调色彩凝重而不乏浓烈，节奏处理低沉而时有激越。

相信未来

食指（郭路生）

当蜘蛛网无情地查封了我的炉台，
当灰烬的余烟叹息着贫穷的悲哀，
我依然固执地铺平失望的灰烬，
用美丽的雪花写下：相信未来。

当我的紫葡萄化为深秋的露水，
当我的鲜花依偎在别人的情怀，
我依然固执地用凝霜的枯藤，
在凄凉的大地上写下：相信未来。

我要用手指那涌向天边的排浪，
我要用手掌那托住太阳的大海，

摇曳着曙光那支温暖漂亮的笔杆，
用孩子的笔体写下：相信未来。

我之所以坚定地相信未来，
是我相信未来人们的眼睛——
她有拨开历史风尘的睫毛，
她有看透岁月篇章的瞳孔。

不管人们对于我们腐烂的皮肉，
那些迷途的惆怅，失败的苦痛，
是寄予感动的热泪，深切的同情，
还是给以轻蔑的微笑，辛辣的嘲讽。

我坚信人们对于我们的脊骨，
那无数次的探索、迷途，失败和成功，
一定会给予热情、客观、公正的评定，
是的，我焦急地等待着他们的评定。

朋友，坚定地相信未来吧，
相信不屈不挠的努力，
相信战胜死亡的年轻，
相信未来，热爱生命。

[朗诵解读]

诗人食指（郭路生）的《相信未来》思想深刻，意境优美，反映了一种积极向上的人生态度。

诗人并没有回避生命中的种种无奈，无情的蜘蛛网、灰烬的余烟、贫穷的悲哀、凝霜的枯藤，无不显示了生命中的种种苦痛，但这些都没有扼杀作者相信未来的坚定信念。

作品前三节都以“相信未来”作结，给人以力量和希望。朗诵时一方面要通过突出具体的形象，来表明形象背后的意象；另一方面要层层推进，形象描摹出“用美丽的雪花写下”的、“在凄凉的大地上写下”的以及“用孩子的笔体写下”的三个“相信未来”的不同情绪。

接下来的三节表明了作者相信未来的原因，即相信人们的眼睛，相信人们的评定。道理很简单，但蕴含的是真理的力量。朗诵中既有与听众进行心灵沟通的愿望，又有毫无疑问的“坚信”之感。

最后一节直抒胸臆，鼓励朋友们“坚定地相信未来”，这是努力的结果，是年轻的财富，是生命的礼赞。朗诵语气热情、坚定，具有鼓舞人的力量。特别是结尾“相信未来，热爱生命”一句要将美好的憧憬与生命的礼赞淋漓尽致地表达出来，音量可大可小不求一律，但热情坚定的态度和语气是不可或缺的。

祖国呵，我亲爱的祖国

舒婷

我是你河边上破旧的老水车，
数百年来纺着疲惫的歌；
我是你额上熏黑的矿灯，
照你在历史的隧洞里蜗行摸索；
我是干瘪的稻穗；是失修的路基；
是淤滩上的驳船
把纤绳深深
勒进你的肩膊；
——祖国呵！

我是贫困，
我是悲哀。
我是你祖祖辈辈
痛苦的希望呵，
是“飞天”袖间
千百年来未落在地面的花朵；
——祖国呵！

我是你簇新的理想，
刚从神话的蛛网里挣脱；
我是你雪被下古莲的胚芽；

我是你挂着眼泪的笑窝；
我是新刷出的雪白的起跑线；
是绯红的黎明
正在喷薄；
——祖国呵！

我是你的十亿分之一，
是你九百六十万平方的总和；
你以伤痕累累的乳房
喂养了
迷惘的我、深思的我、沸腾的我；
那就从我的血肉之躯上
去取得
你的富饶、你的荣光、你的自由；
——祖国呵，
我亲爱的祖国！

[朗诵解读]

这是一首经常被大家选作朗诵材料的作品，表达了诗人对祖国深挚的爱。

朗诵这首诗时所酝酿抒发的感情，有如走过一段历史的隧洞，开始是艰难的、痛苦的爱恋，后来是明朗的、热烈的歌颂，因此要把握这种情感的酝酿和推进。

诗歌深挚的情感离不开细节的细腻处理，甚至于对个别字词的着意处理亦能反映出具体的情态特征。

如“我是你额上熏黑的矿灯，照你在历史的隧洞里蜗行摸索”，其中“隧洞”一词吐字有力，共鸣采取加强低频的方式，显示其幽深阴暗的特点，并凸显“蜗行摸索”之艰难。

再如“把纤绳深深/勒进你的肩膊”一句，重点强调“深深”二字，则非常有效地塑造了祖国隐忍坚毅的形象。

本诗前半部分艰辛深挚，后半部分激越豪迈，整体基调节奏是雄浑大气、激情澎湃的。

致橡树

舒婷

我如果爱你——
绝不像攀援的凌霄花，
借你的高枝炫耀自己；
我如果爱你——
绝不学痴情的鸟儿，
为绿荫重复单纯的歌曲；
也不止像泉源，
常年送来清凉的慰藉；
也不止像险峰，
增加你的高度，衬托你的威仪。
甚至阳光。
甚至春雨。
不，这些都还不够！
我必须是你近旁的一株木棉，
作为树的形象和你站在一起。
根，紧握在地下，
叶，相触在云里。
每一阵风过，
我们都互相致意，
但没有人
听懂我们的语言。
你有你的铜枝铁干
像刀，像剑，
也像戟；
我有我红硕的花朵，
像沉重的叹息，
又像英勇的火炬。
我们分担寒潮、风雷、霹雳，

我们共享雾霭、流岚、虹霓；
仿佛永远分离，
却又终身相依。
这才是伟大的爱情，
坚贞就在这里：
爱——
不仅爱你伟岸的身躯，
也爱你坚持的位置，足下的土地。

[朗诵解读]

这是一首爱情诗，诗人借树的形象，表达了一种诚挚、坚贞、炽热的爱，而这种爱的可贵之处在于相爱的双方不会彼此依附，诗歌鲜明地表达了一种自立的态度和平等独立的价值观，表达了一种坚定的信念。

朗诵时，篇首不必太着力，语流平缓，流畅自如，蓄势待发。从“我必须是你近旁的一株木棉，作为树的形象和你站在一起”开始使用坚定的语气将自信的形象展现出来，有理性的述说，也有热烈的抒情。

诗歌结尾部分意志坚韧，语气坚定，其中，“这才是伟大的爱情”，用一个“这”字总揽之前的表述，“这”字之后要有一个相对长时间的停顿。

“爱——不仅爱你伟岸的身躯，也爱你坚持的位置，足下的土地”，则结合具体的词语语义，大力强调“土地”二字，情感充沛，气息充盈，中低音区扎实，收束有力，给人以坚贞坚毅之感。

一代人

顾城

黑夜给了我黑色的眼睛
我却用它寻找光明

[朗诵解读]

这首诗只有两句，但却冠以《一代人》这样一个大标题，展现了其社会观察的性质。诗风冷峻，含义深刻。作为独立的一篇作品，我们很难将其选作朗诵诗（篇幅太短，不适宜于舞台朗诵），但因它能提供一个广阔的联想空间，引发我们进行思索，因此也呈现给大家。另外，如果是在诗组合之类的朗诵形式中，这首诗则可以作为整个朗诵作品的一部分而入选。

抛开作品显而易见的社会观察和深刻思索的特点，单就文字及诗句的朗诵处理而言，应该突出前后两句鲜明的对比，两个“黑”字给人以沉郁压抑之感，但抒情主人公并没有因此沉沦，反而是萌生了更为强烈的“寻找光明”的愿望，作为对比性重音，“黑”与“光明”要以相反相成的方式着意加以强调，既挖掘各自的情感色彩，又在对比中反映出“光明”所具有的感召力和指引力。

蓝水兵（其一）

舰长的传说

李钢

传说舰长诞生在海底一条大峡谷
所以至今腮边还生长松针状的水草
并且是水草中最具魅力的一种

传说他喜欢骑在鲸鱼背上做游戏
在动物喷泉的沐浴下堆垒礁石积木
他随意翻阅海浪书页
学会了各种海风的语言
常常跟许多爬上膝盖的小海兽攀谈
直到培养出潇洒的海洋骑士风度
他便去结识海的女儿
开始和她进行漫长的恋爱
(舰长对此事总是缄口不言
这就使得传说神秘乃至神圣)

他的呼吸带着咸味儿，走在岸上
会把任何一处空气染上海腥
传说他的心脏是铁锚形的
注定让他属于海
注定让他当上水兵，注定让他
年青时轻轻地违犯一条舰规

在一艘木壳艇的锚链舱里禁闭三天，
然后注定让他来当我们舰长
（如今那木壳老艇早就退出现役喽
青春也从舰长的额头驶出好些海里喽）
传说舰长有三次见到海魂
传说 舰长 有三次见到 海魂！

问他海魂是什么形状的他也不说
（海星样的？水母样的？美人鱼样的吗？总之他不说）
而他那双眼睛肯定是海魂赋予的
那两颗藏在椰树叶下的小行星
常常是夜里升起在海面，饱吸了太阳风
制造一些神奇的百慕大三角以外的哑谜
使海盗们无声无息地消失
永远躲进某几条不明去向的鲨鱼肚里
我们舰长，这海盗的天敌

至今他仍然单独去赴海洋的约会
他一人踱步海湾，在沙滩上坐着或者躺下
点燃那根海柳木的黑烟斗，这时我看见
一八四〇远远地燃烧

传说好多年前有个渔姑送给舰长
一些奇异的贝壳跟小海螺，每天晚上
贝壳们就在他枕头底下唱着优美的渔歌
为此我曾在夜里溜进舰长舱
结果我看见他的胸脯像浪一样起伏，我听见了
甲午年隆隆的回声

于是我幻想他英雄般牺牲过三次
每一次血都渗入他的髭须
像松针上挂着的一缕缕晨曦

而每一次他又英雄般复活
(这事我当然没有跟别人讲过
否则又将成为舰长最新的传说)

但我们舰长是个老猎人
这不是传说
他喜欢吞吃各种新版海图
他一剃胡子就是要出海了
这不是传说
有一次在舷边，他喃喃自语
他说：脚下是——液体的——祖国
这是我亲耳听到的
决不是传说

［朗诵解读］

这首诗是组诗《蓝水兵》中的一首，刻画了具有传奇色彩的舰长的形象，表明了舰长的爱国之心和报国之志。诗风雄浑，有历史的厚重感和浓烈的爱国情。

朗诵时，语言平实流畅，但要在关键的词句上增强分量，揭示内涵。如："这时我看见/一八四〇远远地燃烧"一句和"我听见了/甲午年隆隆的回声"一句，都将现实和历史相结合，应有沉郁雄浑之感。

诗歌整体结构上，前面绝大部分述说了舰长的传奇故事，突出了浪漫主义色彩，语气中透露出饶有兴味的情态。

而结尾一节则清晰地描述了现实中的舰长，突出了作品的现实主义色彩，态度明朗，语气中处处反映出坚毅的英雄本色。另外要注意，结尾一节用了三个"不是传说"明示了内容的真实性和色彩的现实感，因此要处处强调，且层层递进，使作品在步步升华中完美收束。

我骄傲，我是中国人

王怀让

在无数蓝色的眼睛和红色的眼睛之中，
我有着一双宝石般的黑色的眼睛，
我骄傲，我是中国人！

在无数白色的皮肤和黑色的皮肤之中，
我有着大地般黄色的皮肤，
我骄傲，我是中国人！

我是中国人——
黄土高原是我的胸脯，
黄河流水是我沸腾的血型，
长城是我扬起的手臂，
泰山是我站立的脚跟。

我是中国人——
我的祖先最早走出森林，
我的祖先最早开始耕耘，
我是指南针、印刷术的后裔，
我是圆周率、地动仪的子孙。
在我的民族中
不光有史册上万古不朽的
孔夫子、司马迁、李自成、孙中山，
还有那文学史上万古不朽的
花木兰、林黛玉、孙悟空、鲁智深。
我骄傲，我是中国人！

我是中国人——
在我的国土上不光有
雷电轰不倒的长白雪山，黄山劲松，
还有那风雨不灭的井冈传统、延安精神！

我是中国人——
我那黄河一样粗犷的声音，
不光响在联合国的大厦里，
大声发表着中国的议论，
也响在奥林匹克的赛场上，
大声高喊着“中国得分”！

当掌声把五颗金星托上蓝天，
我骄傲，我是中国人！

我是中国人——
我那长城一样巨大的手臂，
不光把采油钻杆钻进外国人
预言打不出石油的地心；
也把通信卫星送上祖先们
梦里也没有到过的白云；
当五大洲倾听东方声音的时候，
我骄傲，我是中国人！

我是中国人，
我是莫高窟壁画的传人，
让那翩翩欲飞的壁画与我们同往。
我就是飞天，
飞天是我们，
我骄傲，我是中国人！

[朗诵解读]

这是一首歌颂伟大中华民族的抒情诗，诗中凝结着自豪、兴奋和热情。色彩热烈，节奏高亢。

诗歌共分八节。

前两节犹如全诗的引子，起句不必太着力，但这两节都以“我骄傲，我是中国人”作结，情感渐浓，力度渐强，为下文做好准备。

第三节到第七节皆以“我是中国人——”为起句，每节之中都洋溢着爱国的热情，充溢着充沛的情感，而节与节之间则层层铺排，步步推进，酣畅淋漓地抒发出作者对祖国的深深爱恋和难以抑制的骄傲自豪。

结束的第八节同样以“我是中国人”为起句，但作为全诗的总括，节奏上不同于前列各节，加之结尾的“我骄傲，我是中国人”一句更是在回环往复地诵读过程中将爱国情引至最高潮，因此要有鲜明的收束感。

朗诵这类作品，在有豪迈气势的同时，要注意对情绪的适度控制，热情的色彩可以靠加强高低、强弱、浓淡对比的方法体现出来，不宜一强到底，以致影响诗歌的美感和艺术性。

面朝大海，春暖花开

海子

从明天起，做一个幸福的人
喂马、劈柴，周游世界
从明天起，关心粮食和蔬菜
我有一所房子，面朝大海，春暖花开

从明天起，和每一个亲人通信
告诉他们我的幸福
那幸福的闪电告诉我的
我将告诉每一个人

给每一条河每一座山取一个温暖的名字
陌生人，我也为你祝福
愿你有一个灿烂的前程
愿你有情人终成眷属
愿你在尘世获得幸福
而我只愿面朝大海，春暖花开

[朗诵解读]

本诗是海子的抒情名篇，作者完成诗作两个月后在山海关附近卧轨自杀。诗作的明朗温暖与作者的生命归宿形成了强烈对比，更给此诗蒙上了诸多解读的意象。

这首诗用语朴素明朗而又隽永清新，特别是做一个“喂马、劈柴，周游世界”的幸福人的愿望简单明确，“关心粮食和蔬菜”的行动真实而质朴，“给每一条河每一座山取一个温暖的名字”的做法纯真而富有生活情趣，描摹了一幅清新可爱的生活图景，通篇洋溢着幸福的喜悦。

诗歌中真诚的祝福表达了诗人善良美好的祈愿，愿每一个陌生人在尘世中获得幸福；而作者所求却至真至简，只愿“面朝大海，春暖花开”，以一种阔大的天地和温暖的场景为诗作提供了浓厚的暖意。

诵读中，这种处处充溢的幸福感需要朗诵者悉心体会，充分调动，并体现在热情洋溢的抒情语流中。

当然，这首诗的深层内涵却也在不经意间得以解读，诗歌以一句“从明天起，做一个幸福的人”开篇，暗含此时此刻的作者依然还不幸福之意，如能在朗诵中将此言外之意自然流露，则作品的意蕴会更为丰富。

珍 惜

曾卓

一个眼盲的小姑娘说：
如果问我什么是
最大的幸福？
呵，那就是从黑暗中跳出来
给我光！即使仅仅是
一天的光。
让我看看亲人、朋友
看看星星、月亮、太阳
看看旷野、草原、海洋
看看美丽的画、欢快的舞蹈
看看鲜红的国旗在蔚蓝色的空中飘扬
……
我想看的东西是
那么多，那么多！
一天的时间是太少了，
但是，我将感到多么幸福呵，
要是能给我一天的光！

一个耳聋的小男孩儿说：
如果问我什么是
最大的幸福？
呵，那就是从寂静中走出来
给我声音！即使仅仅是

一天的声音。
让我听听母亲的低语、弟弟的呼唤
听听风声、雨声、涛声
听听虫儿的低吟、小鸟的啾鸣
听听唐老鸭怎样笑、灰姑娘怎样叹息
听听诗的朗诵、钢琴的演奏
……
我想听的东西是
那么多，那么多！
一天的时间是太少了，
但是，我将感到多么幸福呵，
要是能给我一天的声音！

一个哑者多么渴望
用自己的声音和朋友谈心，
用自己的声音唱歌。
一个坐在轮椅上的人多么渴望
站起来，走过去
和同伴一道游戏，爬山。
而一位老人说
他愿牺牲一切
只要能回到少年的时光。

听，一切都是值得珍惜的：
如果你失去了它。

［朗诵解读］

这首诗以《珍惜》为题，告诫我们要珍惜现在所拥有的一切，因为“一切都是值得珍惜的：如果你失去了它”。

这首诗丰厚的主旨是从一个个小的个体出发来阐释的，眼盲的小姑娘对幸福的理解是光，耳聋的小男孩对幸福的理解是声音，哑者渴望说话，轮椅上的人渴望站起，老人渴望回到少年时光，事例具体明确，将人们对幸福的理解映射在身边现实生活中具体可感的事情上，因此在朗诵时应本着对个体观照的出发点从心底里诵读出来，不必慷慨激昂，而要在平实的讲述中体现出人们对生活的热爱和对幸福的渴望。

结尾一节的语气与前文有所区别，应有一种与人交流的对象感，放慢语速，字斟句酌，使其富于哲理的味道。

丑 角

刘小平

滑稽的丑角
其实是清醒的智者

我们走路病态
我们服装的混乱
被丑角认识了
可我们的自我感觉总是良好

别人赞美我们的青春
我们习惯了听顺耳的歌

只有丑角
丑角心细如发
丑角不留情面
在台上模仿我们
或者夸张我们的某一部分
比如尖而长的鼻子
比如过于肥大的裤子
我们忽略了丑角的提醒
我们哄堂大笑

丑角蓄着长胡子
我们却说丑角像一个孩子
其实这一点说对了

丑角有一颗未泯的童心

假如我们取笑了丑角
取笑了他古怪的鼻子和长裤
假如我们笑过了就笑过了
笑过了而不去思考
那我们就不仅仅是可笑

[朗诵解读]

这是一首哲理诗，通过对看似平凡常见的“丑角”的描述，把人们的一些不良习性和不正常的心理惯性展现出来，令人深思。

朗诵时，首尾两节要以一种冷静理性的态度进行表达。中间部分的文字在平实轻松中隐隐透出忧虑，比如“别人赞美我们的青春，我们习惯了听顺耳的歌”，从字面上看似乎平淡寻常，但深入思考却值得警惕，语气上要有警醒的意味。

另外，朗诵此类哲理诗，尤其是文辞如话的诗歌作品，韵味的追求要放在其次，而是将冷静的思索、深刻的批判、真诚的交流放在首位，使其在众多的诗歌类型中独树一帜。

现　象

肖长春

一动就走火的是枪
一停就消失的是风
一敲就响的是大钟
不敲也响的是生命

痛了不吭声的是斗争
不痛却叫唤的是有病
瞄瞄你对面的天色和眼睛
不细看不知道痛还是不痛

一打就碎的是酒瓶
不打也碎的是梦
一说就错的是人生

不说也错的是行动

越走越远离的是群山
没那回事的是不远的激情
歌唱不出口一唱就是干吼
永远沉默的是天地的包容

[朗诵解读]

这是一首哲理诗。诗人透过对一些常见现象的解析，揭示了他对人生的深刻认识。对于这些现象，我们表现出来的应该是关注，而不是漠视，应该是深入思考，而不是浑浑噩噩。

朗诵时主要运用冷峻的语气来阐释生活中人们视而不见、熟视无睹、见怪不怪的现象。如“痛了不吭声的是斗争/不痛却叫唤的是有病”语气肯定而又内涵丰富。

对于一些需要强调的字词，我们可以采取在其前后安排停顿的方式来处理。比如“不敲也响的是生命”一句，形象而深刻地反映出生命的价值和分量，值得人们深入思考和反躬自问，因此，宜在“的”字后面停顿，并夸张地延长停顿时间，用以引起听众对这句内涵丰富的语句的深入思考和回味。

生与死

牛汉

年轻时信奉莎士比亚的一句箴言：
懦弱的人一生死一千次，
勇敢的人一生只死一回。

可有人一生岂止死过一千次，
一次次地死去，又一次次复活，
生命像一首诗越写越清纯。

勇敢的人死一千次仍勇敢地活着，
而懦弱的人仅仅死一回就懦弱地死去了。

哦，莎翁的这句箴言是不是应当修改？
死过一千次仍庄严神奇活着的人，我见过，
懦弱的人经不住一次死亡的威胁，我见得更多。

[朗诵解读]

这首诗将莎士比亚对于生死的理解重新进行解释，言简意赅，富于说服力。

朗诵时，用平实的语气开篇，有强烈的对象感。其中“一千次”“一回”这两处数量词需要强调，以便为下文的反其意而行之做好对比铺垫。

在第二节中，一个“可”字形成了鲜明的转折意味，而“岂止”一词要予以强调以便使感情色彩更为强烈。“一次次地死去，又一次次复活”相对轻松地带过，为的是突出“生命像一首诗越写越清纯”这句以达到对勇敢者由衷赞美的目的。

第三节以理性的态度强调了勇敢者和懦弱者在死亡面前的不同结局。数量词依然是强调的重点。

第四句用柔和的看似商量的语气表达了一个不容商量、不容置疑的结论，从而对勇敢者与懦弱者的生死本质进行了深刻的揭示，最后一句“我见得更多”的语气中充满了一种参透人生的言外之意。

历史的碎片

——楼兰日记

叶延滨

只剩下一摊散乱的瓦片了
手掌一样的瓦片，指甲盖一样的瓦片
从沙海中探出头来
说：又来了几个捡瓦片的人
等了几百年了

我的目光在瓦片上跳跃
想跳过时间的篱笆
走进另一座城池，叫楼兰的城
活在诗歌中的城
多美的名字：楼兰
让诗人梦中想到一个心上人

只剩下瓦片了，一座城和一个美丽的名字
让一摊简陋的碎片看守着
叫我想到大海，沙滩上的贝壳

看守着曾经生命过的涨潮和落潮——
啊，五千年曾有多少辉煌和疯狂
都沉寂为一本叫历史的书
那一本书就能是五千年吗？
不，那只是装成册的历史瓦片而已！

在城池中，过去和现在的城池中
比瓦片更高贵的是钢刀
比钢刀更高贵的是财富
比财富更高贵的是权力
比权力更高贵的是荣誉
比荣誉更高贵的是生命！
啊，生命是脆弱的，在沙漠之中
比生命更强大的是荣誉
比荣誉更强大的是权力
比权力更强大的是财富
比财富更强大的是钢刀
比钢刀更强大的是瓦片！

生命死了，财富和权力也会死去
钢刀与荣誉也一起阵亡
天上的云和地上的树都死了，死亡之海中
——只剩下几块瓦片嵌进了
后来人的眼睛！

[朗诵解读]

在历史的面前，一切都将死去。面对历史，我们将怎样思索人生？这首诗带有一种沧桑感和历史的厚重感，富于哲理，发人深思。

诗的开篇写了美丽的楼兰城，由此联想到诗歌，联想到历史，并由此发出疑问，“五千年曾有多少辉煌和疯狂/都沉寂为一本叫历史的书/那一本书就能是五千年吗？/不，那只是装成册的历史瓦片而已”，引人思索的恰恰就是这“五千年”与“历史书”之间的强烈对照。

接下来一系列谁更高贵、谁更强大的对比则以判断的语气再次引发人们的思考——人们该如何看待瓦片、钢刀、财富、权力、荣誉和生命。

朗诵时，诗句细节上有抑扬顿挫之变化，而整体上则语气冷峻，感情深沉，在看似平淡的语流中融入深深的思考。

对　话

刘川

父亲，站起来，你不是一直这样鼓励我吗
不，这躯体太重了，总算扛到终点了
抓我的手，父亲，像从前那样
孩子，我太虚弱了，我的手被它自己的重量握着我挣不脱
父亲，你为什么不呼吸、不喝水
不，不久之后我也是空气、水以及万物
父亲，从此你吃什么
泥土？种子？沉默？不，我也不知道
但我知道我再也不会饿了
你腕上的表停了，我来上弦吧
不用，我的孩子，我已经不再需要时间了
那么我给你穿上鞋子吧
不，道路已经不再需要我了
父亲，这书你还看吗
看，但我的眼睛睁不开
也许我该看一些不用眼睛的书
父亲，渔竿你也带上吗
不用了，从此河边每一个垂钓的老者都是我
我是他们身后忠实的影子
父亲，今天正是你的生日啊
是的，我正去另一个世界诞生
父亲，为什么抛弃我
不会的，你一直跟在我身后，现在

我不过进入了另一个房间
而不久后你也会找到它的门
父亲，我要听你讲话
那就听吧，我一直在你的记忆里讲个不停
可是，父亲，我多么爱你
好孩子，我也是，这是死亡也无法阻止的

［朗诵解读］

这首诗表现了父子间深厚的爱。更为特殊的是，这首诗自始至终表现的都是一个濒临死亡的父亲与守护在他跟前的儿子进行的对话，感情真挚，令人闻之神伤，而同时语言富于哲理，如“父亲，我要听你讲话/那就听吧，我一直在你的记忆里讲个不停”。

这首诗采取了对话的方式写就，而且说话者的身份一句一转换，一个人朗诵不易表现出这种对话关系，因此更适合于采取对诵的方式。朗诵时注意对两个人物身份的确定和情态的描摹，一位气提声促，心情焦忧，同时还带有世人共有的疑惑；一位语势舒缓平稳，神态安详，凸显出参透人生生死的智者形象。

玻璃大厦

张洪波

玻璃大厦　把蓝天白云容纳
玻璃大厦　一个高大的骗局

一群鸟儿飞来　它们
是带着向往蓝天白云的心情飞来的呀
天真的鸟儿　飞得多么自由舒展
它们是唱着歌儿飞来的呀

世界上还有这样的勇往直前吗
它们集体撞在玻璃大厦上
鲜红的血
溅在这坚硬的蓝天白云里

玻璃大厦　还有谁

能比得了你如此高明的谋杀

这是一场百年不遇的空难
可是　从此就很难摆脱
每天都会发生的
这样一场流血事件

玻璃大厦
你看到鸟儿悲哀落地的惨状了吧
你为什么那样冷冰冰地不说一句话
你的内心
就不会有一点点温情吗
玻璃大厦
你是我们这座城市
一个崭新的刽子手
你使我们的荣耀一落千丈

玻璃大厦　给你几片鸟的羽毛
那上面还有热血的温度
擦拭一下你那可怕的美丽和庄严吧
明天也许还会有鸟群从我们的城市飞过
届时　请低下你的头！

[朗诵解读]

这是一首宣扬环保、宣扬爱护动物、宣扬人与动物和谐相处的公益诗。诗人将玻璃大厦拟人化，采取了质问的方式表明了诗人的态度，抒发了作者对生命的礼赞，并对玻璃大厦“谋杀”鸟儿的行为进行了谴责。

分析作品时注意对玻璃大厦拟人化的处理，实际上，玻璃大厦是人的行为的延伸，大厦对鸟儿的戕害，表明的是人对自然界的破坏。

朗诵时，针对玻璃大厦的质问皆隐含着谴责的语气。特别是诸如“玻璃大厦/还有谁/能比得了你如此高明的谋杀”这样的诗句，假想对象具体明晰，谴责质询的语气尤为强烈，气足声强，直指人心。

十四行诗（第54首）

[英] 莎士比亚　（屠岸 译）

呵，美如果有真来添加光辉，
它就会显得更美，更美多少倍！
玫瑰是美的，不过我们还认为
使它更美的是它包含的香味。
单看颜色的深度，那么野蔷薇
跟含有香味的玫瑰完全是一类，
野蔷薇自从被夏风吹开了蓓蕾，
也挂在枝头，也玩得如痴如醉：
但是它们的好处只在容貌上，
它们活着没人爱，也没人观赏
就悄然消亡。玫瑰就不是这样，
死了还可以提炼出多少芬芳：
可爱的美少年，你的美一旦消亡，
我的诗就把你的真提炼成奇香。

[朗诵解读]

这首诗用玫瑰和蔷薇对比，突出“美”是外表表现，而“香”是内在品质，从而对朋友真诚纯洁的品质进行了热情的歌颂。

朗诵时注意对重音的选择和对重点的处理。重点字词有“美”“真”“香味”，可以采取加大音量、提高音高、延长调值等方法对其加以强调，其余的词句相对要弱化一些，以便突出语意和诗歌的主旨。

另外十四行诗这种诗歌体裁节奏流畅，充满了一种优雅的气质，朗诵时要留意语势起伏变化的处理以及语句之间的呼应连接，情感真挚，词情优美。

你生命告终

[英] 拜伦　（杨德豫 译）

你生命告终，威名却树立；
你故乡的歌曲谣讴
记述她英雄儿子的胜利，

记述他刀剑的格斗，
他建立的功勋，他打赢的战役，
所夺回的自由！

我们已自由，纵然你倒地，
你不会感受到死亡；
你身上流出的高贵血液
不屑于沉入土壤；
它正周流在我们血脉里，
你活在我们呼吸上！

你的名字是进军的号令，
激励着冲锋的队伍；
合唱的主题——你的牺牲
从少女歌喉中倾吐；
恸哭有损于你的光荣，
你不是被哀悼的人物！

[朗诵解读]

这是一首悼亡诗，但诗人对牺牲的英雄自始至终都在进行热情的歌颂，诗风奔放、明朗，毫无悲哀情调。朗诵时也要把握诗歌的主旨和风格，并体现在明朗有力的基调设定上。

另外注意有些句子停连和语势的处理，如："你故乡的歌曲谣讴/记述她英雄儿子的胜利，/记述他刀剑的格斗，他建立的功勋，他打赢的战役，所夺回的自由！"后一个"记述"要领属"他刀剑的格斗，他建立的功勋，他打赢的战役，所夺回的自由"等几个分句，这几个分句要连得紧一些，语势彼此呼应，形成一个完整的意群。

田间的草人

[英] 德拉梅尔 （黄杲炘 译）

一整个冬天的急风骤雨
打得我头颅总低垂；

北风撒了我一身的白雪
又吹得我恢复乌黑；
我在夜半的满天星斗下
身上的霜花闪亮光，
黎明时站在残茬的田间
僵得像锁子甲一样。
待到那名叫春天的孩子
领他的伙伴们来时，
在我家园的这片土地上
遍撒下花蕾和雨滴，
穿破衣的我心中也惊喜；
把空空的两眼抬起，
在空中搜寻贪婪的乌鸦——
我古怪主人的仇敌。
看着瘦长的他迈开大步
跟着角相碰的耕畜，
我知道将有一人高的麦
沙沙在原先积雪处；
一大片阳光孕育的麦粒
即将铺展在我眼前：
这是我坚定不移的守望
对丰收的再次贡献。

[朗诵解读]

瓦尔特·德拉梅尔（1873—1956），英国作家。主要作品有诗集《倾听者》及长篇小说《亨利·布罗肯》等。

这首诗以拟人的手法描写了田间的草人忍受寒冬、北风和霜花，为的是春天“遍撒下花蕾和雨滴”时能够与主人一起搜寻仇敌。在这样的辛劳中，草人憧憬着原先积雪处将会出现麦浪沙沙的美景。

诗歌意象单纯明确，结构清晰完整，朗诵时要把握作品的内容脉络及与其相关的情感走向。

开篇极写急风骤雨、北风白雪、夜半星斗、黎明残茬，朗诵时情感沉抑，语气凝重，营造出一个恶劣的自然环境。

中间部分以“待到那名叫春天的孩子，领他的伙伴们来时”起始，情绪色彩陡然明朗起来，状态积极，语气轻快，节奏紧凑，通过对草人热情投入工作的赞美，抒发了作者积极进取的人生态度。

篇尾部分描述了主人的勤劳，同时也通过草人的积极工作表明了作者坚定不移守望的决心，情绪昂扬，语气坚定。

本诗基本上是以两行为一个小节，若干节为一个部分。朗诵时注意一节之内尽量做到语意与语气连贯，不要受到分行的影响；同时注意每个部分要有不同的情绪色彩，通过语气变化体现出层次的转化与内在节奏的承接。

恋海情

[英] 约翰·梅斯菲尔德　（黄杲炘 译）

我得重下海去，去那寂寥的大海和长天，
我要的只是一艘高高的航船，一颗星星为我导航；
我只要舵轮的倔强、海风的歌唱、白帆的震颤，
只要海面上灰濛濛的雾霭、灰濛的破晓曙光。

我得重下海去，因为奔流海潮的召唤，
多么粗犷、多么响亮，谁还能跟它违抗！
我要的只是天天疾风劲吹，吹得白云飞翻，
只要喷溅的水花、飘散的浪沫、海鸥的叫嚷。

我得重下海去，生活像漂泊的吉卜赛人一样，
像海鸥长空翱翔、像巨鲸遨游大洋，任风儿像新磨刀枪；
我要的只是欢笑的旅伴讲个快活的海上奇谈，
只要长久的操舵后，静静的安睡、甜甜的梦乡。

[朗诵解读]

约翰·梅斯菲尔德（1878—1967），英国诗人。主要作品有诗集《盐水谣》，长诗《永恒的宽恕》及历险小说《徒劳》等。

本诗共分三节，每节都以“我得重下海去”起句，以“只要……”作结，结构

整齐，表明了作者对海洋深深的依恋之情，同时也表明了作者勇于到自然界进行精神遨游和意志锤炼，反映了一种积极向上的乐观情绪。

朗诵时首先要把握高亢舒展的节奏类型，使通篇充溢着昂扬的精神力量。

其次把握三节诗句整齐的结构和句式，在相似语气和相似转化过程中形成回环往复的节奏类型，给人以一唱三叹的艺术效果。

最后是区分三节不同的情绪色彩：第一节突出坚韧的意志品质；第二节突出进取者的朝气和锐度；第三节通过海鸥翱翔长空和巨鲸遨游大洋等形象，反映了一种进取的精神和旷达的人生态度。

而最末两句“静静地安睡、甜甜的梦乡”则语气平稳，句尾徐停，与大海的气势形成了鲜明的对比，营造出一种静谧平和的气氛，令人回味。

漂泊者之歌

[英] 约翰·梅斯菲尔德　（黄杲炘 译）

有阵风在我心中，有团火在我脚跟，
我已厌倦了砖砖石石和隆隆车轮；
海之涯、陆之滨是我渴望去的地方，
古老的大西洋狂喊在那边沙滩上。

哦，我要离开这喧闹的街道，
我要去升起前帆得猛拉帆索的地方，
那里晃荡的浮筒边上泊着各色小帆艇，
哦，我要走，直走到迎面扑来潮和风。

我要先听听海风，听听海鸥的叫声，
听海水咯咯有声地舔着带锈船身，
听小渔船的绞盘绞动时候的歌唱，
这时我的心得知我到了那个地方。

哦，我看厌了砖石，我一心只是要去
莫比·迪克那一片绿色风涛的领域；
我要走呀走，走离嘈杂喧嚣的车轮，
因为有风在我心中，有火在我脚跟。

[朗诵解读]

英国诗人梅斯菲尔德的这首诗抒发了一个心中有梦、满怀激情的漂泊者的心声。诗中的漂泊者虽然厌倦嘈杂喧嚣的尘世，但却没有悲观失望，没有倦怠疲惫，恰恰相反，他渴望在天涯海角呐喊，渴望驾驭帆艇，渴望扬帆出海，因为他的心中有风，脚跟有火。诗句充满了憧憬与力量。

诗歌中类似于“我已厌倦了砖砖石石和隆隆车轮”“我要离开这喧闹的街道”“我看厌了砖石”“我要走呀走，走离嘈杂喧嚣的车轮”的文字虽随处可见，但它在诗歌中都属于次要位置，有的仅是为了铺垫以便凸显漂泊者的梦想，如“我要离开这喧闹的街道，我要去升起前帆得猛拉帆索的地方”，重心和主要情绪都集中在后面的诗句中，因此须分清主次，突出重点，强化主题。

从发声表达的角度而言，有力度、有强度是基本需求，不过要避免使声音突破极限，有的昂扬有力，如“古老的大西洋狂喊在那边沙滩上”；而有的则深沉有力，如“因为有风在我心中，有火在我脚跟”。同样有力度，但其强化的方式不同。

诗歌首尾呼应，“有阵风在我心中，有团火在我脚跟”，这赋予了全诗以热情和有力的基调，诵读时要将这种基调贯穿始终，并将首尾的情绪、语感有机呼应。

十四行

[英] 戴·刘易斯　（查良铮 译）

作鸟的旅行，漫不经心地俯视
成片的沙漠，石头神沉没在沙中，
而海和陆拥抱在一片白色的梦里，
或跳出时间之外，总能重新开始。
或者像鸟定居，在颤巍巍的星星
和秋之浪花上作出忠诚的姿态
表示永远不变；或者浮游在
远离沮丧的波浪的一片海湾中。
这都是我们的愿望。可是，唉！飞鸟
为愚昧的目的感所蔽，盲目飞行，
她的重量对于玻璃般的平静
毫无印痕，她的家只是一筐风了。

行旅的我们被我们的路途编走，
我们定居，但也像羽毛落上时流。

［朗诵解读］

塞西尔·戴·刘易斯（1904—1972），英国诗人、侦探小说家。主要作品有诗集《过渡诗》《跳舞的时刻》及侦探小说《暗中私语》等。

十四行诗是一种特殊的诗歌形式。本诗在诵读时要根据内容对诗行进行重新的语句分割组织处理，甚至于要打破诗行之间原有的停顿连接结构，在保持其作为诗歌特有的节奏韵律的前提下，又要以语意有效传达为目标，这是朗诵这首诗的难点所在。

从结构和内容看，本诗可以分为两部分。

第一部分从开篇到“这都是我们的愿望”。诗句中虽有“沙漠”“颤巍巍的星星”等给人以轻飘、苍凉意象的景物，但因为要传达一种愿望，所以仍然要表达出充满憧憬的情绪。

第二部分以“可是”作转折，并喟然长叹一声“唉”，语意转向无奈，情绪走向落寞。转折后的气势情绪都逐渐弱化，但因与第一部分形成鲜明对比，反而产生了更强的艺术感染力。

全诗意象繁复，书面化色彩浓厚，诗句结构复杂多变，诵读中要以情绪变化为主线，将众多意象统一在明晰的情绪变化线索中，在情绪变化丰富饱满的前提下流露出十四行诗特有的优雅气质。

不屈不挠

［英］威廉·俄内斯特·亨莱　（黄杲炘 译）

地狱般的夜色一片昏沉，
从那包围中我冲了出来；
哪位神给我不屈的精神，
不管他是谁我也要感谢。

严酷的境遇一把抓住我，
我没退缩也没大声惊呼；
厄运把我打得血流头破，
但命运大棒没使我屈服。

这人间充满了怒火泪水，
恐怖的阴司又黑影幢幢；
但任凭岁月逞它的淫威，
我现在将来都不会恐慌。

我不管那门口有多狭窄，
不管天书上把刑罚载满；
我是我自己命运的主宰，
我是自己灵魂的指挥官。

［朗诵解读］

英国诗人威廉·俄内斯特·亨莱的这首诗诚如其题目所示，抒发了作者不屈不挠的精神意志。

开篇即描绘了地狱般昏沉的夜色，暗喻了人生旅途的艰难困苦，不过作者紧接着就说明自己从黑暗的包围中冲了出来，反映了作者不在暗夜中沉沦、不在困苦前屈服的进取精神，并且大声呐喊，“哪位神给我不屈的精神，不管他是谁我也要感谢”，从而更充分地表现出作者的乐观精神。本节在朗诵时除第一句要渲染出黑暗压抑之感外，其他三句都应充满力量与乐观的精神状态，总体基调是昂扬的。

第二、三节进一步表明了作者不屈不挠的精神状态，无论是“严酷的境遇”“厄运”“命运大棒”“怒火泪水”“恐怖的阴司”，“我”都不会屈服，不会恐慌。朗诵这两节时总体感情色彩是一致的，但出于节奏变化和朗诵效果的考虑，要在感情的分量、语势的起伏、语流的疏密上错落分布，情感基调则保持一致。

第四节是全诗的总结。各种困境不可尽数，两个“不管”则表明了“我”把所有的困境都抛诸脑后，“我”要做自己“命运的主宰”和“灵魂的指挥官”。诵读时，如果说前三节中还有艰难困苦的色彩，那么此节则一扫阴霾，充满了坚定的信念和冲天的豪气。

我的心呀在高原

［苏格兰］彭斯　（王佐良 译）

我的心呀在高原，这儿没有我的心，
我的心呀在高原，追赶着鹿群，
追赶着野鹿，跟踪着小鹿，

我的心呀在高原，别处没有我的心！

再会吧，高原！再会吧，北方！
你是品德的国家，壮士的故乡，
不管我在哪儿游荡，到哪儿流浪，
高原的群山我永不相忘！

再会吧，皑皑的高山，
再会吧，绿色的山谷同沙滩，
再会吧，高耸的大树，无尽的林涛，
再会吧，汹涌的急流，雷鸣的浪涛！

我的心呀在高原，这儿没有我的心，
我的心呀在高原，追赶着鹿群，
追赶着鹿群，跟踪着小鹿，
我的心呀在高原，别处没有我的心！

[朗诵解读]

这首诗热情描绘了高原美丽的景色，抒发了诗人对祖国的无限热爱。

这首诗采取歌谣体，反复咏叹，富于乐感。朗诵时，既要通过相似语气的循环出现来体现这种反复咏叹的特点，又要善于变化，避免雷同单一的语言表达样式简单重复；尤其是结尾一节与开篇一节重复呼应，在突出咏叹特点的同时，要有更浓烈和深厚的色彩以使情感得以升华。

另外要注意停连的处理，有些诗句应打破标点符号的限制：有标点的地方可能要求语气连贯、语流顺畅，而没有标点的地方又有可能安排停顿。如：“不管/（我）在哪儿游荡，到哪儿流浪”一句，在“不管”后面安排一个停顿，而“在哪儿游荡，到哪儿流浪”则连接起来，其间不停。

这首诗情感真挚浓烈，真情实感的调动和抒发是朗诵创作的关键。

风　筝

[苏格兰] 特恩布尔　（黄杲炘 译）

借重于一根细绳
而获得了生命；

翱翔时是只鹰
目空一切，接着翻落下来
是受一阵疾风的戕害；

稍一松便急窜，
是勾住的鱼——
它的不自由表明了
空气的固有特征；

凭借风的慷慨
又猛地扑去，
是拴有绳索的箭——
这猛扑展示的力量
不属于它自己却充分显露
在一条纸头尾巴上；

还拽着我的手
央求着要往上升
其实会朝下掉
只要我真的放了它。

［朗诵解读］

盖尔·特恩布尔（1928— ），英国苏格兰诗人，著有二十多部诗集。

这首诗的特点是表面上细致准确地描述了风筝的特征，而背后又借风筝的特点暗含了寓意，看似犹如翱翔的鹰，犹如疾飞的箭，但它却受制于风，受制于线，更受制于“我”的手。本诗表明，有些东西表面上看起来高高在上、傲慢非凡，但事实上却受制于人、不堪一击。

诵读时全篇的基调和具体语气要略带讽刺。

如“借重于一根细绳，而获得了生命”，按照常规的语句语气处理方式，一般是重心在后，“生命”二字作加重处理，但是加入讽刺语气时，则重心在前，“一根细绳”成为主要重音。

如“翱翔时是只鹰”，在朗诵时不宜处理出振翅翱翔的凌厉之势，而是应该与下文呼应起来，内在语含有“不过表面上如此罢了”之意。

如结尾处的“其实会朝下掉，只要我真的放了它”再次语带深意地凸显出风筝表面的自由与事实上身不由己的实质。

这首诗内在的含义可以有多样的理解，总之表达时要有弦外之音和言外之意。

失去的美酒

[法] 瓦雷里　（卞之琳 译）

有一天我向海洋里
（不记得在什么地方）
作为对虚无的献礼，
倒掉了宝贵的佳酿。

谁要你消失呀，芳醇？
是听了占卜家劝诱？
也许是我忧心如焚，
想着血，就倒了美酒？

一贯是清澈的沧海
起一阵玫瑰色薄霭，
就恢复明净的原样……

丢了酒，却醉了波涛！……
我看到飐空里腾跃
深湛的联翩形象……

[朗诵解读]

保尔·瓦雷里（1871—1945），法国诗人，诗歌代表作有《海滨墓园》等。卞之琳作为著名的诗人、翻译家，也为这首诗的中文译文增色不少。

失去美酒，到底失去了什么，诗歌文本并没有清晰地说明，不过精致的诗句搭建了多变的节奏，优美的语句充盈着惆怅的优雅，多样的色彩构成了丰富的意象，诵读过程中能充分体会到诗歌跳跃多变、优美流畅、意象丰富的特点。

开篇运用了倒装的语句结构，行文富于设计感，但出口诵读难免会增加听众接收理解的难度，因此语速宜慢，意味深长。

接下来的三个问句，似问似答，加之融入了“占卜家的劝诱”以及与“血”的联想，因此赋予了美酒以灵性和神秘感，诵读时要有与酒对话交流的语气。

第三节中“清澈”“玫瑰”“薄霭”“明净”等几个形象化强的词语赋予了诗歌以色彩感，诵读时要通过情景再现的方式详加描摹，令听者如临其境，感同身受。

结尾的第四节“丢了酒，却醉了波涛”用语精致巧妙，要着意强调“醉”字，进一步突出诗歌的形象，让人在不知不觉中产生绵长的回味感。

墙

[法] 圣琼·佩斯　（叶汝琏 译）

这扇墙堵在面前，阻挡你梦的回旋。

可是意象发出了呼喊。

头贴着油污的安乐椅靠枕，你用舌尖舔着牙齿：你的牙龈满是油脂和调料的气息。

于是你思念起故岛上空纯净的云层，当那绿色的黎明清晰地映入神秘的海水。

……这是流出活力的汁液，角果植物苦涩的油膏，多肉的红树呛人的渗液和荚果所含的黑成分的酸甜。

这是枯树膛中蚁穴里褐色的蜜。

这是绿果的味道，将你饮吸的黎明的空气变成酸味，还有那饱含了咸信风的气流……

快乐，直升云霄的快乐啊！纯净的天幕在闪烁，隐约的空地布满牧草，沃土上洋溢着绿莹莹的欢悦，正迎着世纪般的长昼，陶陶自喜……

[朗诵解读]

圣琼·佩斯（1887—1975），法国诗人。代表作有《阿纳巴斯》等。

这首诗具有很强的象征意味。“墙”，给人以阻断、隔绝之类的意象，但全诗也仅仅是第一句表现了墙的这种特征，“这扇墙堵在面前，阻挡你梦的回旋”。之后的诗句，则都是“意象”呼喊后的结果：思绪是不受阻碍的，记忆中纯净的云层、绿色的黎明、神秘的海水、流出活力的汁液、褐色的蜜、绿果的味道、酸味的空气、咸味的信风……各种意象绮丽多彩，充满活力。于是结尾处释放出“快乐”“欢悦”的情绪。

诗歌的题目虽为“墙”，首句也说明了墙“阻挡你梦的回旋”，但之后的文字、情绪却是对“墙”这一意象的突破，因此在强烈的对比中更凸显了思绪的自由畅达，也反映了作者快乐达观的态度。诵读时，一要突出对比，增强艺术感染力，二要努力调动情绪，营造快乐美好的整体基调，三要善于想象，细致描摹具象的景物。此外，在整体创作中把握人面对“墙”时的态度，则更能给人以有益的启迪。

把我带走

[法] 米肖　（徐知免 译）

把我带走，带到那快帆船，
那古老而温馨的快帆船上，
在艏柱里，要不，如你愿意，在浪花里，
任我消逝，在远方，在远方。

在另一个年龄的车套里，
在诱人的天鹅绒似的白雪里，
在几只聚在一道的狗的呼吸里，
在一簇萧瑟的枯叶。

把我带走，在吻里，但不要把我揉碎，
在呼吸起伏不定的胸膛，
在张开的手掌和他们的微笑，
在长长的骨骼和关节的回廊。

把我带走，要不就把我埋葬。

[朗诵解读]

亨利·米肖（1899—1984），法国诗人。代表作有《无限的骚乱》等。

这首诗的开篇与结尾都将“把我带走”置于诗节之首，形成了一种首尾呼应、回环往复的节奏感，这是不少诗歌常见的手法，不过本诗的不同之处在于结尾处收笔的分量明显强烈许多——要么“把我带走”，“要不就把我埋葬”，于是凸显出前文作者希望把我带走的愿望之强，不管是把我带到快帆船上还是任我消逝，不管是把我带到吻里还是带到“骨骼和关节的回廊”，总之，我希望被带走。

朗诵时，前三节都充满了热情、渴望与希冀，情感浓烈，以情促声，气息充沛；

而最后一句的分量要能够与前三节抗衡，因此气息下沉，用声有力，语气坚定，以坚定的决心反衬希望你“把我带走”的强烈愿望。

孔夫子的箴言

[德] 席勒

时间的步伐有三种不同：
姗姗来迟的乃是未来，
急如飞矢的乃是现在，
过去却永远静止不动。

它在缓步时，任怎样性急，
不能使它的步子加速。
它在飞逝时，恐惧和疑虑
不能阻挡它的去路。
任何懊悔，任何诅咒，
不能使静止的移动半步。

你要做幸福、聪明的人，
走完你的生命的旅程，
要听从迟来者的教诲，
不要做你的行动的傀儡。
别把飞逝的选作朋友，
别把静止的当作对头。

[朗诵解读]

这是一首哲理诗，该诗题目标明了作者是在孔夫子关于时间所论箴言基础上进行的思考，孔夫子的“逝者如斯夫，不舍昼夜”等高论引发了作者的思考，并成为本诗的精神内核，而诗人又运用了诗化的语言对时间进行了理性分析和哲学思考。该诗告诉我们，不必懊悔过去，不要停留于现在，而要认真理智地面向未来。

诗歌中提到时间的三种步伐：姗姗来迟的、急如飞矢的、永远静止的。由于句式相似，在朗诵时要根据时间的这三种不同的步伐特点，调整语速的快慢、音色的虚实、音高的起伏、节奏的疏密，以使语意更加清晰，表达更加形象化。

诗歌总体基调色彩是理性睿智的，语气中含有谆谆告诫之感。

恶的面具

[德] 布莱希特 （张黎 译）

我的墙壁上挂着一个日本木雕，
一个恶魔的面具，涂着金漆。
我怀着同感看着
那额头上鼓胀的青筋，它们表明，
作恶是多么费力。

[朗诵解读]

贝托尔特·布莱希特（1898—1956），德国作家、诗人。主要代表作有剧本《三毛钱歌剧》《大胆妈妈和她的孩子们》等。

这首诗想象奇特，寓意深刻，颇具哲理，并有劝诫的意味。

朗诵时，以平稳叙述的语气描绘恶魔面具的样子，然后语气逐渐加强，层层推进，将“作恶是多么费力”作为结论加以突出，彰显诗歌的意图所在。

朗诵的整体节奏是冷峻平稳的，而“恶魔”“鼓胀的青筋”“作恶”“费力”作为重点词句要予以强调，力度加大，语势扬起，将诗人和朗诵者的鲜明态度表露无遗。

致恰达耶夫

[俄] 普希金 （查良铮 译）

爱情、希望、平静的荣誉
都曾骗过我们一阵痴情，
去了，去了，啊，青春的欢愉，
像梦，像朝雾似的无影无踪；
然而，我们还有一个意愿
在心里燃烧：专制的迫害
正笼罩着头顶，我们都在
迫切地倾听着祖国的呼唤。
我们不安地为希望所折磨，

切盼着神圣的自由的来临，
就像是一个年轻的恋人
等待他的真情约会的一刻。
朋友啊！趁我们为自由沸腾，
趁这颗正直的心还在蓬勃，
让我们倾注这整个心灵，
以它美丽的火焰献给祖国！
同志啊，相信吧：幸福的星
就要升起，放射迷人的光芒，
俄罗斯会从睡梦中跃起，
而在专制政体的废墟上，
我们的名字将被人铭记！

[朗诵解读]

亚历山大·谢尔盖耶维奇·普希金（1799—1837），俄国诗人，现代俄国文学的创始人，俄国浪漫主义文学的代表。

这首诗是诗人写给他的好友恰达耶夫的，是革命的誓言和对同龄人的召唤。

诗歌大体上可以分为前后两部分。前半部分描述了我们的意愿，那就是我们“切盼着神圣的自由的来临”；下半部分则反映了作者对朋友们的热情召唤，“让我们倾注这整个心灵，以它美丽的火焰献给祖国”。诗歌既具有抒情诗优美流畅的特点，又具有政治诗震撼人心的力量。

朗诵时，开篇不必太着力，语势平稳，有如谈心。从“然而”开始，语意转折，语言表达的情感张力加大，情感渐趋澎湃。至后半部分的“朋友啊”和“同志啊”等诗句，则内心充满激情，语气更趋坚定。

假如生活欺骗了你

[俄] 普希金　（查良铮 译）

假如生活欺骗了你，
不要忧郁，也不要愤慨！
不顺心时暂且克制自己，
相信吧，快乐之日就会到来。

我们的心儿憧憬着未来，
现今总是令人悲哀：
一切都是暂时的，转瞬即逝，
而那逝去的将变为可爱。

[朗诵解读]

俄国诗人普希金作为浪漫主义文学的代表，在这首诗中依然表现出了乐观向上的精神风貌。这首诗有多种不同的翻译版本，文字上的差异并不影响诗歌发挥其乐观的、强大的精神影响力。

诗歌首节以假设开篇，“假如生活欺骗了你”，接着就以劝诫和鼓励的语气告诉读者，不要忧郁，要坚信快乐会来临。朗诵时可以调动交流的意识以强化劝诫之意。

第二节改换了语序，先说憧憬，以此反衬出现今的悲哀是如此微不足道。然后则以讲道理的方式说明悲哀是暂时的，回头看看就会发现，逝去的一切都会成为美好的回忆。朗诵时突出重点，强化乐观的情绪色彩，弱化“现今总是令人悲哀”所给人的消沉情绪。

诗歌虽短，但既有动之以情的鼓励，又有晓之以理的剖析，谋篇布局完整精当，朗诵时乐观热情而又不失轻松畅达。

帆

[俄] 莱蒙托夫

蔚蓝的海面雾霭茫茫，
孤独的帆儿闪着白光！……
它到遥远的地方寻求什么？
它把什么抛弃在故乡？……

呼啸的海风翻卷着波浪，
桅杆弓着身子嘎吱作响……
唉！它不是要寻找幸福，
也不是逃避幸福的乐疆。

下面汹涌着清澈的碧流，
上面洒着金色的阳光……
不安分的帆儿却祈求风暴，
仿佛风暴里才有安宁之邦！

[朗诵解读]

这首诗是莱蒙托夫最著名的诗篇之一，全诗用了象征的手法，表现了诗人不愿在平庸安逸中生活，而愿意到风暴中去经历洗礼。诗歌最有价值的精神内核是帆渴望大海却并不意味着它要去求索或是逃避，风暴本身就是体现帆存在的价值所在，抛却功利，抛却颓疲，风暴之中尽显帆的精神，诗歌给人一种纯粹的精神感召和振奋的力量。

第一节写人们疑问“帆”正在到处追寻什么？朗诵时声音内收，语带疑问，同时要突出茫茫海面上闪着白光的“孤独的帆儿”。

第二节写了海上的景象，渲染出一幅在波涛汹涌的大海中奋力抗争的画面。朗诵时加强字音的强度，同时虽然本节描绘了海风波浪的凶险，但情感色彩并不沉郁，反而要透露出一种挑战的快意。

第三节赞美了帆的勇敢。此时，汹涌的海浪和金色的阳光渲染出来的不是炼狱，而是人生必须要面对的境况，是乐观勇士眼前尽显本色的天地，朗诵时语气坚定，赞美之情溢于言表。

干杯

[俄] 吉皮乌斯　（飞白 译）

欢迎你呀，我的失败，
我爱你，正如我爱胜利；
谦卑藏在我高傲的杯底，
欢乐与痛苦从来就是一体。

清朗的傍晚一片安闲，
青雾荡漾在风浪已静的水面；
最后一滴严酷含有无限温柔，
上帝的真理含有上帝的欺骗。

我爱我一无保留的绝望，
最后一滴总许诺给人陶醉。
我在世上只懂一点真髓：
不论喝的是什么，都要——干杯。

[朗诵解读]

诗歌以《干杯》为题，表明了诗人对待胜利与失败的态度，那就是不退缩，不逃避，“不论喝的是什么，都要——干杯”。

诗歌的一、三节语意最为明晰，朗诵时应对重点进行确定并予以突出。最后一句所说的不是简单的喝酒问题，而是表明一种生活态度，因此应加大强调的力度，让人领会到字面之外的深意。

而诗歌的第二节语意跳脱，既有安闲平静景象的描述，又有对人生哲理的思索，朗诵时一方面要结合语句内容具体处理好字面意思和内在情感，另一方面从全诗结构构成角度将本节的节奏放缓，欲扬先抑，增强全诗的变化性和感染力。

灰蒙蒙的天穹在我的头顶

[俄] 蒲宁　（汪剑钊 译）

灰蒙蒙的天穹在我的头顶，
枯叶凋落，树林一片空旷。
而在我脚下的林间小道边，
柠檬树叶沾满了漆黑的泥浆。

我的头顶是凛冽的喧响，
我的脚下是枯萎的沉默……
我整个的青春是一次流浪，
伴随着孤独沉思的快乐。

[朗诵解读]

伊万·阿列克塞耶维奇·蒲宁（1870—1953），俄罗斯作家。主要作品有中篇小说《乡村》、诗集《落叶》等。1933年获诺贝尔文学奖。

这首诗首先渲染了一种压抑、萧索的林间景象，“凛冽的喧响”与“枯萎的沉默”作为世间生活状况的写照高度凝练概括，不过从写作艺术上看，这两句虽然精准但并不出奇，精彩的是结尾两句“我整个的青春是一次流浪，伴随着孤独沉思的快乐”，既有浪漫抒怀，又有理性思考，诵读时，这两句也是要着意予以处理之处。

从结构上看，全诗两节，各四行诗句，形式上比较整齐，但处理时不宜太过规整。尤其是第二节，可以打破常规的层次划分及停连处理方式，将前三句连接紧密些，并将第三句的“我整个的青春是一次流浪”推向语势的制高点，然后顺势而下，语速放慢，赋予“伴随着孤独沉思的快乐”这句诗以深沉思考和回味悠长之感，从而强化了创作者的主体意识，并使诗歌的主题得以深化。

创 作

[俄] 勃留索夫 （飞白 译）

尚未创作的作品之影
在梦里轻轻摇荡，
恰像葵叶的影子掩映
在瓷砖砌的墙上。

紫罗兰的手半睡半醒，
在瓷砖砌的墙上
描画出一个一个声音
在洪亮的寂静中央。

一座一座透明的凉亭
在洪亮的寂静中央
像光斑一样渐渐长成，
浴着天蓝的月光。

赤裸的月亮慢慢上升，
浴着天蓝的月光……
音符飞舞着半睡半醒，
音符对我柔情荡漾。

完成的作品中的秘密
对着我柔情荡漾，
葵叶的影子轻轻颤栗
在瓷砖砌的墙上。

[朗诵解读]

瓦列里·雅科夫列维奇·勃留索夫（1873—1924），俄罗斯诗人。主要诗集有《第三卫队》《瞬间》等。

这首诗是作者象征主义作品之一，该诗是用诗化的语言描述了“创作”的过程，这也是与题目相对应之处。

开篇从“尚未创作的作品”的初始构思开始，绵延不断地联想至葵叶的影子、瓷砖砌的墙、透明的凉亭、天蓝的月光、飞舞的音符，并发展至“完成的作品”，但这还没有终结，“完成的作品中的秘密”继续像葵叶的影子一样“颤栗在瓷砖砌的墙上”，从而形成了一个周而复始、不断完善、螺旋式上升的创作轨迹。

从朗诵的角度而言，这篇作品的象征意味并不容易表达出来，不过其细腻的观察、丰富的想象、循环往复的节奏营造出了浓厚的诗意，这有助于在朗诵中运用情景再现的手法，调动想象，展现诗歌的韵味、韵律和美感。

我吹奏着自己的芦笛

[俄] 赫列勃尼科夫　（郑体武 译）

我吹奏着自己的芦笛。
世界想着自己的心事。
听话的星星为我把一个小小的花环织成。
我吹奏着自己的芦笛，演奏世界的宿命。

[朗诵解读]

维利米尔·赫列勃尼科夫（1885—1922），俄罗斯诗人。主要作品中包含一些带有创新意识的诗歌。

这首诗的题目也有翻译成《无题》的，就如中国唐代诗人李商隐的《无题》诗一样，不一定有确切的主题，但精妙的构思和诗句常令人浮想联翩。

诗的前两句描述了看似无关的两个场景，而第二个场景“世界想着自己的心事”则颇有意味，朗诵时不妨增加新奇、思索等语气以有别于其他语句。

第三句可以根据字面朗诵出童真童趣，情绪也为之变得喜悦，句尾语势上扬，以引起下一句。

第四句则回归平静，同样颇有意味地诵读“演奏世界的宿命”，用声减弱，语速放缓，情感收敛，增强理性的思考，引人回味与遐想。

人，当他们爱的时候

[俄] 赫列勃尼科夫　（郑体武 译）

人，当他们爱的时候，
他们的目光意味深长，
他们的叹息意味深长。

野兽，当它们爱的时候，
便把渣滓倒进眼中，
用泡沫做自己的嚼环。
太阳，当它们爱的时候，
用大地的织布覆盖黑夜，
跳着舞奔向自己的朋友。
神灵，当他们爱的时候，
用尺度限制宇宙的颤抖，
像普希金——一腔痴情献给沃尔孔斯基的女仆。

[朗诵解读]

俄罗斯诗人赫列勃尼科夫的这首诗一如他的其他作品一样富于创新的思维，用语也新颖奇特。

全诗写了人、野兽、太阳、神灵在爱的时候有着怎样的表现，人的意味深长，野兽的本能表现，太阳的自然规律，都既合乎其自身特点，又与爱产生了某种关联。特别是由此推进到想象中的神灵在爱的时候的表现，则充分发挥了其思维的创造性，说其“用尺度限制宇宙的颤抖，像普希金——一腔痴情献给沃尔孔斯基的女仆”，这完全是作者的独特感受和独特表达，朗诵者在处理此句时也要在把握全诗主旨、体会作者感受的同时进行独特化的表达处理，既有理性的把握（如“尺度”），又有感情的释放（如“一腔痴情”）。从人到神灵，这四个意象层层推进，错落有致，高度概括而又具体细致，令人浮想联翩。

需要说明的是，诗句中提到“普希金一腔痴情献给沃尔孔斯基的女仆”的典故确有出处——普希金15岁时曾写了一首抒情诗作，是献给沃尔孔斯基公爵小姐的侍女娜塔莎的，诗风富于简朴明朗的忧郁美感。

爱

[俄] 阿赫玛托娃　（乌兰汗 译）

有时像一条小蛇蜷成一团，
偎在心田上施展法术，
有时在白色的窗台上
像只小鸽子整天不停地咕咕。

有时在晶莹的霜花里一闪，
有时又沉在紫罗兰的梦境……
但它准确而又神秘地
来自喜悦，来自宁静。

在惆怅的琴声的祈祷中，
它善于如此甜蜜地哭诉，
有时候会突然令人心悸：
在陌生的浅笑中把它认出。

[朗诵解读]

安娜·安德列耶夫娜·阿赫玛托娃（1889—1966），俄罗斯女诗人。主要诗集有《黄昏》《念珠》《车前草》等。

这首描写爱情的诗充分展示了一位女诗人的才情、细腻和敏感。她将爱情比喻成“小蛇”“小鸽子”，新颖奇特；又将爱描摹成在霜花里一闪和在紫罗兰的梦境中沉浸的感受，细腻新奇；接下来，惆怅地祈祷、甜蜜地哭诉，时而心悸，时而浅笑，丰富的意象和精巧的语言塑造出了清新多变、细腻善感的艺术形象。

朗诵此诗可以循着细腻描摹意象、整体把握意境的思路展开，抒发善感却专一的情愫，塑造深情而轻盈的艺术风格。

略论口味不同

[俄] 马雅可夫斯基　（飞白 译）

马
一面说，
一面瞟着骆驼：
“这匹马
大得不像话，
还是个罗锅。”
骆驼
惊讶地回答：
“难道你是马吗？
你

不过是
骆驼有病长不大。”
唯有
白胡子上帝
心中有数：
这本是
不同类的
两样动物。

[朗诵解读]

符拉季米尔·符拉季米洛维奇·马雅可夫斯基（1893—1930），俄罗斯诗人。主要作品有长诗《穿裤子的云》《列宁》《好!》等。

这是一首哲理诗，同时也兼具讽刺诗的意味。

诗中，马、骆驼、白胡子上帝从各自不同的角度，用不同的口味对世间现象进行了阐释，马的轻蔑、骆驼的讶异，都要在诵读中夸张地表现出来，以强化诗的哲学性、说理性及感染性，比如“还是个罗锅”要用递进的语气加以强化，“不过是”则处于语势的波峰以突出不值一提之感。

而结尾处白胡子上帝的心理，则可将语势急转下抑，气深声沉，然后娓娓说出“这本是不同类的两样动物”，语速慢，语气缓，意味深长。

从写作形式角度看，马雅可夫斯基的这首诗采取的是他所擅长的阶梯诗形式，这种形式对朗诵而言没有直接影响，但因为在形式上将诗句切割成小单位，所以有助于提示朗诵者增强节奏感，凸显诗歌短促有力的韵律特征。

等着我吧……

——献给 B. C.

[俄] 西蒙诺夫　（苏杭 译）

等着我吧——我会回来的。
只是你要苦苦地等待，
等到那愁煞人的阴雨
勾起你的忧伤满怀，
等到那大雪纷飞，
等到那酷暑难挨，

等到别人不再把亲人盼望，
往昔的一切，一古脑儿抛开。
等到那遥远的他乡
不再有家书传来，
等到一起等待的人
心灰意懒——都已倦怠。

等着我吧——我会回来的，
不要祝福那些人平安：
他们口口声声地说——
算了吧，等下去也是枉然！
纵然爱子和慈母认为——
我已不在人间，
纵然朋友们等得厌倦，
在炉火旁围坐，
啜饮苦酒，把亡魂追荐……
你可要等下去啊！千万
不要同他们一起，
忙着举起酒盏。

等着我吧——我会回来的：
死神一次次被我挫败！
就让那不曾等待我的人
说我侥幸——感到意外！
那没有等下去的人不会理解——
亏了你的苦苦等待，
在炮火连天的战场上，
从死神手中，是你把我拯救出来。
我是怎样死里逃生的，
只有你和我两个人明白——
只因为同别人不一样，
你善于苦苦地等待。

[朗诵解读]

康斯坦丁·米哈伊洛维奇·西蒙诺夫（1915—1980），俄罗斯作家。主要作品有诗集《敌与友》及长篇小说《生者与死者》等。

本诗是作者的一首名诗，在苏联卫国战争期间广为流传。诗歌以呼唤的口吻，反映了沙场上的战士对生命的渴望、对爱人的思恋、对重逢的憧憬。

全诗共三节，每节都是以“等着我吧——我会回来的”起句，一次次的呼唤，回环往复的节奏，更增强了诗的主题和情感。作品虽然没有正面描写战争，但那么多的人已经不能等待、不信等待的结果本身，就侧面地反映了战争的残酷。不过另一方面，纵使是爱子、慈母、朋友都已经在等待中笃信亲人无法从战场返回时，“我”依然呼唤“你可要等下去啊”，因为从死神手中把“我”拯救出来，让“我”死里逃生，就是源于“你善于苦苦地等待”。

事实上，谁都知道战争的残酷，在战场上牺牲也常常是不可避免的事情，本诗作为献给战士和亲人们的礼物，一方面对处于无尽等待的人们起到告慰作用——长久等待也可能会有亲人凯旋的好消息；另一方面对战士们也起到了激励的作用，他们会将此诗作为护身符一样激发内心对生命的渴望。诗歌为现实生活增添了美好的愿景，有着浪漫现实主义的色彩。

因为困境中有希望的种子，所以要求朗诵基调要有积极乐观的色彩，即便是“阴雨”“大雪”“酷暑”“苦酒”“炮火连天”等字眼也不宜影响作品的主色调。

三个“等着我吧”的语意强烈程度可逐层加强，这既有利于诗歌情绪的步步推进，也避免了表达方式的单一雷同。

故乡之夜

[俄] 鲁勃佐夫　（吴笛 译）

高耸的橡树。深邃的水塘。
寂静的夜影躺倒在四方。
没有声响，万籁俱寂，
仿佛自然界从未经受震荡。

没有声响，万籁俱寂，
仿佛屋顶从未听过雷声轰隆！

池塘边不曾有轻风吹拂，
庭院里的干草也不曾沙沙响动。

睡眼惺忪的秧鸡叫声稀落……
我已归来——往事却一去不返！
怎奈何？但愿此景长留，
但愿此瞬永恒地延长。

当心灵不再被灾难惊动，
当阴影游移得这般安详，
没有声响，万籁俱寂，
仿佛人生不再有震荡。

当整个心灵毫不遗憾地
全都沉入美好的神秘，
当明亮的哀愁笼罩着心灵，
宛若溶溶的月光笼罩着尘世……

[朗诵解读]

尼古拉·米哈伊洛维奇·鲁勃佐夫（1936—1971），俄罗斯诗人。主要诗集有《田野之星》《松树的絮语》等。

作为俄罗斯抒情诗人的代表，鲁勃佐夫的诗歌更重视内心情感的流露，不求激昂，但情浓意切。这首《故乡之夜》是他的代表作之一，诗歌虽然仅仅是以描摹故乡夜景为主，但却在字里行间表现了对故乡深切的关注和深深的眷恋，同时，“灾难”“哀愁”“月光”等字眼又反映出诗人的惆怅与哀怨之情。宁静的夜、纷飞的思绪、若隐若现的哀怨犹如“月光笼罩着尘世”，赋予诗歌以朦胧静谧的总体色彩。

朗诵此诗，首先，要确定深沉静谧的基调，在娓娓述说中渲染浓厚的眷恋故乡之情。其次，表达时不必追求气足声硬，而应在深沉的情感与充盈的气息有机配合中发出如天鹅绒般柔和圆润的声音，以抚慰心灵般的姿态轻轻吟诵，直击内心最柔软的部分。第三，考虑到深深的夜色、溶溶的月光等意象以及诗歌主题，在诵读中宜处处散发出淡淡的然而又是绵长的哀愁，以营造一种凄清的美感。

花

［俄］阿赫玛杜琳娜　（刘湛秋 译）

这些花生长在温室里，
四周玻璃筑起了篱樊，
它们的根倒是又肥又壮，
只是花瓣瘦弱得可怜。
人们给它们各式各样的花肥，
还有那些苦涩的钾盐，
巴望着灰黄的三色堇，
能长得婀娜娇妍。
这些花生长在温室里，
人们也给它们泥土和光线，
却不是对它们产生怜惜之情，
也不是对它们有长久的好感。
它们被送给女人们做纪念，
可往后的命运叫它们自己也心寒。
因为它们不像公园里的花，
不能发散出香气撩人脸面。
没有蜜蜂来采它的花蜜，
没有人愿意把它留在唇边，
它们永远不能猜到，
那湿润的大地是何等香甜……

［朗诵解读］

贝拉·阿哈托夫娜·阿赫玛杜琳娜（1937—　），俄罗斯女诗人。主要诗集有《音乐课》《风雪》等。

这首诗表面上具有一种顾影自怜的形式美感，深层则反映了作者的哲学思考，花——温室里的花，有泥土，有光线，有根茎，但它日后的命运却是不可能香气撩人，不可能吸引蜜蜂，更不可能品尝到“湿润的大地是何等香甜”。诗人善于采撷生活中的现象，然后进行深入的思考，并以具有哲理和诗意的语言加以表现。

诵读此诗，开篇用讲述语言娓娓道来，自然而然地描摹出生活场景，之后诗意渐浓，表达出诗人对温室花朵命运的判断，结尾处则自然地抒发情感，感慨温室花朵令人心寒、令人遗憾的生命处境。

诗作本身不饰华丽，朗诵时也要质朴真挚，流畅的语流在行进中反映出深深的思考。

无　题

[俄] 日丹诺夫　（刘文飞 译）

鸟儿死去的时候，
它身上疲倦的子弹也在哭泣，
那子弹和鸟儿一样，
它唯一的希望也是飞翔。

[朗诵解读]

伊万·费奥多罗维奇·日丹诺夫（1948—　），俄罗斯诗人。主要诗集有《肖像》等。

这首诗只有短短四句，如果单从朗诵的角度而言，显然鲜有发挥的空间，不过也恰恰是因为只有四句，所以其新奇独特之处才得以凸显，其内在的深刻含义才值得人们用更长的时间去理解和消化。

首句仅仅交代了鸟儿死去，看似平淡无奇，但在诵读时要起到引领下文的作用，句尾语势微微扬起以呼应下文；加之对比性重音的存在，“鸟儿”二字要略微突出。

第二句则奇峰突起，“疲倦的子弹也在哭泣”，既有新奇的组合（“疲倦”“子弹”“哭泣”能够组合在一起确实离不开超越常规的思维），也反映了两个生命的枯萎（一是鸟儿生命已逝去，二是子弹在射中目标的一瞬间也失去了存在的价值），于是“哭泣”就在所难免。朗诵时要将这种奇异组合给人的诧异感和哭泣时沉沦的情绪表达出来。

第三句提出了一个引人关注的命题，“子弹和鸟儿一样”，至于哪里一样，本句没有说，于是产生了强烈的悬念，引人进一步关注。朗诵此句时其内在语类似于设问一般，但却问而不答。

第四句则尘埃落定，表明子弹之所以和鸟儿一样，是因为“它唯一的希望也是飞翔”，新奇的想象自不必说，关键是此句一方面将子弹和鸟儿的共性一语点破，另一方面关于子弹的悲剧结局也令人一目了然——子弹射中目标后，其心怀的希望也就此打住。当然，最后这句诗到底是说希望还是失望已不重要，因为深刻的哲理和暗含的人生价值观已经得以明示。

我记得……

[白俄罗斯] 唐克 (谷雨 译)

我记得
母亲上床休息，
总是等孩子们
在火炕上睡了，
等进了窝的鸡睡了，
等挂在房檐下的镰睡了，
等炉灶里冒着烟的火睡了，
等贮藏室里的叉子和盆子睡了，
等对着井水照影子的苹果树睡了，
等白鹳鸟巢上空的云睡了，
等被庄稼起伏摇荡的田野里的路睡了。

今晚，我怎能入睡？
既然想起了母亲，
一切往事便都醒了，
我的记忆
怎能安然入睡？

[朗诵解读]

诗人在诗中述说了记忆中母亲的勤劳与艰辛，含蓄而深沉地歌颂了母亲的慈爱与伟大，并表明了自己对母亲的尊敬与热爱。

诗作的写作手法与艾青《大堰河，我的保姆》中一系列“在……之后”以及一系列“她含着笑……”的手法一样，用大量的排比强化了情感的推进力量。朗诵时注意对排比句的情感、语气和节奏的处理，开始语速可以慢一些，渐渐地记忆愈加清晰，语速逐渐加快，情感也愈发浓烈。

而结尾一节则在语气和节奏上都要与首节有所区分，由我“怎能入睡”“怎能安然入睡”的反问凸显出我对母亲的思念与热爱，其中“怎能”二字尤其要突出强调以增强感情色彩和艺术感染力。

旗 帜

[匈牙利] 裴多菲 （兴万生 译）

你在干什么？你在缝什么？
你在缝补我的那件衣裳吗？
我对破烂衣裳已十分满意，
我的妻子，你还是缝起一面战旗！

我预感着，我预感到了什么，
只有天知道我预感到什么；
够了，预感出自我的心里，
我的妻子，你缝起那面战旗！

这样下去，不要太长的时间，
我预感时局将会发生突变，
就一跃而起向战场上跑去，
我的妻子，你缝起那面战旗！

自由是我们的无价之宝，
不会白得，付出的代价很高；
贵重的金钱：鲜血的血滴，
我的妻子，你缝起那面战旗！

如果是你那白嫩的手缝的，
胜利一定会爱上这面战旗，
胜利越来越和它亲密；
我的妻子，你缝起那面战旗！

[朗诵解读]

裴多菲·山陀尔（1823—1849），匈牙利诗人，匈牙利民族文学的奠基人，资产阶级民主主义革命家。著名长诗有《使徒》《亚诺什勇士》等。

这首诗是一首政治抒情诗，诗中表达了诗人对自由的渴望与歌颂，同时也表达了诗人对妻子的鼓励。

朗诵时，情感越来越浓，由篇首的平实的问话，变为对自由的由衷赞美和对妻子热情的鼓励，力度渐强，节奏也由舒缓变为紧凑高亢。

本诗五个小节基本都是以“我的妻子，你缝起那面战旗”作结，整齐的结构给人以回环往复的节奏感。而诵读时，一方面要突出这种结构，另一方面又要根据内容发展和朗诵时情感的走向加以变化，或欲强先弱，或欲快先慢，在对比中强化战旗鼓舞人的精神力量，同时也避免了节奏及语气太过雷同。

我愿是激流

[匈牙利] 裴多菲

我愿是一条激流，
是山间的小河，
穿过崎岖的道路，
从山岩中间流过。
只要我的爱人，
是一条小鱼，
在我的浪花里，
愉快地游来游去。

我愿是一片荒林，
坐落在河流两岸，
我高声呼叫着，
同暴风雨作战。
只要我的爱人，
是一只小鸟，
停在枝头上鸣叫，
在我的怀里作巢。

我愿是城堡的废墟，
耸立在高山之巅，
即使被轻易毁灭，

我也毫不懊丧。
只要我的爱人，
是一根常青藤，
绿色枝条恰似臂膀，
沿着我的前额，
攀援而上。

我愿是一所小草棚，
在幽谷中隐藏，
饱经风雨的打击，
屋顶留下了创伤。
只要我的爱人，
是熊熊的烈火，
在我的炉膛里，
缓慢而欢快的闪烁。

我愿是一块云朵，
是一面破碎的大旗，
在旷野的上空，
疲倦地傲然挺立。
只要我的爱人，
是黄昏的太阳，
照耀着我苍白的脸，
映出红色的光艳。

[朗诵解读]

这首作品是匈牙利诗人裴多菲的代表作，是诗人献给未婚妻尤丽亚的一首情诗。诗人感情真挚地向爱人表达深情，吟咏对爱情的渴望与礼赞。诗中运用了比喻、对比等手法，形象鲜明，感情热烈，生动感人。同时，作为一位革命家，其诗歌也经常被人解读为充满革命激情的政治抒情诗，风格热烈，令人振奋。

诗歌共分五节，每节都是以“我愿是……”开头，以“只要我的爱人”能够在我身边为前提，表达了诗人为了爱情不计付出真挚情感，题目以首节的首句为题，之后每节都遵循类似的格式，回环往复又层层递进，尤其是最末一节的诗句“只要我的爱人，是黄昏的太阳，照耀着我苍白的脸，映出红色的光艳”，其“苍白的脸”对比“红色的光艳”更表明置身爱河中人所能感受到的巨大幸福感。

朗诵本诗，整体上要把握五个小节层层推进的情感脉络，从清新跳跃，到昂扬有力，到深沉凝重，到热情欢悦，到傲然坚毅，每一小节都似曾相识，又各具特色，但总体的情感走向则是愈发热情浓烈。

朗诵每小节时，要注重把握情感的对比，“我愿是……”的希冀与愿望表达了诗人为爱而义无反顾的情感，“只要……”则畅快淋漓地对爱进行了深情大胆的剖白。

具体到诗歌的意象，如“激流”“小鱼”“废墟”“常青藤”，则要在朗诵时具体想象和真切感受，做到既真实细腻，又形象鲜明。

你的微笑

[智利] 聂鲁达　（陈光孚 译）

你需要的话，可以拿走我的面包，
可以拿走我的空气，可是
别把你的微笑拿掉。

这朵玫瑰你别动它，
这是你的喷泉，
甘霖从你的欢乐当中
一下就会喷发，
你的欢愉会冒出
突如其来的银色浪花。

我从事的斗争是多么艰苦，
每当我用疲惫的眼睛回顾，
常常会看到
世界并没有天翻地覆，
可是，一望到你那微笑
冉冉地升起来寻找我，

生活的大门
一下子就都为我打开。

我的爱情啊，
在最黑暗的今朝
也会脱颖出你的微笑，
如果你突然望见
我的血洒在街头的石块上面，
你笑吧，因为你的微笑
在我的手中
将变作一把锋利的宝刀。

秋日的海滨，
你的微笑
掀起飞沫四溅的瀑布，
在春天，爱情的季节，
我更需要你的微笑，
它像期待着我的花朵，
蓝色的、玫瑰色的，
都开在我这回声四起的祖国。

微笑，它向黑夜挑战，
向白天，向月亮挑战，
向盘旋在岛上的
大街小巷挑战，
向爱着你的
笨小伙子挑战，
不管是睁开还是闭上
我的双眼，
当我迈开步子
无论是后退还是向前，
你可以不给我面包、空气、

光亮和春天，
但是，你必须给我微笑，
不然，我只能立即长眠。

［朗诵解读］

诺贝尔文学奖获得者、智利诗人聂鲁达所作的这首诗乐观积极、格调明朗、感情浓烈、想象奇特。诗中所赞叹的“微笑”超过了这个词字面的简单含义，它表明了一种积极向上的精神力量，一种不畏险阻的乐观精神，一种战斗的热情，一种爱国的情怀。

这首诗采取了象征的手法，表达了诗人对美好生活的热爱，并且时时刻刻都表现了他乐观向上的生活态度。

朗诵时基调热情爽朗，语气舒展豪放。

另外，本诗写作时诗行转换自由，形成了内在的节律节奏，语意则因此跳跃变幻，不易把握，朗诵时要打破常规的行与行之间固有的停连关系，对诗行重新进行组合连缀，重新设定停连位置，使语流更加顺畅自然，语意更加完整明晰。

我不记得我的母亲

［印度］泰戈尔　（冰心 译）

我不记得我的母亲，
只在我游戏中间
有时似乎有段歌谣在我玩具上回旋，
是她在晃动我的摇篮时所哼过的那些歌调。

我不记得我的母亲，
但当初秋的早晨
合欢花香在空气中浮动，
庙里晨祷的馨香向我吹来像母亲一样的气息。

我不记得我的母亲，
只当我从卧室的窗口眺望悠远的蓝天，
我觉得我的母亲凝注在我脸上的眼光
布满了整个天空。

[朗诵解读]

泰戈尔（1861—1941），印度著名诗人，作家，曾获诺贝尔文学奖。其重要诗作有《吉檀迦利》《新月集》《飞鸟集》等。

这首诗表面上说诗人不记得自己的母亲，实际上却恰恰反映了诗人对母亲的深刻记忆。诗人的母亲在作者少年时离世，岁月也许的确会使作者忘却母亲的样貌细节，但是母亲所哼唱的歌调、母亲的气息、母亲的眼光已经成为铭刻在心的深刻记忆。

诗人把笼统抽象的母爱化作歌声、香气和眼光等具体意象，生动可感，更表现出母爱的伟大。

朗诵时，情感要发自肺腑，深沉浓厚，吐字力度要加强，但音量不必大，可以适当增加虚声成分，映衬出母爱的博大。

重　归

[意] 夸西莫多　（李国庆 译）

诺沃那广场夜色茫茫，
我独自躺在石凳上，
双眸凝视疏密的群星，
悒郁的心寻觅安宁；
小时，我也曾在普拉达尼河滩，
观赏这闪烁的星星，
黑暗中把祷词诵吟。

踏着记忆的足迹，
我又回到阔别的故乡：
那薰衣草、桂竹、生姜，
依然晾晒在席上，
散发出一阵阵芳香。
我和你，妈妈，
坐在角落里，躲在阴影中，
我渴望把“浪子回头”的故事
轻轻读给您听；

这故事仿佛音乐的旋律
寸步不离，
默默地把我伴随，
纵然驱赶也徒劳、无用。

流失的童年一去不复返。
自由的道路向我召唤，
在黝黑的夜里我匆促离开家乡，
无暇安慰我慈爱的亲娘，
我怕拂晓时妈妈凄楚的眼泪。

啊，生活的道路，
赋我以诗和歌；
那丰满的麦穗，
那洁白的花朵点缀的橄榄园，
那浅蓝色的亚麻花、水仙花；
更有那西西里的夜，
乡间小道尘土飞扬，
辗转的车轮发出寂寞的音响，
赶车人悠然哼着小调，
摇曳不停的马灯啊，
它那暗弱的光，
犹如萤火虫闪烁的光亮。

[朗诵解读]

萨瓦多尔·夸西莫多（1901—1968），意大利诗人，曾获诺贝尔文学奖。代表作有《水和土》等。

这首诗以《重归》为题，一方面书写了作者对故乡的眷恋和母子之情，细腻真挚，恬淡宁静，另一方面又以极少的笔墨点明了当初离开故乡是因为“自由的道路向我召唤”，以此反衬出自由的可贵与感召。而这些都是人们的延伸解读，这首诗实实在在的成就更表现在对故乡景物细腻的描摹上，以及流畅的诗句和如歌般的节奏。

朗诵本诗，首先要把握久别后重归故乡的心理，故乡的一草一木固然亲切，而记忆中故乡的气息更是深深地融入心底，令人产生故乡的一切都值得回味之感。

诗歌最后一节将故乡的景物与诗人内心的感受融为一体，诗人不觉发出了“生活的道路，赋我以诗和歌”的赞叹，情感有隐而显；而结尾处，又将视线落在“摇曳不停的马灯”上，将其描绘成“犹如萤火虫闪烁的光亮”，诗歌重又落笔在含有象征意义的意象上，引人遐思，朗诵时要做到细腻真切。

另外，诗行长短错落，抑扬起伏，诵读时注意按节奏对比推进。

你的心灵

［西班牙］萨利纳斯　（王永年 译）

你的心灵
如此敞朗明净，
可我却从未能
进入你的心灵。
我寻觅
狭窄的小径，
崎岖的关隘，
但通向你心灵
却是坦荡的大道。
我准备攀登——
心想肯定有高墙
护卫着你的心灵——
可是你的心灵周围
既没有壁垒，
又没有藩篱。
我寻觅
心灵的小门，
但你的心灵，
尽管坦率真挚，
却没有入口。

它始于何处，

又终于何地？

我自始至终

呆坐在你的心灵

不可捉摸的边缘。

[朗诵解读]

佩德罗·萨利纳斯（1891—1951），西班牙诗人。诗歌代表作有《预兆》《爱的理性》等。

这首诗细腻描摹了心灵的不可捉摸性。看起来，你的心灵“敞朗明净”“坦率真挚”，可是，“我”不管是寻觅也好，攀登也好，都找不到你心灵的入口。一切努力都白费后，我只能“呆坐在你的心灵/不可捉摸的边缘”。

本诗的诗句简洁流畅，用语质朴，但却把最不易捉摸的心灵特性描摹得准确明晰，其实友情也好，爱情也罢，经常会遇到这种令人无所适从的境况，而能够把这种常见现象如此简练地阐明出来，且使用的是充满诗意的语言，其功力深厚是可想而知的。朗诵时要能够把握这种无奈之感，并在对比中将此感觉强化。

诗歌结尾处的“我自始至终/呆坐在你的心灵/不可捉摸的边缘”一句既形象又贴切，朗诵时要着意强调“呆”字，并放慢语速，给人以游移未定之感。

杜埃罗河的歌谣

[西班牙] 迭戈　（王永年 译）

杜埃罗河，杜埃罗河，

没人陪你缓缓流去，

没人伫立倾听

你永恒的流水章句。

出于冷漠或懦弱，

城市移过背去。

它不愿从你的镜面上

看到自己墙垣的残缺。

古老的杜埃罗河啊，
你捋着银白的胡须微笑，
以你的歌谣
碾磨歉收的谷物。

在圣徒似的岩石
和魔幻般的杨树之间，
你流逝的波浪
携带着爱的语言，语言。

谁能像你这样，
悄没声息又不停地流淌，
老是咏唱着同样的篇章，
但流水却从不一样。

杜埃罗河，杜埃罗河，
没人陪你缓缓流去，
没人愿意倾听
你已被遗忘的永恒章句。

注意你的只有热恋的情人，
他们探索你的心灵，
在你的浪沫中
撒下爱情的语言，语言。

[朗诵解读]

赫拉尔多·迭戈（1896—1987），西班牙诗人。代表作有《索里亚》《樱桃树与棕榈树》等。

这首诗以类似于歌谣的语体抒发了诗人对杜埃罗河深挚的情感，河水是寂寞沉静的，它默默流淌，映着城市，碾着谷物，唱着歌谣。流水如诗句般永恒，但不仅没有人听，还被人遗忘。不过还是有人在注意着河水，他们是热恋的情人“在浪沫中撒下爱情的语言”。杜埃罗河犹如母亲河，静默地流淌，但却养育和滋润了岸边的人们，关注人们却不求回报。

朗诵这首诗不求热烈奔放，而是在反复咏唱中描画出河水的沉静悠长，人们没有关注到它，恰恰是因为它已深深融入人们的生活，朗诵基调和节奏由此可以确定为绵长舒缓，一唱三叹。

另外，诗歌中两处出现“爱的语言，语言”，正如歌谣般反复咏唱，朗诵时要注意通过抑扬、疏密、快慢等方法加以变化。

当你老了

[爱尔兰] 叶芝　（袁可嘉 译）

当你老了，头白了，睡思昏沉，
炉火旁打盹，请取下这部诗歌，
慢慢读，回想你过去眼神的柔和，
回想它们昔日浓重的阴影；

多少人爱你青春欢畅的时辰，
爱慕你的美丽，假意或真心，
只有一个人爱你那朝圣者的灵魂，
爱你衰老了的脸上痛苦的皱纹；

垂下头来，在红光闪耀的炉子旁，
凄然地轻轻诉说那爱情的消逝，
在头顶的山上它缓缓踱着步子，
在一群星星中间隐藏着脸庞。

[朗诵解读]

威廉·勃特勒·叶芝（1865—1939），爱尔兰诗人和作家，1923 年获诺贝尔文学奖。主要诗作有《当你老了》《茵纳斯弗利岛》《在学童中间》等。

这首诗创作于 1893 年，是叶芝献给一位女子热烈而真挚的爱情诗篇。虽然追求无望，但诗人心怀苦痛却矢志不渝，用遥想多年以后对暮年时的女子倾诉衷肠的方式，表白自己深深的爱恋。诗中说，多少人或假意或真心爱你的美丽，只有一个人爱你的“灵魂”和“皱纹”，虽然那时，爱情看似已经隐藏在群星中间。

朗诵时，要把握诗歌边讲述边抒情的行文特点，表明上语气沉静，节奏舒缓，实则情感深挚，以表达难以掩藏的苦楚依恋。

声 音

[瑞士] 雅各泰　（树才 译）

谁在那儿歌唱，当万籁俱寂？谁，
用这纯粹、哑默的声音，唱着一支如此美妙的歌？
莫非它在城外，在罗班松，在一座
覆满积雪的公园里？或者它就在身边，
某个人没意识到有人在听？
让我们别那么急着想知道他，
因为白昼并没有特意让这只
看不见的鸟走在前头。但是
我们得安静。一个声音升起来了，像一股三月的
风把力量带给衰老的树林，这声音向我们飘来，
没有眼泪，更多的是笑对死亡。
谁在那儿歌唱，当我们的灯熄灭？
没有人知道。只有那颗心能听见——
那颗既不想占有也不追求胜利的心。

[朗诵解读]

菲利普·雅各泰（1925—　），瑞士法语诗人。主要诗集有《在冬日阳光照耀下》等。

这首诗描写的声音并非是真实世界的物理声音，而是产生于人们心间的美妙歌声。诗人含蓄、隐退的写作手法赋予诗歌以一种纯净宁谧的美感，好似来自心灵的声音，叩响人的心扉。

诗歌开篇以疑问的方式落笔，“谁在那儿歌唱”，令人产生联想。朗诵时有问无答，唤起听众的注意。

接着语气一松，略带告诫地说“让我们别那么急着想知道他”，朗诵节奏也适度放缓。

然而又迅速转折，一个“但是”，再次将诗的节奏加紧，并在最终给出了答案，这声音“只有那颗心能听见”。朗诵时声音虽不宜强，但气息充盈，有直击心扉之感。

诗歌在行文过程中似乎并没有明晰地概括主题，但诗中的一句“没有眼泪，更多的是笑对死亡”却点出了诗歌主题的精要，那就是心灵的力量是强大的，我们要乐观面对。

另外，诗行变换自由，因此在诵读时要对语句停连重新进行组合，以便保证语意的清晰连贯。

鸟

[比利时] 卡雷姆 （杨国政 译）

鸟落其手，
痛失双翅，
依然翱翔不失凌云之志。

鸟再遭劫，
又失双足，
踯躅而行恰似一叶扁舟。

他怒发冲冠，断其长喙，
鸟却以心引吭，
歌声似竖琴般悠扬。

他无计可施，断其颈项，
滴滴鲜血化为一只幼雏，
更加光洁闪亮。

[朗诵解读]

莫里斯·卡雷姆（1899—1978），比利时法语诗人。诗作有《两个世界之间》等集子。

这首诗描写了一只坚韧的鸟，即便失去双翅、双足、长喙，也不改其志，甚至被断颈项，滴滴鲜血也化作幼雏，绽放光芒。诗歌以鸟作比，赞扬了坚韧的意志和顽强的生命，读后令人振奋。

全诗共四节，每一节都以施刑者残忍伤害鸟儿和鸟儿顽强地坚持进行对比，朗诵此诗时，施刑者手段残忍，但不必过分渲染和强调，而是要将鸟儿的坚毅着意强调，由此在表明施刑者无计可施的同时更突出鸟儿的品性，结尾处描写幼雏“更加光洁闪亮”则给了全诗一抹亮色，令人生出更多生命的希望和奋争的力量。

除此之外没有别的

[捷克] 哈拉斯　（杨乐云 译）

我常在心里说，人生
那只是命运女神编织的纱线
加上些许狂热
些许哀切恳求的沉淀
除此之外没有别的

我常在心里说，梦
那只是跌落的一块炭火
加上几分饥饿
几分失望和焦急
除此之外丝毫没有别的

我常在心里说，爱情
那只是黑暗赐给的一口氧气
加上少许羞愧
金色的两情相对
除此之外没有别的

我常在心里说，死亡
那只是一个老态龙钟的女玻璃商
加上一丁点儿飘渺的希望
凄然告别
除此之外丝毫没有别的

我常在心里说，诗歌
那只是苍鹰身上的一撮羽毛
加上一件幸运的大袍
除此之外没有别的

[朗诵解读]

弗朗基谢克·哈拉斯（1901—1949），捷克诗人。主要诗集有《乌贼鱼》《音调》等。

这首诗反映了诗人对人生及世间现象的种种看法。如果单从行文上看，似乎是说人生、梦境、爱情、死亡、诗歌等不过如此罢了，但细细品读则会有新的发现：人生中有命运有狂热有恳求，梦境中有热情有饥饿有焦急，爱情中有生命有羞愧有两情相对，死亡中有衰老有希望有告别，诗歌中有翱翔之志也有幸运垂青。

诗歌意象丰富，高度概括而又形象鲜活，反映了诗人敏锐的观察和深刻的人生感悟。

全诗五节，每节的行文格式都是一致的，形成了整齐的结构和节奏，朗诵时，除了在整体上把握基本的节奏外，还要在具体感受上有所区别，特别是人生的阔达、梦境的虚幻、爱情的多彩、死亡的无常、诗歌的优雅，都要在每节中凸显其本质和特点。

路 途

[冰岛] 雅达松　（李笠 译）

每一条离家的路
都是回家的路。

白天的轮子疾转，
泉边的教堂，
河畔的营地
已远远消失，
天已暗，镰刀
高高举向苍白的星星。

悬崖路横，
积满白霜的荒野
冰冷地向四处扩散，
星星的穗头
闪着白光

落在死了的石头
和沉重的沙上。
夜很长
冰冷，黑暗。

但山那头
在远离方位和夜的地方
光塔高耸
时间沉睡。
路伸展着
在光的安宁和梦里。

［朗诵解读］

斯努利·雅达松（1906— ），冰岛诗人。代表作有《在格尼达原野上》等。

这首诗以《路途》为题，内容含量却超出“路途”的范畴，也许路途本身就承载了太多的世间万象，因此才造就了丰富的意象。

诗歌第一节虽只有两行，但这两行却最具深意，“每一条离家的路，都是回家的路”，离家和回家，不一样的目的地，却有相同的路途，令人不禁对人生产生深深的思考——人们奔波忙碌，到底要追求什么。朗诵时不仅要将“离家”“回家”作为重点予以强调，还应放慢语速，引人回味思考。

诗歌第二、三节反映了人们在路途上的所见所感，“轮子疾转”“悬崖”“冰冷”“黑暗”等文字表现了人生路途的艰险与沉重，朗诵时把握深沉孤寂的情绪特点。

不过第四节的“光塔高耸，时间沉睡。路伸展着/在光的安宁和梦里”等文字却令人如在黑暗中找到灯塔，给人以希望与安宁，给人生以温暖和亮色。诵读时心中充满希冀，用声柔和明朗，营造出融融暖意。

幸　福

［南斯拉夫］马克西莫维奇　（柴盛萱 译）

我计时不再按钟点，
也不按烈日的运行；
当他的明眸归来，便是我的白天，
而当他重新离去，便是我的黑夜。

我衡量幸福不按微笑，
也不按是否我的渴望比他更强烈；
我的幸福是当我和他在一起伤心沉默，
以及当我们的心脏以抱头痛哭的韵律而跳动。

我不遗憾生命之水
将把我的绿枝也夺走；
现在就让青春和一切都离去吧，
令人心醉的他曾与我并立。

［朗诵解读］

戴姗卡·马克西莫维奇（1898—1992），南斯拉夫女诗人。著有诗集《诗歌》《绿林勇士》《芬芳的大地》《梦的俘虏》等。

这首诗表现了女性诗人特有的细腻和易感，诗歌新奇之处是作者为世间常见的事物和现象重新下了定义，白天与黑夜以“他”的归来和离去定义，幸福以“我们”是否在一起来定义（哪怕是“心脏以抱头痛哭的韵律而跳动”），由此凸显出“他”在“我”心中的位置。

本诗短小精悍，朗诵时要将上文所析的重新定义的“时间”“幸福”加以强调，凸显新意。特别是作者并没有把“幸福”简单地归入甜蜜快乐的范畴，而是将“我和他在一起伤心沉默”也理解为幸福，于是才有了结尾处“现在就让青春和一切都离去吧，令人心醉的他曾与我并立”这样体现为爱而义无反顾的情态，因此结尾的朗诵则要直抒胸臆，“并立”二字语速缓、气息足、力度强，这在与女性柔美的一面相比较中进一步强化了感情的色彩。

追忆

［罗马尼亚］斯特内斯库　（高兴 译）

她美丽得犹如思想的影子——
她的后背散发出的气息
像婴儿的皮肤，像新砸开的石头，
像来自死亡语言中的叫喊。

她没有重量，恰似呼吸。

时而欢笑，时而哭泣，硕大的泪
使她咸得宛若异族人宴席上，
备受颂扬的盐巴。

她美丽得犹如思想的影子。
茫茫水域中，她是唯一的陆地。

[朗诵解读]

尼基塔·斯特内斯库（1933—1983），罗马尼亚诗人。主要作品有诗集《情感的形象》《时间的权力》及散文集《微风》等。

这是一首充满想象力的诗，题目是《追忆》，因此诗文中的“她”也许是指某个人或某种具象，也许就是“追忆”本身。追忆是什么，用概念当然可以有严谨的表述，但在本诗中则插上了想象的翅膀，有了各种新奇的表述，像“思想的影子”般似真似幻，像“婴儿的皮肤”般富有活力，像“新砸开的石头”般蕴含着力量，又像“呼吸”、像“盐巴”，这些想象并非虚无，因为在“茫茫水域中，她是唯一的陆地”，结尾处的真实感令“追忆”有了落足之地。

全诗共三节。第一节和第三节都以“她美丽得犹如思想的影子”开头，首尾呼应，具有诗歌一唱三叹的典型特点，诵读时要把握这种呼应的结构和节奏类型，以增强诗歌的韵律感和节奏美感。

第一、二节思绪发散，诵读时情感起伏，舒展飘逸，带动听众神思飞舞，如同遨游在想象的空间。

第三节顺语势逐渐趋于平和深沉，结尾处“陆地”二字使用实声，使思绪回归现实。

一条未走的路

[美] 弗罗斯特　（方平 译）

深黄的林子里有两条岔开的路，
很遗憾，我，一个过路人，
没法同时踏上两条征途，
伫立好久，我向一条路远远望去，
直到它打弯，视线被灌木丛挡住。

于是我选了另一条，不比那条差，
也许我还能说出更好的理由，
因为它绿草茸茸，等待人去践踏——
其实讲到留下了来往的足迹，
两条路，说不上差别有多大。

那天早晨，有两条路，相差无几，
都埋在还没被踩过的落叶底下。
啊，我把那第一条路留给另一天！
可我知道，一条路又接上另一条，
将来能否重回旧地，这就难言。

隔了多少岁月，流逝了多少时光，
我将叹一口气，提起当年的旧事：
林子里有两条路，朝着两个方向，
而我——我走上一条更少人迹的路，
于是带来完全不同的一番景象。

[朗诵解读]

罗伯特·弗罗斯特（1874—1963），美国诗人。主要诗集有《男儿的志向》《波士顿以北》《山间》《又一片牧场》等。

这是一首抒情哲理诗，语言朴素简明，意蕴则非常深邃，富于哲理。诗歌以一条未走的路为题，书写了人生路上的选择，并开掘了世人共同的生活体验。

两条路如何选择？犹豫过后只能选择一条，虽然内心中希望把没有选择的路留给另一天，但“将来能否重回旧地”却很难预测，事实上人生的道路不可能重走，这势必意味着选择时要更慎重，选择后很难再回头。

多年后重提旧事，诗人回忆起当年选择的是“一条更少人迹的路”，这意味着路途可能更艰险，但因为更富挑战性，所以才“带来完全不同的一番景象”。

这首诗含蓄清新，将自然景物与内心情感相结合，将理性与感性相融合，既营造了优美的意境，又抒发了人生的感慨，朗诵时要把握内与外、情与景、收敛与释放的分寸；同时节奏舒缓，语气平和，在娓娓道来中唤人思考，引人回味。

人生礼赞

[美] 朗费罗

不要在哀伤的诗句里对我说，
人生不过是一场幻梦！——
昏睡的灵魂等于是死的，
事物的真相和外表不同。

人生是真切的！人生是实在的！
它的归宿并不是荒坟；
“你本是尘土，仍要归于尘土。”
这话说的并不是灵魂

我们命定的目标和道路
不是享乐，也不是受苦；
而是行动，在每个明天
都要比今天前进一步。

艺术永恒，时光飞逝，
我们的心，虽然勇敢、坚决，
仍然像闷声的鼓，
它正在伴奏向坟墓送葬的哀乐。

在这世界的辽阔战场上，
在这人生的营帐中，
莫学那听人驱策的哑畜，要做一战斗中的英雄！

别指靠将来，不管它多迷人！
让已逝的过去永远埋葬！
行动吧，——趁着现在的时光！
良知在心中，上帝在头上！

伟人的生平昭示我们：
我们能够生活得高尚，

而当告别人世的时候，留下脚印在时间的沙上；

也许我们有一个弟兄
航行在庄严的人生大海，
船只沉没了，绝望的时候，
会看到这脚印而振作起来。

那么，让我们起来干吧，
对任何命运抱英雄气概；
不断地进取，不断地追求，
要学会劳动，学会等待。

[朗诵解读]

这首诗热情地赞美了人生，鼓励人们积极进取，不断追求，并且鼓励人们在前进道路上要不畏艰辛。

作品开篇沉稳入题，以告诫的语气表明不要相信人生只是一场梦幻，语气中渗透着理智、冷静和坚定。之后的行文则将理智的分析和热情的激励交相穿插，表达时也要体现出这种思维和情绪的走向特点。

在细节处理上要注意对重点的确定与把握。比如："在每个明天/都要比今天前进一步""要做一战斗中的英雄""行动吧，——趁着现在的时光！/良知在心中，上帝在头上""那么，让我们起来干吧，/对任何命运抱英雄气概"等句子都是鼓励的话语，要予以突出和强调，当然，处理的方式可以有所区别，或加重，或延长时值，或提高音高，或语重心长，等等，不要都是响鼓重槌，避免简单运用单一的表达样式。

得 失

[美] 朗费罗 （杨德豫 译）

当我对比
我所获得与我所失掉，
我所错过与我所达到，
简直没有什么自豪。
我觉察出
无端虚掷了多少时光；

美好的意愿如同一支箭
中途落下了，或飞向一旁。
可是谁敢
用这种方法来衡量得失，
失败可能是变相的胜利；
最低潮就是高潮的开始。

［朗诵解读］

这首诗揭示了一个深刻的哲理：得失不是衡量成败的唯一标准。

朗诵时，篇首娓娓地叙述自己对待得失的态度，交流感强，犹如与友人谈论人生，用气发声不必着力，语势平稳，节奏舒缓。

接下来，“美好的意愿如同一支箭，中途落下了，或飞向一旁”这句比喻新奇，可适度加以突出，不过语速依然可以缓慢些，为下一句作铺垫。

从“可是谁敢”开始，表达语气和内在情感与前文有着明显的区别，要大胆转换，态度明确，语气坚定，结尾处充满了美好的憧憬与必胜的信念。

抒情曲

［美］庞德　（赵毅衡 译）

我的爱人是深藏的火焰
躲在水底
——我的爱人快乐而善良
我的爱人不容易找到
就像水底的火焰。

风的手指
迎着她的手指
送来一个轻微的
快速的敬礼。

我的爱人快乐
而且善良
但是不容易

遇见，

就像水底的火焰
不容易遇见。

［朗诵解读］

艾兹拉·庞德（1885—1972），美国诗人，批评家。主要诗集有《神州集》《诗章》等。

这篇作品属于爱情诗，不过作品并没有描述具体的人，而是以含蓄、概括甚至抽象的方式描述了爱人“快乐”“善良”的美德及其“不容易遇见”的特点，因此诗歌既是对爱人的赞美，又表明美好爱情是可遇而不可求的，以此更产生令人期待的效果。

本诗篇幅短小，用语简洁，而且相同的语义多次重复，如“深藏”“水底”“快乐”“善良”“不容易遇见”，反复咏叹，反复重现，继而反复强化，诵读时既要做到开篇营造意境，又要做到行文过程中情感饱满，结尾处则要含蓄悠远，给人回味。

诗中“风的手指/迎着她的手指”一句，想象奇特而又形象鲜明，用声轻盈，表达节奏舒展，给人以飘逸灵动之感。

梦

［日］池田大作　（郑民钦 译）

过去是一场梦
未来也是一场梦

过去的梦
如冷月寥寂
燃不起热情的火焰

未来的梦
如喷薄的朝阳 万丈光芒
激动人心的理想

［朗诵解读］

池田大作（1928—　），日本诗人，社会活动家。诗歌代表作有《森崎海岸》等。

在第一诗节中，关于过去是一场梦的比喻比较常见，“往事如梦”是人们经常挂在口边的人生感慨；而关于未来也是一场梦的说法则相对较少，因此在诗歌第一小节出现此诗句时则很容易引起人们的关注和思考。朗诵时第一句缓慢入句，不必着力；重心在第二句，因此要强化力度，“也”字作为重点要加以强调，语气多有新奇关注之感。

接下来两小节分别说明“过去的梦”和“未来的梦”是怎样的。过去的梦很难让人产生热情，朗诵时情绪低沉萧索，语气低、轻、缓。未来的梦激动人心，加之有形象化的描述（“喷薄的朝阳/万丈光芒”），因此情绪热情饱满，气息充盈，语气配合情感而显得高而重，节奏变得紧凑高亢。

作品以梦入诗，但丝毫没有脱离生活和逃离现实，反而以积极的人生态度面对明天，面对理想，朗诵的整体基调是热情昂扬、积极乐观的。

小鸟在天空消失的日子

[日] 谷川俊太郎　（田原 译）

野兽在森林消失的日子
森林寂静无语 屏住呼吸
野兽在森林消失的日子
人还在继续铺路

鱼在大海消失的日子
大海汹涌的波涛是枉然的呻吟
鱼在大海消失的日子
人还在继续修建港口

孩子在大街上消失的日子
大街变得更加热闹
孩子在大街上消失的日子
人还在建造公园

自己在人群中消失的日子
人彼此变得十分相似
自己在人群中消失的日子

人还在继续相信未来

小鸟在天空消失的日子
天空在静静地涌淌泪水
小鸟在天空消失的日子
人还在无知地继续歌唱

[朗诵解读]

谷川俊太郎（1931— ），日本诗人、剧作家。主要诗歌作品有《二十亿光年的孤独》《六十二首十四行诗》等。

这首诗是由若干意象拼接组成的，野兽、森林、鱼、大海、孩子、大街、自己、人群、小鸟、天空，所有这些自然界生命的消失都直接或间接破坏了自然界的美好境况，而究其原因是人毁灭自然的行为，如铺路、修建港口、建造人工建筑等，且即便如此，人们依旧蒙昧地“继续相信未来”（指妄想范畴内的盲目相信），“还在无知地继续歌唱”。这首诗的内涵并非简单地抵制人类正常的改造自然和建设世界的行为，而是对人类无尽地掠取自然、破坏自然行为的指责，是对人与自然关系的深层思考。

这首诗共分五节，每节四行，最大的特点体现在诗歌结构的设计和诗句的布局上。以第五节为例，四行诗实则用三行就可以将内容表述清楚，即原文“小鸟在天空消失的日子/天空在静静地涌淌泪水/（小鸟在天空消失的日子）/人还在无知地继续歌唱”中，第三行（解读时加括号处）是可以省略的，且不影响语意的清晰完整，但第三行以重复第一行的形式入诗以后，一方面使诗句两两组合，增强了诗歌的节奏节律，另外更为重要的是增加的诗句都具有“……消失的日子”这种句式，与题目相扣，与主题相扣，使诗歌的含义更为深刻。朗诵时要对主题句不断地重复并且强化，从诗句形式和重点内容角度起到双重强调的效果。

世界末日

[土耳其] 达拉尔贾 （汪剑钊 译）

世界末日那天有人问我：
“为什么你第一个到来？”
我将回答：“我如此匆忙，
因为我想早点与她会面。”

世界末日那天有人问我：
“为什么你的手掌硬茧布满?”
我将回答：“那是由于我为她
编写了数目众多的歌曲。”

世界末日那天有人问我：
“为什么你的心灵流着鲜血?”
我将回答：“或许是因为
我一如既往地爱着她。”

世界末日那天有人问我：
“你自己的眼睛去了哪里?”
我将回答：“我和她已经分别，
我的眼睛遗留在她那里。”

[朗诵解读]

法泽尔·休斯纽·达拉尔贾（1914— ），土耳其诗人，代表作有《孩子与真主》等。

本作品是一首爱情诗，其写作思路与中国汉乐府民歌《上邪》中的诗句“山无陵，江水为竭，冬雷阵阵，夏雨雪，天地合，乃敢与君绝”有些相似，甚至更进一步，《上邪》是表白爱情忠贞的誓词，诗歌以五种不可能出现的自然现象作比，表明只有到了世界末日爱人才有可能分离，实则抒发了爱人之间不可能离散的真情；而本诗表白更直接，抒情主人公表示即便是世界末日来临也一如既往地爱着“她”。

诵读本诗时，前三节情感真挚直接，结构形式类似，抒情色彩步步加强，以强化情感抒发的浓烈程度。

第四节的结构与前三节一致，不同的是本节的构思更为新奇精巧，“我和她已经分别，我的眼睛遗留在她那里”一句分明是说不管我和爱人是否能朝朝暮暮，我的目光却一刻也没有离开过她，我的情感更是一直倾注在她身上。正因为行文构思奇特，不宜用常规的情感抒发方式朗诵，所以此节不必在第三节基础上再朝情感强烈和浓重方向推进，反而语势急转而下，在诵完“我和她已经分别”后，稍顿，语速放慢，节奏趋缓，感情真挚且意味深长地诵出“我的眼睛/遗留在她那里”。如此，世界末日则变得并不可怕，而是充满了爱的温情。

归 来

[安哥拉] 桑托斯 (周国勇 译)

一面面无色的旗帜，
在风中摇曳。

一辆卡车奔驰向前，
歌声在唱，
——唱归家的男子汉。

宏亮的歌传向远方，
传向星星点点的茅屋，
那里，母亲们正在翘望。

旗帜——渴望的旗帜，
在风中摇曳。

飘落的歌声追寻
那铺着苇席的地板，
离别的歌犹如
街上的尘土飞散。

摇曳着，摇曳着，
无色的旗帜激荡起多少渴念。

在一个个小镇里，
新生儿的啼哭正在响起。

[朗诵解读]

阿诺多·桑托斯（1936— ），安哥拉诗人。代表作有《逃亡》《岁月之诗》等。

作品《归来》有着多重的意象主题。

首先是题目所示的归来，与诗文中征战的男子汉归来相应，给人带来胜利的消息。

其次是旗帜所示的精神力量，无色的旗帜、渴望的旗帜，既表明征战耗时之久，又表明人们渴求之强烈。

第三是母亲的翘望，给人以亲人情感的温暖。

第四是结尾处的新生儿的啼哭声，给人以传承的希望。

多重主题归结为一点，那就是不落的希望历久弥新，给人以力量和鼓舞。朗诵时要在情感中蕴含着坚定的意志与乐观的精神，语气坚定，充满希望。

因为她会问

[澳大利亚] 布伦南　（李文俊 译）

如果聪慧仅仅来自追问
没有眼睛会凝视另一双眼睛；
如果话语能把一切说清
没有嘴唇会探寻另一个嘴唇。

如果灵魂能从躯壳逸出
爱情也未曾受到心的禁锢
渴望的胸口又何需紧贴
让狂喜的欢乐更趋热烈。

世界上究竟有谁能够知悉
自己赖以生存的秘密神力？
假如知道便是一切，又何必
让我们甜蜜地流血、昏眩、战栗？

因此，亲亲，别问“为何”与“假如”
我现在爱你直到此生结束：
因为只要活着我必须爱你
我内在的生命是你所赐贻。

[朗诵解读]

克里斯托弗·布伦南（1870—1932），澳大利亚学者和诗人。主要作品有《探源》《命运的赞歌及其他》等诗集。

这是一首爱情诗，题目是《因为她会问》，但诗中并未就此展开，反而通篇所示的却是“不必问”，因为不管问什么，回答似乎都并不能给出圆满的答案，特别是结尾处所言的“别问‘为何’与‘假如’”，因为答案就是我爱你，表明了作者爱情的深挚与强烈。

虽然诗句间有假设，有逻辑钳力，但理性的力量更多地让位给感性的色彩。如此直抒胸臆表明爱情的诗歌，朗诵时不必含蓄隐秘，不必据实推导每一个具体的假设，而应该感情饱满，语气坚定强烈，节奏紧凑，一气呵成，让情感的脉络贯穿始终。

第九章

散文诗的朗诵

散文诗是介于诗歌和散文之间的一种文体。语言大都平白如话，富于趣味或哲理，篇幅一般不大；也有一些颇具实验性和开拓性的作品，在构思、行文、节奏上多有令人耳目一新的创造。

散文诗到底算不算是诗，目前还有争议。不过，在各种诗歌朗诵会上，经常有人选取这种文体进行朗诵创作，因此从实际运用的角度，可以将其置于诗歌之列。当然，散文入诗有个前提，那就是这类体裁语言优美，富于节奏，音韵和谐，诵之朗朗上口，抛开行文格式的差别外，它更多地具备了诗歌的行文特点和音声转化的基础。

朗诵散文诗要注意以下几方面的问题：

一、确定基调

散文的特点是“形散而神不散”。“神不散”是文学作品特定的要求，这一点不难理解，不过单是一个“形散”就极有可能对朗诵创作带来致命性的影响，因为它行文不易把握，主题易被分散，于是作品的主旨会因为形式特点而显得散乱不集中。

散文诗虽带有诗歌的特点，但毕竟受散文文体的影响，行文的自由飘逸淡化了诗歌的音韵节奏，冲淡了主题的鲜明性。因此一定要找到一个明确的切入点来突出散文诗的主题和色彩，这个切入点就是基调，即一篇作品总的感情色彩和感情分量。

常见的散文诗多是富于理趣的，它常常能够给人以启迪，或引发某种想象，或营造某种情致，这是散文诗的普遍特点。不过，即便是在这样一种类别的文体里面，依然会形成不同的朗诵基调，不同作品间具有不同于其他的特殊之处。

如朱自清的散文诗《匆匆》是说人们面对时间流逝时的情感态度的。不同作家在处理此类题材时历来会有不同的情感色彩，或深邃洞悉，或深沉感慨，或伤乱悼时，或恬淡虚无。而朱先生的这篇作品感情色彩是茫然忧伤的，朗诵起来低回曲折。

其中有一段文字是说时间匆匆而逝却又无法挽留，令人不禁掩面叹息：

于是——洗手的时候，日子从水盆里过去；吃饭的时候，日子从饭碗里过去；默默时，便从凝然的双眼前过去。我觉察他去的匆匆了，伸出手遮挽时，他又从遮挽着的手边过去；天黑时，我躺在床上，他便伶伶俐俐地从我身上跨过，从我脚边飞去了。等我睁开眼和太阳再见，这算又溜走了一日。我掩着面叹息，但是新来的日子的影儿又开始在叹息里闪过了。

应该说，这段文字也是富于哲理的，但却没有使用说明方式，没有使用说理的方式，而是以一种情感感受的特殊描述方式来表明作者的观点、想法、态度乃至情态。朗诵这段文字，哲理隐含在情感背后，情感越浓烈，道理越深刻，是用感性表现理性的典型方式。

二、交流定向

散文诗的语言平白如话。它不像古典诗词那样文风秀雅，讲究平仄，突出韵律，而是在朗诵中细细品味深意；也不像现代自由体诗那样遣词造句奇崛出新，情感浓烈，具有铺排的气势，而是自然流畅，朗朗上口。散文诗的文字更接近口语，或通俗易懂，明白晓畅，或语意幽深，令人回味，其潜移默化的笔法和曲径通幽的情感走向拉近了传受双方的距离。

受文体特征的影响，朗诵散文诗时更要具有对象感和交流感，一般来说，独自抒发情感的独白式朗诵相对较少，而如同对话般的话语方式则应用得更多。朗诵时交流的对象可以更为具体、更为明确，甚至给听众以娓娓道来、交流互动之感。比如散文诗《温柔》中有这样的句子：

温柔，你体尝过吗？你给予过么？

绕梁的紫燕是温柔的，它要用这种美好的东西，来熏陶和哺育幼辈；代烈日暴晒补过的月光是温柔的，它将平和、清凉的银辉洒向大地，轻缓地抚慰被灼伤的记忆；滴嗒滴嗒的台钟是温柔的，它安稳而又体贴地踱着，从不惊扰每个香甜的美梦；少女的心地是温柔的，一个姑娘如不具备这点，那她还能有多少魅力呢？

该诗文字以设问开篇，直接与听众交流，语气中的呼唤感非常强烈；而第二段结尾处又以反问结尾，引人注意并引发思考。朗诵时可以面对某个方向，甚至是具体的某个听众，与其做定向的“交流”，同时辅以手势、体态和眼神的配合。作品中的“你”与现场听众中的“你”合而为一，最大限度地吸引受众，增强朗诵的效果。

散文诗并非仅此一类，不过其口语化的语体、质朴的文风、清晰的语意、晓畅的语流，都与人们日常生活中的口语交流非常近似，因此与受众亲密互动并作明晰的定向交流是常见的朗诵处理方式。

三、话由心生

话由心生，简单来说就是把诗中的语言转化为自己的语言进行朗诵。

把诗中的语言转化为自己的语言不是要作文字上的改动，而是调动自己的思维，真正理解作品的内容，感受文中的情感并引发自己的情感，使自己的情感处于运动状态；在这种处于运动状态的情感支配下，运用恰切的表达技巧把文字语言转化为有声语言，使受众“忘却”朗诵者是在进行文字的音声化转化，而分明感觉朗诵者是在“说”自己内心想说的话，抒发内心的真挚情感，其核心是朗诵者对文学作品进行深入理解和充分感受。

话由心生的关键是朗诵者自己的思想感情要运动，不能只是理性地去分析理解，还要感性地去体会品味，只有当自己的思想感情波澜起伏、奔涌运动起来时，作品中的话才有可能真正成为自己心里的话，也才有可能焕发出强烈的诵读愿望。

比如，刘增山的作品《秋实》中的一段：

秋天了，成熟的果实却低下了头，它不是在孤芳自赏，也不是在自我陶醉，更不是在哀泣自己将跌落枝头。它是在想：我是怎样成熟的呢？

文中，“它不是……也不是……更不是……”的递进关系不仅仅是一种逻辑的演进，更是一种情感的推进，朗诵时要大胆地加重强调，语意清晰，态度分明。在朗诵文中“我（果实）是怎样成熟的呢”一句时，自己的思维更要真切地运动起来——不应直接得到思维的结果，而是要有思维的过程。这个过程不一定和实际过程的时长一样，它可以瞬间引发，瞬间获得，瞬间呈现，令自己可控，令受众可感。

四、寻求变化

散文诗文本上的语言平白如话，并不意味着变成有声语言时要平淡无奇，相反，朗诵时应通过气息的强弱控制、音色的明暗调制、音高的高低调整、音量的强弱处理、语句的疏密变化、语势的承接呼应、节奏的对比控纵等方式来寻求有声语言表达样态的变化，继而准确、生动地表达出创作者的观点态度、情绪情感、意图目的。

就散文诗的内容而言，它更接近于当下人们的社会生活和情感感受，内容更为大家所熟悉和关注，情感有共通的社会文化及时代基础，题材范围更为广泛，因此更易于达成共识，引起人们的广泛共鸣。

就散文诗的“诗歌”属性而言，它的语句长短变化要多于常见的诗歌，韵律平仄等语言格式受到的约束小，行文更加自由随意，这些都为大胆自由地表达提供了基础条件。

就散文诗的行文特点而言，相较于常见的诗歌体裁，散文诗的节奏特点趋弱，文词构成错落交织，语句形式变化更为丰富，这为朗诵语气的处理提供了变化的条件。

以上种种特点，既有助于将语意表达得更加明晰，将形象刻画得更加生动，将作品创作得更加完整，同时又更能吸引听众的注意力，引起大家的兴趣，传达效果也往往更加强烈。

指要：作品朗诵解读

匆 匆

朱自清

燕子去了，有再来的时候；杨柳枯了，有再青的时候；桃花谢了，有再开的时候。但是，聪明的，你告诉我，我们的日子为什么一去不复返呢？——是有人偷了他们罢：那是谁？又藏在何处呢？是他们自己逃走了罢：现在又到了哪里了呢？

我不知道他们给了我多少日子；但我的手确乎是渐渐空虚了。在默默地算着，八千多日子已经从我手中溜去；像针尖上一滴水滴在大海里，我的日子滴在时间的流里，没有声音，也没有影子。我不禁头涔涔而泪潸潸了。

去的尽管去了，来的尽管来着；去来的中间，又怎样地匆匆呢？早上我起来的时候，小屋里射进两三方斜斜的太阳。太阳他有脚啊，轻轻悄悄地挪移了；我也茫茫然跟着旋转。于是——洗手的时候，日子从水盆里过去；吃饭的时候，日子从饭碗里过去；默默时，便从凝然的双眼前过去。我觉察他去的匆匆了，伸出手遮挽时，他又从遮挽着的手边过去；天黑时，我躺在床上，他便伶伶俐俐地从我身上跨过，从我脚边飞去了。等我睁开眼和太阳再见，这算又溜走了一日。我掩着面叹息，但是新来的日子的影儿又开始在叹息里闪过了。

在逃去如飞的日子里，在千门万户的世界里的我能做些什么呢？只有徘徊罢了，只有匆匆罢了；在八千多日的匆匆里，除徘徊外，又剩些什么呢？过去的日子如轻烟，被微风吹散了，如薄雾，被初阳蒸融了；我留着些什么痕迹呢？我何曾留着像游丝样的痕迹呢？我赤裸裸来到这世界，转眼间也将赤裸裸的回去罢？但不能平的，为什么偏偏要白白走这一遭啊？

你聪明的，告诉我，我们的日子为什么一去不复返呢？

[朗诵解读]

这是一篇人们喜爱朗诵的散文诗。作者朱自清表明了自己对于时日匆匆的真切感受：时光飞逝，令人彷徨怅惘，既有无奈，又有自省，同时也透露出作者不甘虚度时光的内心愿望。

作品中虽有彷徨怅惘的情绪，不过我们在朗诵时可以调整一下这种情绪的分寸火候：可以以一种相对冷峻的语气语调，从理性的角度看待飞逝的时光，发人深思，催人奋进。情绪沉郁是必然的，但表达时不可太过沉闷，要综合运用虚实强弱的声音处理、抑扬顿挫的语势语调、快慢疏密的节奏形式，引导听众在感受上共鸣，在理性上思考。

除此细节外，层次结构的起承推进更要围绕主题展开。篇首由“燕子”“杨柳”“桃花”到“日子”的对比引入，篇中对时光流逝的细节描摹，篇尾对人生意义的思考和自省后的直抒胸臆，都应在诵读前加以揣摩、设计。

秋　实

刘增山

秋天了，成熟的果实却低下了头，它不是在孤芳自赏，也不是在自我陶醉，更不是在哀泣自己将跌落枝头。它是在想：我是怎样成熟的呢？

不是风，我怕早已霉烂了；

不是雨，我怕早已干瘪了；

不是光，我怕早已苍白了；

不是热，我怕早已憔悴了。

世界上有不经过风吹雨打而成熟的果实吗？

世界上有不经过光射日晒而成熟的果实吗？

[朗诵解读]

这篇短短的文字语意浅近，但颇富哲理，它向人们昭示了这样一个道理：在通向成功的道路上，不可能一帆风顺，不可能避开风雨洗礼。

朗诵时注意说话角度的转换：第一段是从一个旁观者的角度讲述成熟的果实在低头思考；中间几段转为果实以第一人称的身份述说自己成熟的过程；结尾两句以问代答，抒发人生的感慨，并显示出理性的思考。

另外注意，要通过语势起伏、节奏疏密等方式对相似的句式进行不同的处理，以增强变化，强化艺术感染力。

温　柔

高低

温柔，你体尝过吗？你给予过么？

绕梁的紫燕是温柔的，它要用这种美好的东西，来熏陶和哺育幼辈；代烈日暴晒补过的月光是温柔的，它将平和、清凉的银辉洒向大地，轻缓地抚慰被灼伤的记忆；滴嗒滴嗒的台钟是温柔的，它安稳而又体贴地踱着，从不惊扰每个香甜的美梦；少女的心地是温柔的，一个姑娘如不具备这点，那她还能有多少魅力呢？

有的人，在妈妈怀里撒娇的时候是温柔的，以后命运将其拨弄得不成样子，温柔随同人生的价值被一起拍卖了；有的人，生来匮乏温柔的细胞，可是几经风雨之后，生命之树的根部却长出了温柔这只蘑菇。

诚然，温柔常与爱恋、仁慈为伍，常跟宽厚、善良做伴。不过，谁要以为温柔同“软弱无力”有什么瓜葛，那就有失公允了——

春风算得上温柔了吧，它从冻结的河面上走过，坚冰竟出现了裂缝；棉花称得上温柔了吧，蹦得再高的棉球一落到上面，就此弹不起来了；友谊也该是温柔的吧，可它能叫铁骨铮铮的硬汉愧悔不已，潸然泪下。

温柔，何其神奇微妙的东西。你几乎看不见，听不出，摸不着，但却能感受得到。它是一种慈祥、热诚、仁厚、道义和爱的结晶体，它坚强有力，它与美丽并存。

[朗诵解读]

这篇作品对“温柔”做了全面辩证的阐释，一方面直接说明了“温柔”的美好，紫燕、月光、台钟、少女无不是温柔美好的代表，通过这些具体的形象进一步证明强化了“温柔”的特点。

另一方面反驳了人们对于“温柔”的误解（温柔并非软弱无力），间接赞美了“温柔”的坚强美丽，春风、棉花、友谊都展现了“温柔”的强大作用。

通篇多处出现“温柔”这一字眼，但在不同的层次中反映了其不同的特点与作用，开篇时的柔情讲述，中间的理性分析，篇尾的热情赞美，不一而足。朗诵时要做到文章层次结构分明，或理性分析，或感性描述，或细细阐释，或直抒胸臆，表达方法也因此而灵活多变，目的意图则清晰明确。

另外朗诵时要加强与听众的交流，或分析引导，或先问后答，或铺排推进，从而引发受众的心灵共鸣和心理认同感。

诗　人

[法] 勒韦尔迪　（树才 译）

他的脑袋惶恐地躲在灯罩下。他是蓝色的，而他的双眼布满血丝。一位一动不动的音乐家。他睡；他分离的双手弹奏着手风琴，为了使自己忘却不幸。

一座楼梯绕着屋子爬行，它不通往任何地方。此外没有门，也没有窗户。人们看见窜向虚空的影子在屋顶晃动。影子一个个跌倒，却不是自杀。很快，影子重又开始登上楼梯，无休止地为弹奏手风琴的音乐家所陶醉，而音乐家的手听不见琴声。

[朗诵解读]

皮埃尔·勒韦尔迪（1889—1960），法国诗人，现代主义诗人的代表之一。主要诗集有《散文诗》等。

本作品具有超现实主义色彩，具有抒情性和神秘性等特点，要想明晰地提炼出本作品的主题几乎不可能，不过在文字行进过程中，我们能够感受到作品中音乐家投入的创作状态，能够感受到处于创作状态中的人无拘无束的思维走向和无尽的创作空间，音乐家如此，诗人更是如此。

朗诵该作品，总体上状态的投入、情绪的饱满必不可少，同时注意细节的描摹，如“惶恐”“蓝色的”“布满血丝”“无休止地”“陶醉”等，这些具体的刻画是超现实主义作品中的现实落点，具体的真实与宏观上的超现实融合在一起，令人不知是庄周梦蝶还是蝶化庄周，亦真亦幻，由此给人以情绪的感染和艺术的冲击。

参考书目

张颂编著:《播音员主持人训练手册·诗歌朗诵》，北京广播学院出版社，2001年1月版。

张颂:《播音创作基础》，北京广播学院出版社，1990年3月版。

叶朗:《中国美学史大纲》，上海人民出版社，1985年11月版。

谢伦浩编著:《青少年朗诵手册》，中国社会出版社，2000年1月版。

陈爱仪、雷抒雁编:《朗诵艺术谈》，中国青年出版社，1986年5月版。

罗莉:《文艺作品演播》，北京广播学院出版社，1996年6月版。

龙永枢、杨伟光主编:《领导者媒介形象设计》，社会科学文献出版社，1997年9月版。

叶奕乾、祝蓓里主编:《心理学》，华东师范大学出版社，1988年6月版。

王洪主编:《古代诗歌鉴赏辞典》，北京燕山出版社，1989年8月版。

宋·朱熹注:《新刊四书五经·诗经集传》，中国书店，1994年5月版。

王泗原著:《楚辞校释》，人民教育出版社，1990年2月版。

俞平伯编著:《唐宋词选释》，人民文学出版社，1979年10月版。

公木主编:《新诗鉴赏辞典》，上海辞书出版社，1991年11月版。

董宏猷主编:《中外幽默诗歌精品》，湖北教育出版社，2000年11月版。

《诗刊》选编:《2000中国年度最佳诗歌》，漓江出版社，2001年1月版。

廖亦武主编:《沉沦的圣殿》，新疆青少年出版社，1999年4月版。

曹文轩主编:《20世纪末中国文学作品选·诗歌卷》，北京大学出版社，2001年1月版。

金谢谢编著:《外国诗精选》，武汉出版社，1994年4月版。

《世界文学》编辑部选编:《外国诗歌百年精华》，人民文学出版社，2002年1月版。

默川、可夫、石羽主编:《课外短文精选导读》，内蒙古人民出版社，1988年7月版。

初版后记

这是一本介绍诗歌朗诵技巧的书，然而要想真正提高自己的朗诵艺术创作水平，单凭了解技巧是不行的，关键还是要进行所有艺术创作都离不开的体验感受，提高整体艺术修养，并勤加练习。在这条道路上，听别人介绍怎么做是重要的，自己知道了怎么做是重要的，而自己身体力行地去做则更重要。

因此，当我写完这本书的最后一个字的时候，我却疑虑起来，到底这本书能够给大家带来些什么？如果是启发的话，那么实际上有很多前辈已经做了这样的拓荒工作；如果是欣赏朗诵艺术的话，那么大家听到的许多优秀的朗诵作品也已经起到了相同的作用。所以我想，为大家铺建一条通向朗诵艺术圣殿的小路应该是我在本书中努力的方向：既然是通向朗诵艺术圣殿的，那么我就努力使它具有某种指向性，让大家有规律可循，有方法可用；既然存在这样一条能够通向朗诵艺术圣殿的道路，那么我就尽力消除朗诵创作中的神秘感，大家会发现，原来我们都能够做到。

诗歌朗诵当然是口耳之学——没有运用自如的声音和一定的有声语言表达能力，我们就没有办法把诗歌作品完整、全面、富于魅力地展现出来；诗歌朗诵又不只是口耳之学，没有对诗歌文本的全面把握和深刻理解，我们开口去传达什么呢？有声无意、有声无情的朗诵是不成功的，甚至于都不能算作朗诵；意、情、声、气相结合应该是朗诵的基本要求。

诗歌朗诵是富于魅力的。优秀的诗歌作品本身就是艺术品，探究作品深意的过程就是对作品进行欣赏的过程，欣赏的过程不是痛苦的，而是快乐的，我们在享受着文化大餐，我们在进行着精神飞跃。朗诵也是在进行着艺术创作，这个过程同样是快乐的，因为我们如此精心地“抚摸”着自己的声音，如此亲密地与欣赏者进行着心与心的交流，还有什么可以使我们在纷繁的世界中找到如此静谧的田园呢？朗诵者是快乐的，朗诵是快乐的。

在这里，我要衷心地感谢我的导师北京广播学院的张颂教授，在他的鼓励下，我才有勇气在自己永无止境的学习道路上把一些尚不成熟的见解变成文字；感谢中国广播电视出版社的编辑高子如老师，为了使此手稿及时到位出版，她往返于出版社和北京广播学院多次，令我深为感动；感谢我的朋友们，他们一直在给予我真诚的关心与帮助；还要感谢我的爸爸妈妈，每次在电话中，他们都要问及我写作的进展情况并要我注意身体，父母给了我最大的精神支持和鼓励。

本书浅陋之处将会纳入我进一步悉心研究的工作中，敬请大方之家予以指教。

作者

2001 年 11 月 6 日

再版后记

这本书从第一版写作出版至今已近十年，十年时光弹指一挥间，令人不禁感慨良多。

而在诸多感慨之中，因诗歌朗诵越来越为大家所重视和喜爱而带来的欣喜则是重要一端。

十年前，朗诵在我们这个诗歌大国似乎一度成了小众的高雅艺术，称其为高雅，是因为大家确实将其作为艺术来看待，说其是小众，是因为无论从朗诵者还是欣赏者来说，总数不少，但比例不大。那时，大家对朗诵的热衷程度倒也并不低，原因说来却几乎不足道也，那就是这种艺术的普及率和拥趸数相对太低了，至少是难及20世纪80年代热衷此道的文艺青年数量，出于“物以稀为贵”这一朴素规律的影响，人们追捧小范围内小有气候的朗诵艺术这一看似高雅的行为却透露出曲高和寡的无奈。

而如今，虽谈不上朗诵艺术再兴热潮，但大大小小的朗诵活动确实增加了许多，除了一直也没有中断过的各种主题式朗诵会以外，不少机构、单位和群体还举办了朗诵比赛、诵读工程、诵读夏令营等活动，尤其是以弘扬传统文化为目的的诵读活动更是将有声语言艺术活动推向了文化传播领域，这使得语言传播的文化本质得以凸显和强化，朗诵出现了理念上的回归迹象。尤其值得一提的是不少孩童也加入了朗诵的队伍，“熟读唐诗三百首，不会作诗也会吟。”这难道不是传承文化的良好方式吗？

与此同时，朗诵也在走下神坛，艺术不能远离大众，不应曲高和寡，不过想以大家喜闻乐见的方式浅显易懂地讲清楚朗诵的方法却并非易事。十年前写作此书时之所以冠之“技巧”二字，出发点之一也是想在艺术品鉴之外提供一个艺术创作的津梁供同好者参考，十年后此初衷依然未变。

另一方面，艺术创作还遵循着道术兼具、内容和形式结合的特点，艺术感知的深化有助于开展艺术创作活动，艺术创作也有助于进一步提升艺术欣赏能力，技巧当然是一种方法，但它从来不只是技术层面的问题，对诗歌作品的全面理解、深入感受、推敲揣摩、化为音声的过程是由内而外、系统全面的，技巧犹如冰山一角，体现着创作者全部的创作成果，没有理解的表达犹如空壳，没有感受的表达外在浮泛，没有琢磨的表达简单粗陋，技艺精湛应该是全面深入的，精于内也精于外，谈技巧不能忘其根本，谈艺术不能缺其枝干，这也是本书继续谈“技巧”的重要原因。

本书修订推出第二版，要感谢中国广播电视出版社的高子如老师，十年前在高老师的策划编辑下推出了第一版，十年后高老师再次承担此编修项目，一以贯之地推进语言艺术传播推广工作，我也有幸在这一进程中重修拙著，以飨读者。

谨以此书献给热爱朗诵艺术的朋友们，有好之乐之的同道中人为伴，自当引为乐事。

谨以此书献给其乐融融的家人，家国天下，自是有家，有国，方为天下和乐的根本。

谨以此书献给内子孙雯，书中不少资料是她帮忙整理的，功劳何止一半。

拙作浅陋，敬请斧正。

作者谨识

2011 年 6 月